世纪英才高等职业教育课改系列规划教材（公共课类）

演讲与口才实训教材

王秋梅 张艳辉 主编

刘维娅 韩 凝 曹晓斌 张 虹 副主编

人民邮电出版社

北 京

图书在版编目（CIP）数据

　　演讲与口才实训教材 / 王秋梅，张艳辉主编. -- 北京
：人民邮电出版社，2011.3
　　世纪英才高等职业教育课改系列规划教材. 公共课类
　　ISBN 978-7-115-24873-2

　　Ⅰ．①演… Ⅱ．①王… ②张… Ⅲ．①演讲学－高等
学校：技术学校－教材②口才学－高等学校：技术学校－
教材 Ⅳ．①H019

　　中国版本图书馆CIP数据核字(2011)第016281号

内 容 提 要

　　本书以基础口才训练、演讲训练、应用口才训练3个项目为主要内容，分11个工作任务进行讲解。全书集知识与训练为一体，以训练为重点。书中介绍的训练手段方式多样化，立足于提升学生演讲与口才的运用能力。通过学习本课程，可拓展学生的自身素质和就业能力。

　　本书根据高等职业教育培养"高素质技能型专门人才"的目标要求，编写过程中从高职学生实际需要出发，突破了传统模式；以全新的方式，突出了实训教材针对性、现实性、可操作性的特点；既可作为高职院校、高等专科学校演讲与口才训练教材，也可作为广大青年朋友的读本。

世纪英才高等职业教育课改系列规划教材（公共课类）
演讲与口才实训教材

◆　主　　编　王秋梅　张艳辉
　　副主编　刘维娅　韩　凝　曹晓斌　张　虹
　　责任编辑　丁金炎
　　执行编辑　洪　婕

◆　人民邮电出版社出版发行　　北京市崇文区夕照寺街14号
　　邮编　100061　电子函件　315@ptpress.com.cn
　　网址　http://www.ptpress.com.cn
　　北京隆昌伟业印刷有限公司印刷

◆　开本：787×1092　1/16
　　印张：11.5
　　字数：282千字　　　　　　　2011年3月第1版
　　印数：1 - 3 000册　　　　　　2011年3月北京第1次印刷

ISBN 978-7-115-24873-2

定价：30.00元

读者服务热线：(010)67132746　印装质量热线：(010)67129223
反盗版热线：(010)67171154

现代社会重社交，社交需要好口才。

21世纪的人类社会，被称为"地球村"。当代的人类，已打破了地域疆界、国界限制和种族差异，人员往来日益增多，人际交往更加频繁。怎样才能使我们在现代社交活动中，充分交流、有效沟通、加深感情、增进了解，达到交往的目的呢？关键之一是要有好的口才与演讲能力。

古人早就有"一言可以兴邦，一言可以误国"、"一言之辩，重于九鼎之宝；三寸之舌，强于百万之师"的说法，在当今西方国家，人们把舌头和计算机视为重要的战略武器，可见演讲被摆在何等重要的位置！的确如此，纵观古今中外，凡是想成就大事业的人，都努力锻炼自己的演讲能力；凡是已经成就大事业的人，都有较强的演讲能力。

演讲是面对面的宣传鼓动，富有强烈的鼓动性和感染力。它使演讲者与听众在时间、空间上密切合作，是直接传递思想、唤起热情的宣传艺术，是同听众深刻的情感交流。美国著名演讲家、第16任总统亚伯拉罕·林肯用2分15秒时间发表的仅有10个句子、500多字的传世名篇《在葛底斯堡的演说》，正是因为富有鼓动性和感染力而产生了巨大影响，成为演讲中的不朽名篇。其演讲词被铸成金文，存放在牛津大学，作为英语演讲的最高典范。

为了适应社会的发展，提高自身素质和职业发展空间，我们编写了这部《演讲与口才实训教材》。本教材分为基础口才训练、演讲训练、应用口才训练3个项目共11个学习任务。每一个学习任务即一个小项目，首先，以"知识点导航"引入，给学生以感性的知识，提出学习要求；其次，以"技能训练"来巩固项目知识，强化项目训练，而且强调培训学生的悟性，不追求传统意义上的有固定答案的练习形式；再次；编写体例新颖生动，既有系统知识阐述，又介绍各种技巧技能，形式多样，科学实用。

本书由武汉职业技术学院人文学院和教务处以及咸宁职业技术学院的老师共同编写。全书由王秋梅和张艳辉提出总体设想和框架体系，并撰写教材编写大纲，最后统编定稿。具体分工如下：王秋梅编写项目三的任务一、任务二；张艳辉编写项目三的任务三、任务四和附录部分，韩凝编写项目一的任务一，刘维娅编写项目一的任务二，曹晓斌编写项目二的任务一，张虹编写项目二的任务二，谌华、（咸宁职业技术学院）兰薇编写项目二的任务三，刘福珍、陈陶编写项目二的任务四，陶秀云、王海勇编写项目二的任务五。

在本书编写过程中，我们参考了大量文献和演讲词，在此向各位作者表示衷心的感谢。

编者

目录

项目一 基础口才训练

项目情境创设

美国前总统林肯为了练口才，徒步 50 公里，到一个法院去听律师们的辩论，看他们如何辩论，如何做手势，他一边倾听，一边模仿。他听到那些云游八方的福音传教士挥舞手臂、声震长空的布道，回来后也学他们的样子。他曾对着树、成行的玉米秸练习口才。

日本前首相田中角荣，少年时曾患有口吃，但他不被困难所吓倒。为了克服口吃，练就口才，他常常朗诵、慢读课文，为了准确发音，他对着镜子纠正嘴和舌根的部位，严肃认真，一丝不苟。

我国早期无产阶级革命家、演讲家萧楚女，更是靠平时的艰苦训练，练就了非凡的口才。萧楚女在重庆国立第二女子师范教书时，除了认真备课外，他每天天刚亮就跑到学校后面的山上，找一处僻静的地方，把一面镜子挂在树枝上，对着镜子开始练演讲，从镜子中观察自己的表情和动作，经过这样的刻苦训练，他掌握了高超的演讲艺术，他的教学水平也很快提高了。1926 年，他年方 30，就在毛泽东同志主办的广州农民运动讲习所工作，他的演讲至今受到世人的推崇。

我国著名的数学家华罗庚，不仅有超群的数学才华，而且也是一位不可多得的"辩才"。他从小就注意培养自己的口才，学习普通话，他还背诵了四五百首唐诗，以此来锻炼自己的"口舌"。

这些名人与伟人为我们训练口才树立了榜样，要想练就过硬的口才，就必须像他们那样，一丝不苟，刻苦训练，正如华罗庚先生在总结练"口才"的体会时说的："勤能补拙是良训，一分辛苦一分才。"练口才不仅要刻苦，还要掌握一定的方法。科学的方法可以事半功倍。当然，根据每个人的学识、环境、年龄等不同，练口才的方法也会有所差异，但只要选择最适合自己的方法，加上持之以恒的刻苦训练，那么就会在通向"口才家"的大道上迅速成长起来。我们在此介绍几种符合同学们特点，简单、易行、见效的口才训练方法。

任务一 有声语言训练

当阳桥前，张飞孤身一人喝退曹兵百万，在这场较量中，曹军败退的一个关键因素就是——夏侯杰死亡。

《三国演义》：飞乃厉声大喝曰："我乃燕人张翼德也！谁敢与我决一死战？"声如巨雷。曹军闻之，尽皆股栗。曹操急令去其伞盖，回顾左右曰："我向曾闻云长言：翼德于百万军中，取上将之首，如探囊取物。今日相逢，不可轻敌。"言未已，张飞睁目又喝曰："燕人张翼德在此！谁敢来决死战？"曹操见张飞如此气概，颇有退心。飞望见曹操后军阵脚移动，乃挺矛又喝曰："战又不战，退又不退，却是何故！"喊声未绝，曹操身边夏侯杰惊得肝胆碎裂，倒撞于马下。操便回马而走。于是诸军众将一齐望西奔走。

知识点导航

一、认识声音

声音由物体振动产生，发声的物体称为声源。声音以声波的形式传播。声音只是声波通过固体或液体、气体传播形成的运动。声波振动内耳的听小骨，这些振动被转化为微小的脑电波，它就是我们觉察到的声音。在声波音调低、移动缓慢并足够大时，我们实际上可以"感觉"到气压波振动身体。

二、发声练习内容

朗读的时候，声音（音量大小，音调高低）到底该如何？这个是没有定论的。但是，如果一个好的朗读者，发音不够清晰、准确，语音语调不很恰当，甚至带有方言，朗读的效果势必会有影响。更何况用嗓不科学，容易造成声音嘶哑、喉咙红肿甚至声带病变。

系统、科学地进行发声训练（气息和共鸣控制、吐字归音及正确用声），是每个朗读者应该了解、认真练习的。另一方面，虽然有时也会用到方言朗读，但是普通话作为中国人的标准用语，有必要按普通话要求进行正音训练。

（一）口部训练

嘴巴灵活，说话才利索。有没有感觉早晨起来说话没有下午或者晚上那么顺当？因为嘴巴肌肉休息了一夜，当然没那么灵活。所以做做口腔体操，能帮助我们更好地使用嘴巴。

1．开合练习

张嘴像打哈欠，闭嘴如啃苹果。开口的动作要柔和，两嘴角向斜上方抬起，上下唇稍放松，舌头自然放平。做这个练习，主要解决口腔开度的问题。

2．咀嚼练习

张口咀嚼与闭口咀嚼结合进行，舌头自然放平。

3．双唇练习

双唇闭拢向前、后、左、右、上、下运动并左右转圈双唇打响（这个练习还有助于女孩子美唇）

4．舌头练习

舌尖顶下齿，舌面逐渐上翘，舌尖在口内左右顶口腔壁，在门牙处顺时针和逆时针转圈；舌尖伸出口外向前伸，向左、右、上、下伸；舌在口腔内左右立起，舌尖进行弹练，弹硬腭、弹口唇；舌尖与上齿龈接触打响，舌根与软腭接触打响。

（二）气息控制训练

没有气息的推动，声带就不能颤动发声，但只是声带发出声音还是不够的。想要嗓音富于弹性、耐久，需要的是源源不断供给声带气流。下面介绍一些气息控制的方法，有助于控制气流，进而控制声音。

1．胸腹联合呼吸法

吸气后两肋扩大，横膈膜下降，小腹微收。

胸腹联合呼吸法是朗读时应该掌握的方法。这种呼吸法使胸腔活动范围大、伸缩性强，还可以使气流均匀平衡。理想的状态是做到"吸气一大片、呼气一条线；气断情不断，声断意不断"。

练习方法如下。

（1）慢吸慢呼

总体的要求是：双脚站稳，双目平视前方，头正，肩放松，像在旷野呼吸花香一样，慢慢吸足气。要感觉到腰腹之间充气膨胀，气入丹田，但是要收小腹。保持几秒后，轻缓呼出。可以在呼气的时候加入以下练习：呼气时练习 xiao lan（拼音小兰），一声声渐渐远去；或者数数 1、2、3、4……嘴上用力，发音之间不要闭住声门，不要跑气换气，数得越多越好。

（2）快吸慢呼

快速短促地吸气，并保持气息；呼气时缓缓呼出，配合声音，平稳均匀。培训讲课过程中经常用到这个方法。

呼气时，可以通过以下发声练习：巴拔把爸低答底大……

夸大上声练习：好美满想仰场……

换气练习：广场上，红旗飘，看你能数多少旗，一面旗，两面旗，三面旗，四面旗，五面旗……

相声里的"数来宝"经常用这个形式，大家可以观察演员的呼吸。

2．强控制练习

要求气要吸得深并保持一定量，呼气要均匀、通畅、灵活。

强控制练习需要一点声乐练习知识，例如：京剧《智取威虎山》里杨子荣喝酒唱歌那一段，最后结尾有个"啊——哈，哈，哈，哈哈哈……"基本的感觉就是这样。要体会隔肌和腹肌的作用，发声的时候气息是应该下沉的。

参考练习诗词：如岳飞《满江红》、毛泽东《忆秦娥·娄山关》、陈然《我的"自白"书》等。

新闻联播的播音员在播报简讯的时候，一般都用强控制。

3．弱控制练习

（1）吸气深呼气匀。缓慢持续地发出 ai uai uang iang。

（2）夸大声调，延长发音，控制气息。

花红柳绿 H—uaH—ongL—iuL—v（发音时，声母和韵母之间气息拉长，要均匀、不断气）

（3）通过夸大连续，控制气息，扩展音域。

参考练习诗词：如李白《静夜思》、孟浩然《春晓》等。

气息控制训练可以把握"深、通、匀、活"四字方针，注意气息和内容的结合。单纯的语音、气息训练效果并不好，需要在实际朗读过程中不断体会、运用。

（三）共鸣控制训练

我们都有这样的体会：越在嘈杂的地方，我们说话越大声，结果声嘶力竭，自己嗓子累得要命。其实培训的时候也有此现象，如为了让别人都听到，尤其人多的时候，我们不自觉就提高音调嗓门，不久就有"失声"的感觉。

其实好的用声者，使用在声带上的能量只占总能量的 1/5，而 4/5 的力量用在控制发音器官的形状和运动上面。在产生共鸣的过程中，共鸣器官把发自声带的原声在音色上进行润

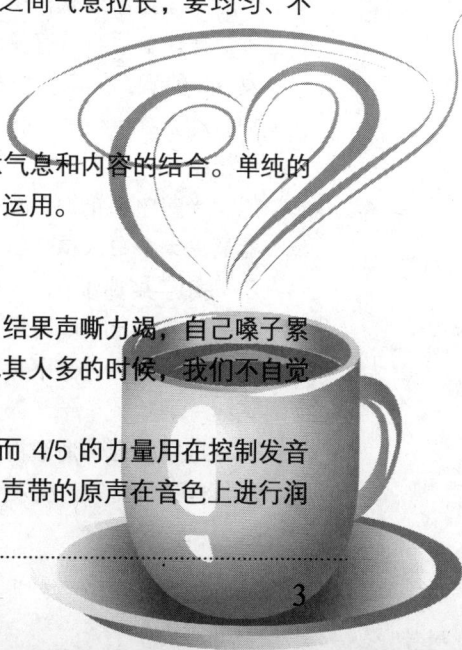

饰，使声音圆润、优美。科学调节共鸣器官可以丰富或改变声音色彩，同时起到保护声带的作用，延长声带的寿命。

朗读的发声中，多采用中声区，而中声区主要形成于口腔上下，这就决定了用声的共鸣重心在口腔上下，以口腔共鸣为主。在这里稍微提一下共鸣腔。一般提到的共鸣腔有头腔、鼻腔、口腔、胸腔，这四个共鸣腔最基本。声乐学习中还提到有腹腔共鸣，不过有些人不赞同这个提法。

除了口腔共鸣为主之外，胸腔共鸣是基础，可以加多一点，如果有高音的时候，增加呼吸量，发挥一点鼻腔、头腔的作用会更好。

要想声音圆润、集中，需要改变口腔共鸣条件。发音时双唇集中用力，下巴放松，打开牙关，喉部放松，提颧肌、颊肌、笑肌，在共同运动时，嘴角上提。可以通过张口吸气或用"半打哈欠"感觉体会喉部、舌根、下巴放松，这时的口腔共鸣会加大。在打开口腔的时候，同时注意唇的收拢。

1. 口腔共鸣训练

口腔共鸣发声最主要的一点，是发声的时候鼻咽要关闭，不产生鼻腔泄露。通过下列练习大家可以体会一下，基本都是以开口元音为主练习：

badagapataka

pengpapipupai

普通话的四个声调，准确的叫法是第一声阴平，第二声阳平，第三声上声，第四声去声。在进行声音训练的时候，应多用阴平声调进行，这样有利于体会声音和气息。

词组练习：

澎湃冰雹拍照平静抨击批评……

哗啦啦噼啪啪咣啷啷扑通通呼噜噜……

快乐宣纸挫折菊花捐助吹捧乌鸦……

绕口令：

山上五株树，架上五壶醋，林中五只鹿，柜中五条裤，伐了山上树，取下架上醋，捉住林中鹿，拿出柜中裤。

2. 鼻腔共鸣训练

鼻腔共鸣是通过软腭来实现的，标准的鼻辅音 m、n 和 ng 就是这样发声的。有人觉得鼻音重显得声音好听、有厚度，但是过多的鼻音犹如感冒，是不好的。

发 aiu 的音，加点鼻腔共鸣体会。

加鼻辅音 mamimunaninu

词组练习：

妈妈光芒中央接纳头脑……

蓝蓝的天上白云飘，白云下面马儿跑，挥动鞭儿响四方，百鸟齐飞翔。

3. 胸腔共鸣训练

胸腔的空间及共鸣能量大，发出的声音有深度和宽度，声音更浑厚、宽广。

"a"元音直上、直下、滑动练习。

词组练习：

百炼成钢翻江倒海追悔莫及……

小柳树，满地栽，金花谢，银花开。

4．头腔共鸣、腹腔共鸣

在说话过程中基本用不到这两个共鸣。男声发高音，体会声音从眉心发出的感觉。基本来说，做好胸腔、口腔、鼻腔共鸣，演讲、朗读绰绰有余。

（四）声音弹性的把握

声音具有伸缩性和可变性，这就是声音的弹性。有了弹性的声音才能适应思想感情的变化，也才能适应讲课内容的需要。

声音弹性的训练比较简单，可以用以下两种方法。

（1）扩展音域，加大音量，控制气息。

练习时，注意声音的高低、强弱、虚实、刚柔、厚薄、明暗等变化。

① a、i、u，由低音向上滑动，再从高音向下滑动。

② /a/、/i/绕音，螺旋式上绕、下绕练习；

③ 远距离对话练习，练习时随时改变距离。

甲：喂——，喂——，小芳——

乙：嗳——

甲：快——来——啊——

乙：怎么了——呀——

甲：一起去看——电——影——吧

乙：好——啊！

（2）夸张声音，加大运动幅度，用丹田气发声。

快板是最明显的例子，想象说快板的演员发声的状态，自己找一段快板试试，体会声音的弹性。

（五）吐字归音训练

普通话的音节分为声母、韵母、声调，也可称为字头、字颈、字腹、字尾、字神。要想说出的声音具备"大珠小珠落玉盘"的效果，吐字归音是要从张嘴、运气、吐气、发声、保持、延续到收尾的一系列控制，所以不要随便，也不必拘谨。

吐字归音的练习，基本都是通过绕口令进行的。从系统锻炼的方法来说，它通过不同声母、韵母的发声位置、气息和韵尾，可分为：双唇音、唇齿音、舌尖中音、舌根音、舌面音、翘舌音、平舌音；开口呼、齐齿呼、合口呼、撮口呼；还有就是十三辙训练。

在这里推荐一些绕口令给大家参考练习：

白石白又滑，搬来白石搭白塔。白石塔，白石塔，白石搭石塔，白塔白石搭。搭好白石塔，白塔白又滑。

四和十，十和四，十四和四十，四十和十四。说好四和十得靠舌头和牙齿，谁说四十说成"细席"，是他的舌头没用力；谁说十四说为"适时"，是他的舌头没伸直。认真学，常练习，十四、四十、四十四。

河里有只船，船上挂白帆，风吹帆张船向前，无风帆落停下船。

老唐端蛋汤，踏凳登宝塔，只因凳太滑，汤洒汤烫塔。

这是蚕，那是蝉，蚕常在叶里藏，蝉常在林里唱。

在进行十三辙练习时，中国古代的诗词歌赋都是非常好的材料，很容易找到，不再赘述。

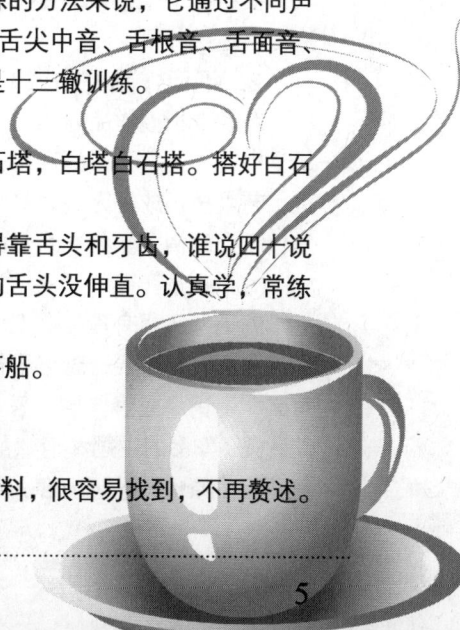

有意识地练习肯定对我们的发声吐字有帮助，我们不一定专门找时间、地点、材料，进行很正规严肃的训练，但可随时随地利用零散时间练习。比如上下班的公交车上，听广播、广告、报站；家里看电视、看新闻，跟着播音员一起播报；看文艺晚会，观察相声、评书、快板等演员，适时模仿一点。

要想让受众接受自己，除了必要的知识外，一些生动的语言、表情、表演等，也是吸引他们的因素。这些训练也可以通过上述的练习，达到融会贯通。

三、朗诵的把握

1. 朗诵能规范语言，提高语言表达能力

朗诵有规范语言的功能，人们朗诵文学作品要使用普通话。通过朗诵训练，可以提高普通话的水平，并且不断纠正错误的发音。朗诵的过程实际上是一个学习、摄取、积累的过程。朗诵作品中精美的词语、生动的修辞和妥帖的表达方法，可以极大地丰富朗诵者的知识。久而久之，朗诵者的表达能力就会不断提高。

2. 朗诵能陶冶情操、提高修养

优秀的文学作品凝结着前人对人生、社会、自然万物的文化观察，闪现着人类的精神品格。人们在朗诵中能够提高自己的思想认识和精神境界，培养坚定的信念和人格力量。

（一）朗诵前的准备

朗诵是朗诵者的一种再创作活动。这种再创作，不是脱离朗诵的材料去另行一套，也不是照字读音的简单活动，而是要求朗诵者通过原作的字句，用有声语言传达出原作的主要精神和艺术美感。不仅要让听众领会朗诵的内容，而且要使其在感情上受到感染。为了达到这个目的，朗诵者在朗诵前就必须做好一系列的准备工作。

1. 选择朗诵材料

朗诵是一种传情的艺术。朗诵者要很好地传情，引起听众共鸣，首先要注意材料的选择。选择材料时，首先要注意选择那些语言具有形象性而且易于朗朗上口的文章。一般来说，抒情色彩较浓的文学作品适宜作为朗诵的文本。因为形象感受是朗诵中一个很重要的环节，干瘪枯燥的书面语言对于具有很强感受能力的朗诵者也构不成丰富的形象感受。其次，要根据朗诵的场合和听众的需要，以及朗诵者自己的爱好和实际水平，在众多作品中选出合适的作品。

2. 把握作品的内容

准确地把握作品内容、透彻地理解其内在含义，是作品朗诵重要的前提和基础。固然，朗诵中各种艺术手段的运用十分重要，但是，如果离开了准确透彻地把握内容这个前提，那么，艺术技巧成了无源之水、无本之木，成了一种纯粹的形式主义，也就无法做到传情，无法让听众动情了。要准确透彻地把握作品内容，应注意以下几点。

（1）理解正确、深入

朗诵是运用有声语言把作者的思想感情传达给听众的。朗诵者要把作品的思想感情准确地表现出来，需要透过字里行间，理解作品的内在含义。首先要清除朗诵障碍，搞清楚文中生字、生词、成语典故、语句等的含义，不要囫囵吞枣、望文生义。其次，要把握作品创作的背景、作品的主题和情感的基调，理解作者的写作心境，这样才不会把作品读得支离破碎，甚至歪曲原作的思想内容。扫除文字障碍后，就要对作品进行综合分析。以高尔基的《海燕》

为例，这篇作品以象征手法，通过暴风雨来临之前、暴风雨逼近和即将来临三个画面的描绘，塑造了一只不怕电闪雷鸣、敢于搏风击浪、勇于呼风唤雨的海燕——"胜利的预言家"的形象。而这部作品诞生之后立即不胫而走，被广大工人和革命群众在革命小组活动时朗诵，被视作传播革命信息、坚定革命理想的战歌。综合分析之后，朗诵时就不难把握其主题是：满怀激情地呼唤革命高潮的到来。进而，我们又不难把握这部作品的基调应是对革命高潮的向往、企盼。

（2）感受深刻、细致

有的朗诵者，听起来也有着抑扬顿挫的语调，可就是打动不了听众。如果不是作品本身有缺陷，那就是朗诵者对作品的感受还太浅薄，没有真正走进作品，而是在那里"矫"情、"造"性。听众是敏锐的，他们不会被虚情所动，朗诵者要唤起听众的感情，使听众与自己同喜同悲同呼吸，必须仔细体味作品，进入角色，进入情境。

（3）想象丰富、逼真

在理解感受作品的同时，往往伴随着丰富的想象，这样才能使作品的内容在自己的心中、眼前活动起来，就好像亲眼看到、亲身经历一样。以陈然《我的自白书》为例，在对作品进行综合分析的同时，可以设想自己就是陈然（重庆《挺进报》的特支书记）。当时正处在这样的情境中：我被国民党逮捕，在狱中饱受折磨，但信仰毫不动摇，最后，敌人把一张白纸放在我面前，让我写自白书，我满怀对敌人的愤恨和藐视，满怀革命必胜的坚定信念，自豪地写下了"怒斥敌酋"式的《我的自白书》。这首诗既是一个共产党员崇高内心世界的真实写照，又是对蒋家王朝必然灭亡的庄严宣判。全诗感情真挚，充满了激情，充分表现了先烈坚定的革命信念和大义凛然革命气节。我们在朗诵这首诗的时候，要表现出作者视死如归的英雄气概。这样通过深入的理解、真挚的感受和丰富的想象，使己动情，从而也使人动情。

3. 用普通话语音朗诵

要使自己的朗诵优美动听，必须使用标准的普通话进行朗诵，因为朗诵作品一般都是运用现代汉民族共同语（即普通话）写成的，所以，只有用普通话语音朗诵，才能更好地、更准确地表达作品的思想内容；同时，普通话是汉民族共同语，用普通话朗诵，也便于不同方言区的人理解、接受。因而，在朗诵之前，首先要读准字音，掌握语流音变等普通话知识。

（二）朗诵的技巧

朗诵时，一方面要深刻、透彻地把握作品的内容，另一方面要合理地运用各种技巧，准确地表达作品的内在含义。朗诵的技巧包括吐字技巧、共鸣技巧、语言技巧等，因为吐字技巧、发声技巧在前面已有所涉及，这里主要谈一谈朗诵的语言技巧。常用的语言技巧有：停顿、重音、语速、语调。

1. 停顿

停顿指语句或词语之间的语音间歇。停顿一方面是由于朗诵者在朗诵时生理上的需要；另一方面是句子结构上的需要；再一方面是为了充分表达思想感情的需要；同时，也可给听者一个领略和思考、理解和接受的余地，帮助听者理解文章含义，加深印象。停顿包括生理停顿、语法停顿和强调停顿。

（1）生理停顿

生理停顿即朗诵者根据气息需要，在不影响语义完整的地方作一个短暂的停歇。要注意，生理停顿不要妨碍语意表达，不割裂语法结构。例如，北京故宫｜金碧辉煌。

（2）语法停顿

语法停顿是反映一句话里面的语法关系的，在书面语言里就反映为标点。一般来讲，语法停顿时间的长短同标点大致相关。例如，句号、问号、叹号后的停顿比分号、冒号长；分号、冒号后的停顿比逗号长；逗号后的停顿比顿号长；段落之间的停顿则长于句子停顿的时间。例如，童话《捞月》中小猴子的喊话："糟啦，糟啦，月亮掉在井里啦！"这句话中，两个"糟啦"可以连起来读，甚至全句都可以连起来读，以显示小猴子吃惊的语态。

（3）强调停顿

为了强调某一事物，突出某个语意或某种感情，而在书面上没有标点、在生理上也可不作停顿的地方作了停顿，或者在书面上有标点的地方作了较大的停顿，这样的停顿我们称为强调停顿。强调停顿主要是靠仔细揣摩作品，深刻体会其内在含义来安排的。例如，周｜总理，我们的｜好｜总理，你在哪里啊，你在哪｜里？这种几乎一字一顿、泣不成声的诗句朗诵，很好地传达出了人民痛失周总理的深切悲哀和对总理的深切怀念、爱戴之情。

再如，医生强忍着悲痛说："巴金同志｜恐怕最多｜只有十几天了。"

如果不仔细揣度作品而任意作强调停顿，容易产生错误的理解。例如，贺敬之《雷锋之歌》中的一句："来呵！让我们紧紧挽住雷锋的这三条刀伤的手臂吧！"有人在"三条"之后略作停顿，就会给听众造成"三条手臂"的错觉，影响理解的正确性。

2．重音

重音是指朗诵、说话时句子里某些词语念得比较重的现象。一般用增加声音的强度来体现。重音有语法重音和强调重音两种。

（1）语法重音

在不表示什么特殊的思想和感情的情况下，根据语法结构的特点，而把句中的某些部分重读的，称为语法重音。语法重音的位置比较固定，常见的规律如下。

① 一般短句子里的谓语部分常重读。

② 动词或形容词前的状语常重读。

③ 动词后面由形容词、动词及部分词组充当的补语常重读。

④ 名词前的定语常重读。

⑤ 有些代词也常重读。

⑥ 用来作比喻的词语常常要重读。例如，像花儿一样鲜艳，像露珠一样晶莹。

⑦ 如果一句话里成分较多，重读也就不止一处，往往优先重读定语、状语、补语等连带成分。例如，潮水般的人群涌过来。

值得注意的是，语法重音的强度并不十分强，只是同语句的其他部分相比较，读得比较重一些罢了。

（2）强调重音

强调重音指的是为了表达某种特殊的感情和强调某种特殊意义而故意说得重一些的音，目的在引起听者注意自己所要强调的某个部分。语句在什么地方该用强调重音并没有固定的规律，而是受说话的环境、内容和感情支配的。同一句话，强调重音不同，表达的意思也往往不同，例如：

我去过南京。（回答"谁去过南京"）

我去过南京。（回答"你去没去过南京"）

我去过南京。(回答"上海、南京等地,你去过哪儿?")

因而,在朗诵时,首先要认真钻研作品,正确理解作者意图,才能较快较准地找到强调重音之所在。强调重音与语法重音的区别如下。

① 从音量上看,语法重音给人的感觉只是与一般的轻重有所区别,而强调重音则给人鲜明突出的印象。强调重音的音量大于语法重音的音量。

② 从出现的位置看,强调重音可能与语法重音重叠,这时语法重音服从于强调重音,只要把音量再加强一些就行了。有时,两种重音出现在不同的位置上,此时,强调重音的音量要盖过语法重音的音量。

③ 从确定重音的难易上看,语法重音较容易找到,在一句话的范围内,根据语法结构的特点就可以确定,而强调重音的确定却与朗诵者对作品的钻研程度、理解程度紧密相连。

3.语速

语速是指说话或朗诵时每个音节的长短及音节之间连接的松紧。说话的速度是由说话人的感情决定的,朗诵的速度则与文章的思想内容相联系。

一般来说,热烈、欢快、兴奋、紧张的内容速度快一些;平静、庄重、悲伤、沉重、追忆的内容速度慢一些;而一般的叙述、说明、议论则用中速。例如:

……她吓昏了,转身向着他说:"我……我……我丢了佛来思节夫人的项链了。"他惊惶失措地直起身子,说:"什么!……怎么啦?……哪儿会有这样的事!"他们在长衣裙褶里和大衣褶里寻找,在所有口袋里寻找,竟没有找到。他问:"你确实相信离开舞会的时候它还在吗?""是的,在教育部走廊上我还摸过它呢。""但是,如果是在街上丢的,我们总得听见声响。一定是丢在车里了。""是的,很可能。你记得车的号码吗?""不记得。你呢,你没注意吗?""没有。"他们惊惶地面面相觑……(莫泊桑《项链》)

这段表达夫妇二人因丢失了项链而紧张、焦急、慌乱的心情,宜用快读。又如:

……又柔和又严肃地对我们说:"我的孩子们,这是我最后一次给你们上课了。柏林已经来了命令,阿尔萨斯和洛林的学校只许教德语了,新老师明天就到,今天是你们的最后一堂法语课,我恳求你们多多用心学习。"(都德《最后一课》)

这段宜用慢读,表达韩麦尔先生因国土沦丧不能继续教法语的悲痛之情。

4.语调

在汉语中,字有字调,句有句调。通常称字调为声调,是指音节的高低升降;而句调则称为语调,是指语句的高低升降。句调是贯穿整个句干的,只是在句末音节上表现得特别明显。句调根据表示的语气和感情态度的不同,可分为四种:升调、降调、平调、曲调。

(1)升调(↑):前低后高,语势上升。一般用来表示疑问、反问、惊异等语气。如:你喜欢北京吗?

(2)降调(↓):前高后低,语势渐降。一般用于陈述句、感叹句、祈使句,表示肯定、坚决、赞美、祝福等感情。如:我们一定要帮助四川人民战胜这场灾难。

(3)平调(→):这种调子,语势平稳舒缓,没有明显的升降变化,用于不带特殊感情的陈述和说明,还可表示庄严、悲痛、冷淡等感情。如:灯下,他郑重地打开纸包。

(4)曲调(∨∨):全句语调弯曲,或先升后降,或先降后升,往往把句中需要突出的词语拖长着念，这种句调常用来表示讽刺、厌恶、反语、意在言外等语气。如：他们哪里是要研究，而是要烟酒！

（三）朗诵、朗读与演戏的区别

朗诵不同于朗读。朗读是用清晰、响亮的声音把文章读出来，以传达文章的思想内容。朗诵则是用清晰、响亮的声音把文章背出来，以传达文章的思想内容。可见，朗诵的要求比朗读要高，它要求不看作品，面对观众，除运用声音外，还要借助眼神、手势等体态语帮助表达作品感情，引起听众共鸣。朗诵是有声语言中难度最大的表达方式，是运用语言技巧最充分的。

朗诵常常伴随有手势、姿态等体态语，但朗诵时的姿态或手势不能过多、过火。毕竟，朗诵不同于演戏。演戏时，演员不直接和观众交流，他扮演剧中人物，模仿剧中人物的语言、动作，他只和同台的演员进行交流，而朗诵者直接交流的对象是听众，他主要是通过声音把感情传达给听众，引起听众共鸣，手势、姿态等只不过是帮助表达感情的辅助性工具，不宜过多、过火。

技 能 训 练

一、自我训练

1．发散性思维的训练

要求尽可能多地说出用"吹"的方法可以办成的事情或解决的问题。如：吹气球、吹桌面的灰、吹痛的伤口、吹纸片玩、吹泡泡、吹蒲公英、吹眼睛的沙子、吹塑料袋、吹充气玩具、吹风车、吹口哨、吹笛子、吹喇叭……

2．口才自我训练方法

（1）自我暗示：每天清晨默念10遍"我一定要最大胆地发言，我一定要最大声地说话，我一定要最流畅地演讲。我一定行！今天一定是幸福快乐的一天！"

（2）想象训练：至少花5分钟想象自己在公众场合成功地演讲，想象自己成功的时刻。

（3）至少5分钟在镜前学习微笑，展示自己的手势及形态。

3．口才锻炼

（1）每天至少与3个人有意识地交流思想。

（2）每天大声朗诵或大声讲话至少5分钟。

（3）每天给亲人、同学讲一个故事或完整叙述一件事情。

二、活动体验

（1）阅读分析下面的案例，谈一谈出版商为我们留下了哪些成功的经验。

在西方，不少出版商为推销书籍而绞尽脑汁，奇招层出不穷。有一位聪明人想出了一个绝妙的办法，他给总统送去一本书，并三番五次地征求意见。忙于公务的总统不愿与他多纠缠，便回他一句：这书不错！出版商如获至宝，大做广告："现有总统喜欢的书出售。"于是，这些书被一抢而空。不久，这个出版商又有书卖不出去，便照方抓药，再送一本书给总统。总统上过一次当，这次学乖了，便奚落出版商说："这书糟透了！"不曾想还是中了出版商的计。出版商又以此话大做广告:"现有总统讨厌的书出售!"人们出于好奇争相抢购,书又售尽。第三次出版商又如法炮制,将书送给总统,总统接受了前两次的教训,干脆紧闭"金口",不予理睬。但最终仍被出版商钻了空子,这次他做的广告是:"现有总统难以下结论的书,欲购从速!"居然又被一抢而空。

(2)请根据案例进行分析,为什么同样一个意思,两个人说出来会有不同的结果?

朱元璋当了皇帝以后,他贫贱时的两个朋友来拜见。第一位说:"我主万岁!当年草民随驾扫荡芦州府,打破罐州城,汤元帅在逃,拿住豆将军,红孩儿当关,多亏菜将军。"朱元璋听了以后十分高兴,封他做了羽林军的总管。

第二个朋友说:"我主万岁,您还记得吗?从前你和我都替人家放牛。有一天,我们在芦苇荡里,把偷来的豆子放在瓦罐里煮。还没有等到煮熟,大家就抢着吃,一不小心连红草叶子也送进嘴里了。叶子卡在喉咙里,吞不下也吐不出。还是我出的主意,叫你将菜叶子放在手上一拍吞下去,才把红草叶子咽到肚子里了……"没等这位朋友说完,朱元璋不干了,嫌这位朋友不会说话,给自己丢了人,等不到听完就连声大叫:"推出去斩了!推出去斩了!"

(3)我国的一位外交官应邀参加了一场舞会。舞会上一位同他跳舞的法国女郎突然问道:"请问先生,您是喜欢你们中国小姐,还是喜欢我们法国小姐?"这位外交官只是微微一笑,彬彬有礼地答了这么一句:"凡是喜欢我的小姐我都喜欢她。"请问:

① 本案例中外交官的回答好在什么地方?

② 设想在辩论中如果碰到这样的问题你怎么回答?

三、学习讨论

(1)将学生分成两人一个小组,分别扮演下列训练材料中的不同角色,如:顾客、服务员、朋友、乘客、恋人、妈妈、孩子、同学,然后两人互换角色进行对话。

① 在宾馆里,顾客说:"瞧!你把我的新衣服洒上了水,怎么办!"你作为服务员如何回答?

② 在饭店酒桌上,顾客:"这杯子没有洗净,上面还有手印呢!"如果你是服务员,作何回答?

③ 在公共汽车站牌前,因人多而没有挤上去,你的朋友说:"等一会儿再上吧!"你如何回答?

④ 在公共汽车上,由于人多互相拥挤,有一个乘客对你说:"不要挤!"对此你作何反应?

⑤ 与恋人约会时,恋人因来晚了而对你说:"哟,我来迟了。"你作何回答?

⑥ 在家中,妈妈说:"成绩还是这样差,是怎么回事?"你作为孩子如何回答?

⑦ 与同学约好一起去某地,结果因事迟到了,见面后你如何向同学解释?

(2)在一次中外记者招待会上,基辛格向周恩来总理提出了一个颇具讽刺意味的怪问题:"为什么中国人走路总喜欢低着头,而美国人走路总是抬着头?"请你猜猜,周总理是怎样用机智风趣的语言回答他的?

"基础口才"训练活动记录表

日期：

项　　目	记　　录
讨论会记录	
个人收获	
存在问题	
学习评价	
学生签名	教师签名

任务二 态势语言训练

在一个非常严肃的面试场合，Susan 正在紧张地做着准备。这个面试会综合考评一个人的人际关系、沟通技巧、职业素养，最强调的是客服方面的能力。在 Susan 之前，的确有一个漂亮姑娘给了她很大的挑战，那姑娘非常机敏，但是表现并不好。她语言不多，而且身体语言一点也没为她加分。她握手时只用指尖轻轻一握，和面试考官基本没有眼神交流。细节之处似乎流露出一些傲慢，感觉对面试大局充分把握。相比之下，Susan 在面试时身体语言就很适度而且丰富，她表现得很谦虚，这一点，让她在面试中大占优势。

态势语言是演讲者在演讲过程中借助于身体形态、手势动作、眼神表情来传达信息、表情达意的语言，也称为无声语言或肢体语言。

一、态势语言的作用

古希腊著名的演说家德摩西尼认为："演讲的秘诀在于姿态。"我国的教育家陶行知先生说过："演讲能使聋子看得懂，则演讲之技精矣。"因此，古今中外的演讲家都十分重视态势语言的运用，并把它当作辅助工具来增强演讲效果。具体来说，态势语言在演讲中的作用主要表现在以下几个方面。

1. 辅助有声语言

这是态势语言的主要功能，因为态势语言的运用，能加强演讲语言表达时的效果，能辅助有声语言圆满地表达内容，充分地抒发感情；它可以对重要的词语、句子进行加重或强化处理，具有强调功能。演讲的态势语言不仅能强调或解释演讲词中的含义，而且还能生动、形象地表达演讲词中所没有的东西，尤其是在表达情感、情绪和态度方面，态势语言有时甚至比口头语言更明确、更具体、更有感染力。

2. 塑造演讲者自身形象，展示风采的作用

风采即风度，是人们美好的仪表、举止、姿态，给人留下的第一印象。演讲的第一印象，往往是演讲者还未开口，就已经通过态势语言的表达，深刻地印在听众的脑子里。一位演讲者上讲台时，是胆战心惊，害怕得连头都不敢抬起来，还是迈着稳健有力的步子，边走边向听众微笑示意，它们给听众的印象是大不一样的。态势语言的表达，在第一印象上具有举足轻重的作用。如果演讲者能够给听众留下亲切、真诚、老练、潇洒的第一印象，那么对于自己后面的演讲是极为有利的。

良好的态势语言能使演讲者形成一种独特的风格和形象。它不仅能给人以美的艺术享受，同时也是演讲者文化素养和美学观念、风度、形象的直接反映。正如英国哲学家培根说的那样："相貌的美高于色彩的美，而优雅得体的动作的美又高于相貌的美，这是美的精华。"

3. 加强语言信息可信度

有些演讲者由于心理素质的原因，在面对听众时心情会紧张，而情绪紧张所产生的心理、生理上的变化，反过来又会对演讲产生消极作用，如无法控制语言速度、语音走调、遗忘内容等，从而削弱了演讲的说服力和可信度。相反，如果演讲者表情轻松、神态自然、动作优雅，就可以稳定听众情绪，增加语言信息的可信度。因为听众不只是在"察言"，也在"观色"。形体、手势、表情具有自然流露的性质，具有更多的真实性，听众在倾听演讲的接收活动中，将从演讲者的体态、手势等动作中获得语言信息的印证。

西方语言学家 20 世纪７０年代的研究结果证明：人们交谈时，只有３５％的信息是单纯通过语言表达的，其余65％的信息则是通过态势语言表达的。这个研究结论令人吃惊，不能不引起我们足够的注意。古希腊演说家德摩西尼就把自己演讲成功的秘密归结为恰当自如地应用态势语言，看来是有其道理的。

4. 弥补有声语言之不足

态势语言的作用还在于辅助有声语言更准确、更形象、更有效地表情达意，弥补有声语言表达上的不足。"言之不足、手之舞之、足之蹈之。"这就是说，态势语言可以把有声语言不便说、说不出的意思表达出来，或者帮助表达未尽之意，它具有取代和补充功能。著名的马克思主义宣传家雅罗斯拉夫斯基说过："演讲者的态势是用来补充说明演讲者的思想、情感与感受的。态势语言本身就像文字一样富有表现力，特别是在言辞少于思想，两三句话中蕴藏着通篇哲理的时候尤其是这样。"

二、态势语言的构成

态势语言可以分为身体形态和手势动作。

（一）身体形态

身体形态也可简称为体态，是态势语言的一种，也是演讲者首先涉及的第一个内容，它分为仪表和容貌、站姿和移动两个方面。仪表包括服饰、修饰，容貌包括发式和面容。

1. 仪表和容貌

（1）演讲者的服饰基本要求是穿与自己身份、年龄、职业相称的服饰，另外也要考虑穿与演讲内容相匹配的服饰。首先，要求仪表整洁大方、庄重朴素、轻便协调、色彩和谐；其次，要根据演讲的内容和现场的气氛决定服饰色彩，演讲内容是严肃、庄重、愤怒、哀痛的穿深色衣服比较合适，欢迎、庆祝场合可穿浅色衣服；再次，服装与演讲者的体形、肤色要相适应，肥胖者穿深色衣服显得匀称，瘦型身材可穿浅色衣服显得丰满，做到色彩和谐，不宜穿怪异、过于时尚、性感的服饰，同时既不能过于华丽，又不能太随便。实践表明，演讲时不修边幅、肮脏邋遢，或油头粉面，或仔裤港衫、长发披肩，仿洋人港客，纵然是口吐莲花、舌绽春蕾，也绝不会使人产生钦佩之感。如果是"峨冠博带话务农"必显得滑稽可笑，"蓬头垢面谈诗书"又失风雅体统。

（2）演讲者的修饰，最大限度不过是佩戴一枚胸花，其他装饰尽可能少佩戴或不佩戴。总之，演讲者的服饰要做到整齐、干净、美观，与自己身材协调，强调的是庄重大方，富有青春气息，以此给听众留下好的印象。

（3）容貌。首先头发要洗干净、修剪整齐，光滑顺溜是关键，男士头发最好不要披肩，女士头发不能有过多的装饰及怪异的造型。面貌条件是先天固有的，一般较难改变，但即使体型或面貌欠佳，甚至有些生理缺陷，仍然可以采取积极的弥补措施。比如高跟鞋可弥补身材矮小的缺陷。演讲时，适当地进行个人美容，脸部作自然淡雅的化妆遮掩缺陷，以突出脸部最美的部分。尤其是男士的胡子在演讲前要注意修剪，女士演讲时的化妆强调的是淡雅、清新，自然为宜。

2. 站姿和移动

（1）站姿及其禁忌

① 站姿：演讲者的站姿分男式站和女式站不同。男士可以选择两脚并拢和稍微分开站

立，手自然下垂放于双腿两侧。女士可以选择双脚跟并拢脚尖分开呈小八字形，双手放于腹部上位，或双脚呈"丁字步"身体略侧的"舞台姿态"站立。站姿总的要求是：头部抬起，双目平视于听众，双肩下沉外展，颈部梗起，下巴微收，挺胸收腹，提臀，双腿直立，重心落于脚掌，体态挺拔自然，演讲时富有朝气。

② 站姿的禁忌是：两脚叉开，不能给人谦虚的感觉；两脚并拢、上身僵硬，又显得呆板；更不能呈"稍息"姿态，一条腿不停地抖动给人不严肃、不稳重的印象，摆弄衣角、纽扣，低头不面向听众，给人以胆怯之感，耸肩或是动身体，将手插入兜内，给人以懒散的感觉。

（2）走姿与行礼

① 走姿（移动）：演讲者的移动只是体现在上下台时，演讲时则无需过多的移动。首先是要轻缓起身，不能将椅子或桌子碰出响声，然后健步走上演讲台。走姿做到轻松自如、自然大方，步幅适中，步履轻盈敏捷，不能过快冲向讲台，使演讲因紧张而不能正常发挥，但也不能过慢，松松垮垮，应该比平时稍快。演讲者走上讲台后，选择适当的位置停下，自然转过身来。有经验的演讲者往往走到讲台一角就会将目光转向听众，如果需要移动位置可单脚一步一步地移，不能碎步或大步显得局促不安。有人一上台，便左走三步，停；右走三步，回复原位，如此无数次反复，直到演讲结束，听众看得头昏眼花、心烦意乱，这样的演讲不会有好的效果。如果演讲还未开始，下面欢迎的掌声响起，此时应由衷地说声"谢谢！"然后目光扫视全场与听众做一次目光交流便开始自己的演讲。演讲完毕要向听众行礼并说"谢谢大家！"下台时的走姿如同上台一样，做到轻松自然、潇洒谦和、气度非凡。

② 行礼：演讲中上台、下台按惯例要行鞠躬礼。要求行 45°为宜，不宜行 90°（太过），不能行 15°（太浅），"蜻蜓点水"显得不真诚。手放于腹前，随着行礼下滑，行完后手放于原来位置。讲完后从容镇定、泰然自若，等待公布成绩。得了高分可招手、敬礼向观众表示感谢，成绩不理想也要表现出谢意，不能拉长脸跑下台去，应表现出胜不骄、败不馁的气度。

（二）手势动作

手势动作在演讲态势语言中运用较多，是重要的一个组成部分。它是指分别用手掌、手指、拳头和手臂做不同姿态的动作以表达不同的思想感情和意义。

1．手掌

手掌在整个手势中运用占首位，以下是其基本方法和作用。

（1）手心向上，胳膊伸向上方（肩部以上）或斜前方的手掌，表示激越、大声疾呼、发出号召、对未来的憧憬、希望等内容。例如：

携起手来，共同奔向美好的明天！（手掌指向斜上方表示号召）

我们团结起来、共同努力去迎接灿烂辉煌的太阳！（手掌指向斜上方表示对未来的憧憬）

同志们：大灾面前有大爱，伸出你的援助之手，把我们的爱洒向汶川！（手掌指向斜前方既表示汶川，也表示大声疾呼）

（2）手心向上，胳膊居身体中位（胸以下腹部以上），表示在叙述事实、说明情况、娓娓道来，或表示请求、承认，在欢迎时指向前面指代"你们"，摊开两手手掌表示没有、无可奈何等。例如：

我和你们永远是一路人！（手掌居身体中位，在说到"你们"时指向前方的听众指代"你们"）

我请求你们帮帮我。（手掌居身体中位，说到在"请求"时，手心向上摊开，表示"请求"）

我的父亲是武汉市人，当年为了支援山区，他来到襄樊的一个小县城——保康县！（说到"来到"两个字时可将手掌居身体中位两手平摊，表示"来到"）

（3）手心向下，居身体的下位（腹部以下）胳膊微曲，有时斜劈下去，表示神秘、压抑、反对、制止、不愿意、不喜欢、鄙视。例如：

这种损人利己的行为，我们是坚决反对的。（手心向下横劈表示制止）

你走开！（手心向下横劈表示厌恶）

让金钱见鬼去吧！（手心斜向下横劈表示鄙夷）

（4）两手由合而分，多表示空虚、失望、分散、消极无奈。例如：

一个人如果没有远大理想，他将一事无成。（两手掌心向上由合而分表示失望）

他们最终还是不欢而散。（两手掌心向上由合而分表示分散）

这件事我也没办法。（两手掌心向上由合而分表示无奈）

（5）两手由分而合多表示亲密、联合、和好、接洽、团结的意思。例如：

有情人终成眷属。（两手由分而合表示和好）

最后他们珠联璧合。（两手由分而合表示联合）

为了一个共同目标，他们走到一起来了！（两手由分而合表示团结）

（6）单手掌劈、砍、点、顶，借助于猛力伸出、摆动，表示信心力量、无所畏惧、气魄雄伟、否定等意思。例如：

只要他们敢来，我们就把他们赶出去！（单手掌手心向下猛伸出去，表示无所畏惧）

从此，我和你一刀两断！（单手掌猛劈表示断绝）

中国人民是无所畏惧的，就是天塌下来，我们也顶得起！（单手猛出，以手心向上推向头顶，表示气魄雄伟）

2. 手指

手指在演讲时运用不是很多，但也有表意作用。

（1）大拇指伸出表示赞颂、崇敬、钦佩、夸奖、第一、老大之意。例如：

我们的武警官兵真了不起！（大拇指伸出表示赞颂）

他就是我们这一行业的老大。（大拇指伸出表示称他为老大）

（2）食指伸出表示指点事物的数目和方向，也可以是批评、指责、命令。例如：

今天到会的有1、2、3、4……（伸出食指表示清点到会的人数）

你为什么要这样做？（伸出食指指对方，既明确对象又表示指责）

（3）小拇指伸出表示卑下、低劣、无足轻重的意思。例如：

别看你人长得高大，但做起事来是这个。（说到"这个"时伸出小拇指，表示对方做事"卑下"）

你是这个行业的老大，我是这个行业的老幺。（说到老幺时伸出小拇指，表示自己无足轻重）

除此以外，还有几种特殊意义的手指含义。

（1）食指和中指分开成"V"字形，手心向外，目前几乎全世界人民都理解成"胜利"、"和平"的意思。

（2）拇指和食指构成环形，其他三指伸直，表示"OK"，即赞扬和允许的意思。

（3）双手的食指由分而合，在戏曲舞台上通常表示夫妻二人结为连理、珠联璧合的意思。

（4）五指张开招手表示招呼，左右摇晃表示拒绝。

（5）十指交叉表示自信或对对方感兴趣。

3．拳头

拳头在富有激情的演讲中用得很多，常用于政治、法律、道德等内容的演讲。

（1）在身体上位握紧拳头有誓死捍卫、决心、团结、奋斗的意思。例如：

人生需要目标，需要奋斗！（握紧拳头放于肩部以上表示决心）

汶川、挺住！（握紧拳头放于肩部以上表示团结奋斗）

（2）在身体中下位握紧拳头表示怒火燃烧而又强忍或警告、威胁的意思。如：

好小子，总有一天我让你见到死神！（握紧拳头表示怒火燃烧、强忍）

你……你再说，我揍扁了你。（握紧拳头放于两腿侧面，伴有咬牙切齿，有警告、威胁的意思）

三、使用手势

（一）自然协调

一是与口头语言保持协调，不能先出手或后出手显得为做手势而做手势；二是与身体协调，这里要求肌肉不紧张，腿、脚、肩部放松，伸胳膊时肩部不能上耸，胳膊伸直，不能弯弯曲曲，显得小气、不大方，别扭的手势还不如不做；三是和情感协调，话到伤心处泪花流。无情感的波澜，冷不丁做一个手势，这样做动作很搞笑，听众会鼓倒掌、喝倒彩。

（二）幅度要小

演讲中的"演"只是帮助"讲"产生好的效果而不是单纯的"演"。因此，动作幅度要控制，不可夸张。最大限度也只是单手伸直，指向斜上方，其他幅度一定做到要小一些，表明意思就可以。

（三）次数不宜过多

在一次演讲中，手势有三五次就可以了，不宜过于频繁。如果过于频繁，使人感觉到你在打手势表演哑语，不但不能帮助演讲成功，反而破坏演讲的效果。

四、使用手势的禁忌

（一）同一种手势反复出现

反复出现某一种手势，要么听众认为你紧张、怯场；要么对反复出现的手势生厌。虽然央视节目主持人王小丫的"请回答"所运用的手势——四指并拢的手掌快速伸出、又快速缩回，形成她个人的风格和魅力，但毕竟在整个活动中只是开始这样做。

（二）幅度过大，张牙舞爪

动作过于夸张，是舞台表演的需要，而不适宜演讲。试想：一个在演讲台上手舞足蹈、唾沫四溅的演讲者即使他滔滔不绝、口若悬河，作为听众你还愿意听吗？即便是迫于大会纪律听下去，你也是头昏目眩，内心里巴望着他的演讲早点结束。

（三）刻意表演

演讲中心的"演"是自己话语内涵的真实外露，演讲者的本意虽然是希望通过种种表演，

以达到通俗形象和活跃全场气氛的目的，可刻意去做，往往弄巧成拙，吃力不讨好，易引起听众反感。

（四）不用手势

演讲，是既演又讲。因此，演讲者不能在整个演讲的过程中不用一次手势。直直地站在台上，呆若木鸡，听众只看到他的嘴皮一张一合，像背书一样完成演讲，不见任何手势和表情。这样会使整个演讲没有效果，听众也受不到感染，昏昏欲睡。

总之，手势是完成演讲中的"演"的重要组成部分，除了从理论上了解以外，在演讲的实践中还要通过自己设计手势和训练才能很好地掌握。

五、手势设计和训练

了解了各种手势所表达的含义后，还要把它用于实践中。首先是手势设计，本来手势是自然表露的，但对于初学者而言，还是先精心设计而后演讲，到时表演充分一些。关于怎样设计手势，请看下面的事例：

让我们团结起来，共同奋斗！（用拳头在身体上位肩部举起）

朝着共产主义的伟大目标腾飞吧！（用手掌，掌心斜 45°，在肩部以上，胳膊伸直指向斜上方）

我有一个愿望（手心向内指向自己），那就是让每个人（两手平摊指向听众）都有一个温暖的家（双手交叉放于胸前）。（说明：虽然说三个地方都可以做手势，但只能选择做一次）

训练时可对着镜子练习，也可找同学或其他人作为观众，评价、练习、修正。

六、态势语言的运用要求

（一）要有目的性

下意识的态势一般没有明确的目的性，例如，有时一种手势、动作的产生，出自下意识，纯粹只是生理上的要求，并没有明确的目的性，不过这种手势、动作还是有用的，它可以帮助演讲者把声音有力、有情、生动地送出去。假如我们把这种态势由不自觉变为自觉，由不够准确、优美变为准确、优美，以加强号召力和鼓动力，可进行加工，使之变成具有目的性的态势。而有意识的态势就具有很强的目的性。有意识，就是要使一挥手、一摆头，身子或向前倾、或往后仰，都有内在的根据，有清楚的用意。

（二）要准确精练

所谓准确，就是要演讲者能恰当地传情达意。所谓精练，就是要根据演讲内容的需要，适当地设计手势动作，不宜过多。

（三）要自然活泼

要求自然，就是反对造作；强调活泼，就是不要单调呆板。没有表达思想感情的需要，缺乏内在的根据，哪怕有意识地去做一种手势、一个动作，观众也可能认为你节外生枝。造作的手势正如刻意表演一样是有害的，而单调、呆板也同机械重复一样，会使人失去兴趣。

（四）要坚持自己的个性

态势的表现同演讲者的性格气质紧密相连，而且个人的性格气质往往"规定"了他的态势特点。一个开朗、爽直、麻利、说话、办事都十分快速的人，他的表情动作，尤其是手势动作，一般表现为急速、频繁、果断、有力；一个比较内向的人，他的态势表情往往又表现为动作缓慢，手的活动范围较小，而且变化不多。因此，我们在运用态势语言进行表达、交流的时候，必须保持自己的个性特征，显示自己的风格，切勿一味模仿一些大演讲家。

七、表情与眼神使用技巧

（一）表情

表情是指人的面部流露出的喜、怒、哀、乐，听众通过这些表情除了可以弄懂演讲者的情感世界外，还可以弄懂演讲者所讲述的内容。美国总统罗斯福演讲时，全身好像一架表现感情的机器，满脸都是动人的感情。人的面部光眉毛就可以表达几十种表情，有眉飞色舞、眉开眼笑、双眉紧锁、横眉冷对、低眉顺眼、扬眉吐气……"眼睛是心灵的窗户"，这扇窗户是开是关，表达的意思就更丰富了。

面部表情有：稀奇、好奇、吃惊、关切、担心、同情、坚定、嬉笑、庄严……演讲时要根据不同的内容运用表情技巧。

1. 根据演讲内容运用表情技巧

（1）叙述性演讲

例如：演讲《我的老师妈妈》时，多半用一种平和、祥和的面部表情。

（2）政治、法律、道德类的政治性演讲

例如：演讲《祖国山河不容践踏》时，所用面部表情庄严、肃穆。

（3）宣传鼓动类型演讲

例如：演讲《我们为汶川人民做点什么？》时，所用面部表情是急切、关爱、担心。

2. 应用面部表情三忌

一忌拘谨木然。演讲者如果上台死盯着讲稿不放，或者上台后仍然苦思冥想、目不斜视，像小学生背书似的背诵讲稿，面部表情淡如清水、冷若冰霜、呆板僵硬，像个"铁面人"，他的演讲无论如何也不会感染听众。

二忌神情慌张。初次上讲台的演讲者会犯惊惶不安、手足无措、面红耳赤、青筋绽露、汗出如浆的毛病，这就需要锻炼和克服，多上几次台就会好一些。

三忌故作姿态。故作姿态虽有感情的表露，但是不真实、不自然，并不会真正感染听众。有的演讲者讲到得意处，自作多情，或自己发笑，听众莫名其妙，自己反倒认为进入情境，这种表情只会影响演讲效果。

因此，面部表情应该丰富而生动，但都应随着演讲内容和演讲者的情绪发展而定。做到一笑一颦，与演讲内容合拍，把听众引入所希望达到的各种境界，或者把听众的情绪由低潮引向高潮，从而使台上、台下产生共鸣。

（二）眼神

眼神是指眼睛的神态，也称为眼色。"眼睛是心灵的窗户"，这一说法众所周知。眼睛可以帮

助演讲者传达许多具体、复杂甚至难以言传的思想感情，它在演讲与交谈中具有重要的表情达意和控制全场的作用。有经验的演讲者，总是能够恰如其分地、巧妙地运用自己的眼神去表达千变万化的思想感情，去调整他的演讲和现场气氛，去影响他的听众以收到最佳效果。

1．眼神使用技巧

（1）纵向角度

眼神要落向最后一排听众的头顶，目光保持平视。视线太低（俯视），只看到前几排，这样照顾不了大多数听众；视线太高（仰视），又会使听众感到趾高气扬、盛气凌人，似乎看不起听众。因此，视线最好落在全场后几排听众并以此为基本点适当变动，最终以后一排人的头顶为宜。

（2）横向角度

适当横向扫视，或从左到右，或从右到左，不能长时间停留在某一点上，但也不能过快地扫视。

2．眼神使用方法

（1）前视法

即视线平直向前流动的方法。它主要是演讲者的视线平直向前流动，统摄全场。一般来说，视线的落点应放在全场中间部位听众的脸上，在此基础上适当变换视线，照顾到全场听众，并用弧线在全场流转，不可忘掉任何一个角落的听众，这样可使听众认为演讲者在关注自己，从而认真听演讲。

（2）环视法

演讲使用眼神的主要方法是：有节奏或周期性地把视线从全场或教室的左方扫到右方，再从右方扫到左方，从前面到后面或从后面到前面，以便不停地观察和发现听众的动态，增加双方情感交流。

（3）虚视法

这种方法是似视非视，要求是"目中无哪一个人，但心中有所有人"，这种方法可以克服紧张的毛病，显示出端庄、大方的神态来，又可以把精力集中在演讲内容上。有时是为了把听众带入想象的世界，对于初次登台的演讲者而言十分有效。不过，也要转换，不可长用。

（4）点视法

在环视的过程中，发现哪里不安静，便投去制止性的目光或者专注的目光加以控制；对有疑问的个别听众，便投以启发性的目光；对认真听演讲的听众也可以投以交流鼓励的目光，这样会使演讲全场安静，从而顺利地完成演讲。

3．使用眼神的原则

对演讲者而言，使用眼神的原则是：首先，目光炯炯，给人以健康、精力旺盛、热情自信的印象。目光迟钝或神秘狡黠是演讲中很少用到的；其次，环顾或专注都不能失度，过多环顾，眼睛溜转不停，不断循环往复，不但不能照顾全场，反而分散听众注意力；再次，眼睛和表情要和演讲内容协调一致，密切配合。例如，当你表示希望、请求、祝愿和思索时，你的头微微抬起，视线也随着上升，当你表示沉痛情绪时，头稍稍低下来，视线也应下垂，即目光与整个体态表情协调。

（三）眼神交流技巧

（1）一上台就抬头平视，环视四周，扫视全场。

（2）在演讲过程中，要用眼神的变化表达自己内在的丰富的感情。比如讲到高兴处，就睁开眼，散发兴奋的光芒；讲到哀伤处，可让眼皮下垂，或呆滞一会儿，使这种感情显露出来；讲到愤怒处，可瞪大眼睛，固定眼珠，让眼睛射出逼人的光芒；讲到愉快处，可放松眉眼，让眼神充满使人喜悦的光彩。

（3）整个演讲过程中，一般情况下是目光平视。根据内容需要，眼睛的视线或近或远，或轮转环视，或用询问、亲切友好的目光寻求听众的支持。

演讲时最大的禁忌是不看听众，眼睛盯向天花板、窗户外面或墙面。我们一定要试着和听众的目光构成实质性的接触，这是使演讲通向成功的第一步。

技 能 训 练

一、自我训练

（1）什么是态势语言？

（2）态势语言禁忌有哪些？

二、活动体验

（1）小组讨论引起心理紧张、恐惧的原因是什么？按照对你影响的程度将其由低到高排序。

（2）参加"动物聚会"：全班同学按照十二生肖分成组，即鼠、牛、虎、兔、龙、蛇、马、羊、猴、鸡、狗、猪。然后每组出两人，面对面站立，学自己组所属动物的叫声。不要怕"出丑"，学叫的声音越大、越准确，越能锻炼自己的胆量。

（3）分析自己个性特点。写一篇文字表述稿分析自己的个性特点，然后针对自己的个性特点当众进行心理分析，时间不少于3分钟。

（4）设计开场白。以新老学生联欢活动为特定场景，设计三种以上不同形式的演讲开场白，并进行讲述练习。

（5）当你毕业20年后重回母校参加校庆时，看到母校的巨大变化，你有何感想？请发挥你的想象，以校友代表的身份发言。

三、学习讨论

（1）比较评价下面两篇演讲的开头是否清楚地说明了演讲的目的？为什么后篇更有吸引力？

①"我是李铭，市场部副经理。今天我要谈的是关于锻炼身体对管理人员的重要性这个问题，无论大家有多忙，都应该坚持锻炼身体……"

②"你知道吗？每周3次、每次20分钟的体育锻炼能够延长你的10年寿命。早上好，我是李铭，市场部副经理。希望我发言后你能够走出这间屋子，准备开始一项适当的健身计划。"

（2）评析艾森豪威尔演说的妙处？面对临时的变动，应该如何应对？

美国总统艾森豪威尔在一次宴会上被安排为最后一位发言，要讲的话别人已经讲了，况且时间已经拖得太久了，当他站起来讲话时，他说："每一篇演说不管他写成书面的或其他形式，都应该有标点符号，今天晚上，我就是标点符号中的句号！"

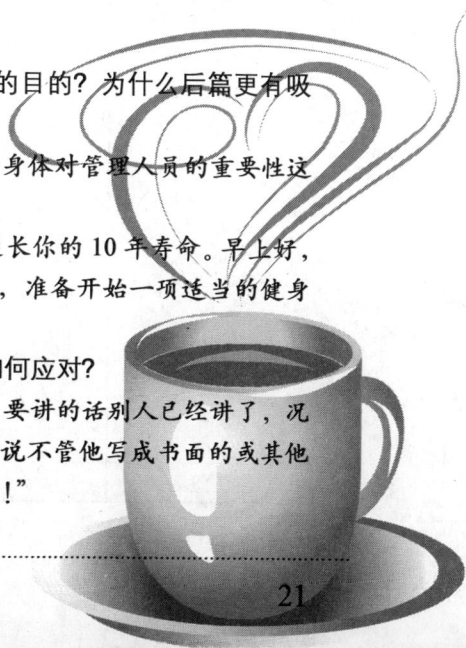

表单1　　　　　　　　　　　"态势语言"训练活动记录表

日期：

项　　目	记　　录
讨论会记录	
个人收获	
存在问题	
学习评价	
学生签名	教师签名

表单 2　　　　　　　　　　　　　项目活动评价表

项目活动名称＿＿＿＿＿＿＿　　　　　　活动日期＿＿＿＿＿＿＿

班级＿＿＿＿＿　姓名＿＿＿＿＿　学号＿＿＿＿＿＿＿＿教师＿＿＿＿＿

项目过程评价						项目展示评价					
100 分		配分	自评	互评	主持	100 分		配分	自评	互评	主持
个人	工作态度	10				个人	项目说明	10			
	协调能力	10					项目展示	10			
	工作质量	10					效果	10			
	复杂程度	10					工作主动	10			
	改革创新	10					交流沟通	10			
小组	计划合理	10				小组	规划周密	10			
	项目创意	10					分工合理	10			
	过程有序	10					特色	10			
	完成情况	10					接受批评	10			
	协作情况	10					提出建议	10			

项目二 演讲训练

项目情境创设

佛祖释迦牟尼有个弟子叫般特，他生性迟钝，佛祖让五百位罗汉天天轮流教他学问，可是他仍然一点也不开窍。于是佛祖把他叫到前面，逐字逐句地教他一首诗偈："守口摄意身莫犯，如是行者得度世。"

佛祖说："你不要以为这首偈子很平常，你只要认认真真地学会这首偈子，就相当不容易了啊！"

于是，般特翻来覆去的就学这首偈子，有一天终于体悟出了其中的禅理。

有一次，佛祖派般特去给附近的僧尼讲经说法。那些僧尼早就对般特的愚笨有所耳闻，所以心里都很不服气，私下说："这样愚钝的人也会讲经说法啊？"但是，他们表面上仍然很有礼貌地接待般特。

般特惭愧而谦虚地对僧尼们说："我生来愚钝，在佛祖身边只学到一个偈子，现在讲给大家听听。"

接着，般特就念那首偈子："守口摄意身莫犯，如是行者得度世。"

他刚念完，僧尼们就开始哄笑起来，私下说："竟然只会一首启蒙偈子，我们早就倒背如流了啊，还用你来讲什么啊？"

但般特不动声色，仍然从容地往下讲。他说得头头是道，而且讲出了很多新意，从一首看似普通的偈子道出了无限深邃的禅理。

这时，僧尼们听得如痴如醉，连连赞叹起来："一首启蒙偈子，居然能够理解到这么深的程度，实在是高人一等啊！"于是大家对他肃然起敬。

任务一 演讲准备

一、借鉴别人的经验

卡耐基的一生几乎都在致力于帮助人们克服谈话和演讲中畏惧和胆怯的心理，培养勇气和信心。在"戴尔·卡耐基课程"开课之前，他曾作过一个调查，即让人们说说来上课的原因，以及希望从这种口才演讲训练课中获得什么。调查的结果令人吃惊，大多数人的中心愿望与基本需要都是基本一样的，他们是这样回答的："当人们要我站起来讲话时，我觉得很不自在，很害怕，使我不能清晰地思考，不能集中精力，不知道自己要说的是什么。所以，我想获得自信，能泰然自若，当众站起并能随心所欲地思考，能依逻辑次序归纳自己的思想，在公共场所或社交人士的面前侃侃而谈，富有哲理且又让人信服。"卡耐基认为，要达到这种效果，获得当众演讲的技巧，应当从以下几个方面入手训练自己。

借别人的经验鼓起勇气。卡耐基认为，不论是处在任何情况、任何状态之下，绝没有哪种动物是天生的大众演说家。历史上有些时期，当众讲演是一门精致的艺术，必须谨遵修辞法与优雅的演说方式，因而，要想做个天生的大众演说家那是极其困难的，只有经过艰苦努力才能达到。现在我们却把当众演说看成一种扩大的交谈。以前那种说话、动作俱佳的方式、如雷贯耳的声音已经永远过去。我们与人共进晚餐、在教堂中做礼拜，或看电视、听收音机时，喜欢听到的是率直的言语，依常理而构思，专挚地和我们谈论问题，而不是对着我们空空而谈。

当众演说不是一门闭锁的艺术，并不像许多学校的知识那样容易学到，必须经过多年的美化声音，以及苦学修辞学多年以后才能成功。平常说话轻而易举，只要遵循一些简单的规则就行。对于这一点，卡耐基有深刻的体验。1912年，他在纽约市青年基督协会开始教授学生时，讲授那些低年级的方法，同他在密苏里州的华伦堡上大学时受教的方式大同小异。但是他很快发现，把商界中的大人当成大学新生来教是一种很大的失误，对演说家韦伯斯特、柏克匹特和欧康内尔等一味模仿也毫无裨益。因为学生们所需要的并不是这些，而是在下次的商务会议里能有足够的勇气直起腰来，做一番明确、连贯的报告。于是他就把教科书一股脑儿全抛掉，用一些简单的概念和那些学生互相交流和切磋，直到他们的报告词达意尽、深得人心为止。这一着果然奏效，因为此后他们一再回来，还想学得更多。

二、克服当众怕羞的心理

关于克服当众怕羞的心理，卡耐基先生最有经验，而在他的众多经验中最基本的经验就是："你要假设听众都欠你的钱，正要求你多宽限几天；你是神气的债主，根本不用怕他们。"

有一次，卡耐基参加训练班的毕业聚会，在聚会上，一个毕业生当着两百多人的面对他说："卡耐基先生，五年前，我来到你举办示范表演的一家饭店。当我来到会场门口，就停住了。我知道只要走进房间，参加上课，早晚都得要讲演一番。我的手僵在门柄上，我害怕走进去。最后，只有转身走出了饭店。当时，我要是知道你能教人轻而易举地克服恐惧——那种面对听众会瘫软的恐惧，我就不会白白错过失去的五年了。"

听完他的话后，卡耐基深为他特别的仪态和自信所吸引，因为他这样坦诚相告，并不是隔着张桌子在闲话家常，而是在对着许多人发表议论。这说明，他已完全克服了当众怕羞的心理，他必定能借助现在所具有的表达能力和信心，使处理行政事务的技巧大为增加。也许，他要是在五年或十年之前便已战胜恐惧，那他比目前的现在肯定已享受了更多更好的成功和快乐。

爱默生说："恐惧较之世上任何事物更能击溃人类。"这话是很对的。也正因为如此，卡耐基认为消除恐惧与自卑感是人们掌握演讲和谈判技巧的最好方法之一。而在这个过程中，卡耐基认为，练习在公共场合说话是天然的一种方法，它不仅可以克服不安，而且有助于建立勇气和自信。因为当众说话可以使人们控制住自己的恐惧。

在卡耐基看来，要真正克服惧怕当众讲话的心理，必须从以下几个方面着手。

首先，要弄清自己为什么害怕当众说话。

其实，害怕当众说话并不是某一个人的心理，大多数人都程度不同地具有这种心理，因此，这也可以说是相当一部分人的共同心理特点。根据卡耐基的调查，在大学里，80%～90%的学生在开始上台演讲时都有一定的恐惧感；而在卡耐基成人演讲口才训练班里，课程开始时惧怕上台演讲的比例几乎是100%。

卡耐基认为，某种程度的登台恐惧感对人们练习演讲反而是有益的，因为人类天生就具有一种应付环境中不寻常挑战的能力。他这样提醒人们，当你注意到自己的脉搏和呼吸加快时，千万不要过于紧张，而要保持冷静，因为你的身体一向对外来的刺激保持着警觉，这种警觉表明它已准备采取行动，以应付环境的挑战。假使这种心理上的预备是在某种限度之下进行的，当事者会因此而想得更快，说得更流畅，并且一般说来，会比在普通状况下说得还更为精辟有力。

知识点导航

一、明确演讲含义

演讲又称为讲演、演说。演讲是一种对众人有计划、有目的、有主题，系统、直接的带有艺术性的社会实践活动。演讲亦可被视为"扩大的"沟通。演讲是演与讲的有机结合。它是一种在特定的时空环境中，演讲者凭借有声语言和相应的体态语言，郑重系统地发表见解和主张，从而达到感召听众、说服听众、教育听众的艺术化语言交际形式。

二、确定演讲计划

演讲是一项有鲜明目的性的系统工程。正式演讲之前，充分的准备是必须和必要的。这主要包括：要有明确的演讲计划、对听众和场景进行科学的分析和判断，还要有充分而且有价值的演讲信息。

演讲计划是演讲者在演讲之前对演讲的各个方面做出的完整的安排和缜密的布置。为了获得演讲最大成功的机会，每位演讲者都需要有个演讲计划，一个为实现目标而制定的战略。

对于大多数演讲而言，一个有效的演讲计划主要包括以下几个方面：本次演讲中目标是什么、在哪里可以找到演讲所需要的资料、如何组织和运用资料以便使其最有利于实现目标、怎样演讲以适合听众、使用何种直观教具以便使演讲信息引起听众的注意、在练习演讲有声语言时该注意什么，在练习无声语言、直观教具以及主体形象时该注意什么。

（一）演讲目标

演讲目标是指在本次演讲中要取得的目的，也就是想要听众知道什么、相信什么或做什么。为了达到这样一个目标，演讲者要为自己的演讲明确主题。主题是演讲的灵魂与统帅。不论是知名演讲者还是第一次准备演讲的新手，主题的选择一定要满足两个基本条件：一是比较了解它，二是它对听众重要。因为只有了解，才能使演讲更加专业和深刻。而且，演讲是为某一特定场景的听众而设计的，所以在计划的早期，演讲者需要考虑具体的听众，以便预测他们对话题是否感兴趣、他们理解演讲内容的能力以及他们对演讲者及其话题的态度。预测要以收集到的关于听众的信息为基础，找到听众的相同点或相似点，这些信息包括听众的性别、文化、平均年龄、受教育水平、职业以及社会背景等。研究这些信息，可以帮助演讲者判断听众对哪些材料可能会产生兴趣。

场景也是考虑的重要因素。一般来说，在这方面要考虑的主要问题是听众人数的多寡、什么时候做演讲、在哪里做演讲、做演讲时必需的设备、演讲的时间限制和具体任务。有了主题，并且分析了听众和场景，然后就能得出演讲目标了。对于大多数演讲而言，其目标取决于演讲的性质。例如，做知识性演讲，其目标是想要听众理解某些信息；做说服性演讲，其目标是想要听众相信某事或以某种特别方法行事；对于活跃气氛的演讲来说，演讲目标可能是使听众喜欢我们的个人经历。需要注意的是，演讲目标要具体，要明确地表达想要听众理解什么、相信什么或去做什么。例如，董灵要为她的外国留学生朋友们介绍中国文化，她将自己的演讲目标描述为"我想要听众理解中国文化"。

（二）演讲材料

演讲材料是指为了实现演讲目标而运用的一些有事实根据的信息。如果说主题是演讲的"灵魂"，材料则是演讲的"血肉"。演讲材料既包括自己的幽默、令人振奋或有趣的经历，也包括为演讲而专门查阅的资料。个人经历可以使得演讲更生动真实，专门查阅的资料则可以使演讲更加科学和严谨。例如，篮球队擅长跳投的队员能做出更好的有关跳投的演讲，因为跳投是他经历中重要的一部分。教师在做知识传授时，所授内容必须保证准确、科学，因此必须保证资料的来源。演讲者要注意针对不同性质的演讲，寻找材料的途径也不尽相同。例如，对于长篇课堂演讲作业，演讲者可以从自己的知识和经验、观察、访谈、调查和研究中取得材料；对于活跃气氛的演讲，演讲的信息一般主要来自演讲者的经历。如果演讲者要做一个关于个人经历的叙述性演讲，那么就需要围绕下列叙述要素来组织演讲：叙述通常有一个要点，这要求仔细想想故事的要点；叙述常常由细节发展起来，这些细节给出故事的背景并润饰故事，使得要点达到最大效果，这就要努力选择并构想能提高效果的细节。叙述有时包括对话，当听众听到的故事是通过对话方式展开时，他们会更喜欢这个故事。叙述通常比较幽默，如果能有趣地叙述故事，那么该幽默感将抓住人的注意力，并有助于建立起演讲者和听众之间的联系。

（三）演讲组织

演讲组织是指如何以某种方式来安排和勾勒资料，以便使其最有利于演讲者实现演讲目标。任何组织得当的演讲都有开头、中间和结尾，但是开头和结尾在演讲内容确定之前很难构思出来，所以一份有效的演讲计划要先考虑组织演讲的正文部分。

演讲的组织要遵循能清楚表达材料模式的原则。最常见的两种组织模式是时间顺序型和标题型。

1．时间顺序型

时间顺序型模式意味着遵循从第一到最后的顺序。例如，如果演讲者要做一个有关个人经历的演讲，可以选择一个发生在自己身上的故事，那么可能用一些要点来组织演讲，这些要点将表明什么最先发生、什么接着发生、什么最后发生。如果演讲者的演讲内容是关于个人经历，因为大多数个人经历都是随着事情的发生而展现，一般都依时间顺序讲述：首先发生了什么，其次发生了什么，最后发生了什么。

2．标题型顺序

在有些情况下，演讲者可能发现用标题型顺序能更好地表现演讲。标题顺序型意味着遵循标题顺序，这样的演讲就像我们的教材。例如，本教材第一章"演讲概论"分为三个标题，第一节标题是"演讲的基本概念"，第二节标题是"演讲的基本类型"，第三节标题是"演讲者素质"。在列出演讲正文的提纲之后，就可以列出引言和结论了。引言既能吸引听众注意力，又能引向演讲正文，而结尾则要求画龙点睛。

一份完整的提纲将有助于检验演讲者所构思的组织结构是否富有逻辑、清晰明了。提纲包括：引言和主要部分；正文与主要论据的要点和分要点；过渡部分及结论的主要部分。

3．适应听众

适应听众是指如何针对具体听众调整演讲。一旦有了一个组织合理的演讲，就要开始下一个任务：演讲者该怎么改编其演讲以使它最适合听众的要求。调整意味着从语言、视觉和声音上与听众的兴趣和需要相联系。虽然成功的演讲者在准备过程中的每一阶段都会考虑听众的需要，但是一旦演讲的基本结构确立之后，调整演讲将变得尤为重要。

对于缺乏演讲经验的人来说，最简单的适应听众、调整演讲的方法是通过运用人称代词（如"我"、"我们"、"你们"和"我们的"）以及提出修辞性疑问句（演讲者不需要听众回答的问题）等技巧来与听众建立共同基础。例如，可以这样开始演讲："我确信，我们都曾有过这样的经历……"或"你记得当你……时，你的心情是什么样的吗？"随着技巧的增加，你就会发现，在通过多种方式表达信息的同时，可以使听众知道演讲者在演讲时想着他们，从而拉近了演讲者与听众之间的距离。

4．直观教具

直观教具是一种充实演讲的形式，允许听众不光听信息，而且看信息。创造适合的直观教具，可以使演讲信息更容易引起听众的注意。即使对于非常短的演讲，也可以选择直观教具，以便有助于使语言信息清晰、重点突出或有引起注意的效果。当听众通过不只一种感觉器官去接受某种信息时，他们将有可能更好地理解并记住那个信息。通过创造性地运用物体、模型、图表、图形演示、投影和计算机图片，成功的演讲者能够使他们的高质量信息取得最佳效果。

5．语言

语言是演讲信息最主要的表达工具，思想是通过语言和非语言的方式向听众传播的。在练习演讲语言时，一定要注意选择表达观点、叙述材料时所用的措辞；练习要求清晰、生动、重点突出、恰当地使用语言。如果不懂得如何最好地用语言来表达主要思想观点，那么演讲就有可能失去有效表达思想的重要机会。

6．演练

演练是指正式演讲前的预演与练习。通过演练，演讲者可以明确在正式演讲时该注意哪些问题。虽然演讲由词汇构成，但是演讲者的演讲效果如何，在很大程度上取决于演讲表达时运用有声语言与无声语言的好坏。演讲者可能需要用充满激情的声音表达演讲，声音要有变化且重点突出，并使用眼神交流（说话时看着听众），注意自己的形象和礼仪，注意自己的手势、动作等。通过演练，演讲者可以及时发现和纠正不当的部分，避免正式演讲时遭遇尴尬。

关于演练次数的多少，对不同的演讲者要随情况不同而有所变化。例如，当演讲中包含了不熟悉的内容时，演讲者不得不练习许多次，直到自己可以有效表达或直到自己可以轻松地在时间限制之内进行演讲；当演讲者比较熟悉某个内容时，可能经过极少的几次练习就可以达到演讲目标。对于大多数演讲者而言，即使是比较容易记住的叙述性材料，仍需多练几次，以减少在正式演讲时普遍存在的紧张和焦虑。

演练的方法有很多。例如，演讲者可以找一个有足够空间的地方，站起来，想象人们正坐在自己的面前。或者是用一台录音机录下整个演讲的练习过程，完成之后，听听录音带，或在心里想一遍刚才的演讲。看着演讲大纲决定自己需要做什么变动，然后马上进行第二遍演练或者更多次的演练。

三、分析听众与场景

演讲是讲给具体听众听的，听众既是演讲的客体，又是演讲接受的主体。评判演讲的成功与否关键是看听众的接受程度。场景，即演讲的地点和时机，是为演讲者提供一些符合听众期望和确定演讲基调的指导原则。了解演讲的听众和现代演讲学演讲场景，方能做到"知己知彼，百战不殆"。

（一）分析听众

1. 分析听众的内容

演讲者在登上讲台前，要善于分析听众、研究听众、了解听众，分析他们的好恶取向，力争"投其所好"，使演讲内容符合听众的需要。了解和掌握听众，是演讲者实现演讲目的的客观要求。只有了解听众的心理、要求、希望及对演讲的态度，才能使演讲者有的放矢、动作自如。分析听众主要分析以下几个方面。

（1）听众的构成状况

这是指演讲者在演讲前要对听众的年龄、性别、文化水平、职业状况、经济地位、群体需求、政治倾向、社会心态、宗教信仰、价值观念、兴趣差异等要有一个大致了解，便于量体裁衣、对症下药。

（2）听众的目的、意愿

这是指演讲者在演讲前要了解听众听讲的目的、动机。有自愿听讲者，即由于具有共同意愿聚集在一起的听众，一般听讲兴趣甚浓。有接受指令听讲者，即将听讲作为一项任务的听众，有的兴趣较大，主动性强；有的趣味不大，被动听讲。还有随意听讲者，即对听讲感到可有可无的听众，若被吸引则专心听讲，若听得无味则兴趣不大。

（3）了解听众的心态

这是指演讲者要对听众听演讲的心态有所了解，并寻找出其中的共性。演讲者需要切合听众心理，尊重所好，避其所厌。听众普遍有"十二求"、"十二厌"，即：求新颖，厌旧套；求实在，厌空洞；求奇特，厌平淡；求精炼，厌复杂；求亲近，厌遥远；求真知，厌贫乏；求短精，厌冗长；求情感，厌说教；求趣味，厌呆板；求深刻，厌浅薄；求畅晓，厌艰深；求高雅，厌粗俗等等。适合他们的口味，正是成功演讲者的追求。另外，演讲者也不能忽略听众的个性心理需求，对于较为突出的个性心理要注意加以分析，以便于引导。

2. 分析听众的步骤

演讲者对听众了解得越深刻，离演讲成功的距离就越近。在登上讲台前，要分析听众的文化水平、需要定势、思辨能力等特征。收集听众的信息是指演讲者通过多方渠道去询问、调查，问明听众的有关情况；或问询主办单位，查询有关资料；还可以通过个人锐眼观察，仔细察看听众的行为举止、演讲环境等事项；也可以通过与听众个别交谈，了解他们的人员组成、听讲态度、所想所求等。由此对演讲的有利或不利的环境因素充分了解，以便精心设计、运筹语言，使演讲更有针对性。为此需要研究以下几个方面。

（1）研究听众资料的类型。

收集有关听众的重要人口资料、分析听众中存在的共同之处，以预测听众对演讲者兴趣如何、了解程度和态度。通过对听众信息的收集和预测，可指导演讲者确定演讲目标、制订各种战略，包括如何选择材料、如何组织材料及选用适合具体听众的方法来做演讲。另外，因为所有听众作为每一个听讲的个体又是不同的，有细微差别，所以听众分析的目标是要找出他们在什么方面相似、在什么地方不同。通过找出具体听众之间的相似之处，我们就有了评判基础，从而选择出那些大部分听众会对之有共鸣的信息。通过找出具体听众彼此之间的不同以及与演讲者的不同之处，就能运用此信息去确定如何调整材料来适应他们。

美国演讲家拉萨尔·康威尔曾以"大量的钻石"为题，演讲了 6000 余场。他之所以每一场演讲都能讲出新东西，增加新内容，做到长盛不衰，正是因为他对每一场新的听众都进行了调查。他说："去一个镇子或是城市访问，尽量早一点到达那里，以便去访问一下邮局的局长、理发室和旅店经理、小学校长以及一些官员，然后我走进商店，跟人们交谈，了解一下他们的历史、他们都有哪些要求。接下来我就向那些人演讲，内容正好适合于当地听众的那些题目。"

经验发现，大多数人容易同与自己相似的人交谈，正所谓"人以群分"。比如说，年龄和背景大体相仿的大学生有许多相似之处，因而他们非常容易找到各种方法来相互交谈。但是，有时演讲听众可能包括一些或许多有不同背景和经历的人。所以，演讲者在收集信息、组织和填充演讲结构的时候，要想到这些相似之处与不同之处。通过描绘出具体听众的大体情况，演讲者就有了可使自己作出明智决策的资料，以决定自己需要怎么处理演讲。准确的听众资料可以归纳为以下具体类别：年龄、受教育程度、性别、职业、收入、文化、地理特征和社会背景。

年龄是指听众的平均年龄是多少，是在什么范围内；受教育程度是指听众具有中学、大学还是研究生教育水平，抑或他们的教育水平参差不齐；性别是指听众主要是男性、女性还是两者完全相等；职业是指多数听众是否有一个相同或相近的职业；收入是指听众的收入水平如何，是高、是低还是一般；地理特征是指听众是否来自相同的城市或住宅区；社会背景是指听众社会背景是什么状况、是否存在着差异。

通过分析，就可以用听众的大体情况做预测，预测听众会怎么看待演讲的题目和目标。例如，同样是关于某种新知识的演讲，来自小学低年级的孩子听众与来自高等学府的大学生听众将截然不同。

（2）收集听众资料的方法。

收集听众资料的方法有很多，最常用的有以下几种方法：

• 收集所观察到或征求到的信息资料。如果演讲者与听众有某些联系（比如演讲者和作为听众的同班同学），那么就可以从个人观察和简单的调查中取得许多重要信息。例如，到班上听一两节课，就会对班级成员的大致年龄、男女比例、社会背景有很好的了解。当听他们讲话时，演讲者将更多地了解到他们的兴趣所在、知识领域及对许多问题的态度，而且还有机会具体调查他们的思想。

• 询问演讲的主办者。当应邀去演讲时，可要求联系人尽可能多地提供以上所列的各类信息。即使信息不如想要的那么具体，它们也仍然有用。

• 对听众人员统计资料作出明智的推测。如果演讲者不能通过任何其他方法取得信息，那么必须依据间接信息作出明智的推测。例如，某个院校的学生一般构成是什么？哪种人可能来听这场有关某话题的演讲？

3. 预测听众的反应

听众分析的下一步是演讲者运用所收集到的资料去预测听众对演讲者及其话题的兴趣、了解程度和态度。这些预测为演讲战略的制定打下了基础，包括以下几个方面。

（1）听众对话题的兴趣

演讲者的第一个目标是预测听众可能对演讲者的话题兴趣如何。举例来说，假设一个学生计划谈论摇滚乐，另一个学生计划谈论古典音乐。基于一般课堂听众的特点，或许可预测该班同学可能对摇滚乐比对古典音乐更容易感兴趣。但是，这并不意味着关于古典音乐的演讲注定要失败。所有这些只意味着讲古典音乐的人要认识到：听众起初的兴趣可能不高。演讲者必须想出一些办法，在演讲开始时激起听众的兴趣。

（2）听众对信息的理解

演讲者的第二个目标是预测听众是否有足够的知识背景去理解其所提供的信息。以两个关于不同类型音乐的演讲作为例子。因为听众可能更熟悉摇滚乐，所以两个演讲者都必须考虑他们可能遇到的障碍：摇滚演讲者必须认识到听众可能已经知道很多关于传统摇滚乐的知识，因此这些听众有理解演讲的知识背景，但他们想要寻找更有深度的东西；古典演讲者必须认识到，听众可能不太了解古典音乐，所以他必须认真定义术语，把材料与听众经验相联系。

（3）听众对演讲者的态度

演讲者的第三个目标是预测听众对自己的态度。演讲者能否成功地让听众获得知识或说服听众，有时取决于听众是否认为他是可信的信息来源，也就是说，听众是否认为演讲者具有知识和专业技能、值得信赖并有迷人的个性。

有知识和专业技能指的是演讲者的资格或能力。演讲者必须具备相当专业的知识和技能，并且能够将这样的信息传递给听众，使听众相信演讲者是这个话题的权威。当力学专家与听众谈论力学的基本原理时，他能预测到听众将会承认他的知识和专业技能。如果演讲者的知识和专业技能不是那样显而易见，那么就能预测到听众不会自动承认他的知识和专业技能，因此就必须想办法在演讲中建立自己的可信性。

值得信赖既指人的品质（诚实、可靠、道德水平），也指明显动机（做有关这个主题演讲的理由）。值得信赖对于演讲者非常重要，因为如果听众质疑演讲者的品质或动机，那么他们就会对演讲不加理会。所以，在演讲中，演讲者的信息一定要使听众相信：该演讲者是位人品好和有良好动机的人。

迷人的个性是指一个人讨人喜欢的能力，它通常是基于第一印象所作出的判断。举例来说，听众通常偏爱这样的演讲者：他们热情洋溢，显得热心又友善，随时微笑，并显出真正关注听众的样子。因为听众对演讲者个性的感觉对决定演讲者在听众中的可信性起着非常重要的作用。

（4）听众对演讲话题的态度

演讲者的最后一个目标是预测听众对话题的态度。听众所表达的态度意见通常分布在非常赞赏到非常敌视的连续区间之中。虽然几乎任何演讲中都会有一个或几个听众的意见分布在区间中的任意点上，但大多数意见倾向于聚集在区间中某个特别的点上。通过运用从听众分析中得来的资料，就能比较准确地预测出听众的态度。举例来说，企业一线的熟练工人对最低工资标准的看法可能不同于企业总裁。所获得的有关听众的资料越多，在分析听众方面越有经验，那么演讲者就越有可能准确判断听众态度。

能否了解听众、把握听众、与听众达到心理相容，是决定演讲成败的关键，而要做到这些，必须建立在对听众的正确认识和分析之上。演讲者若对台下听众所关心的问题一无所知，演讲的内容就无法切中要害，自然无法激起听众的情绪。只有从演讲对象的实际出发，知己知彼，审时度势，才会使听众对演讲内容能听懂、能理解、能将情感调动起来。如果专家学者是演讲者的演讲对象，那么要注意语言的准确性、理论性、严密性、逻辑性，并要运用相当的专业术语；对青少年演讲，则要注意通俗易懂、生动有趣、寓理于形、富有激情；对工人、农民演讲，需要求真务实、妙语动人、启发心智、调动情感。总之，要有一番精心调查和运筹，这样的演讲才更有针对性、亲切感，与听众的沟通才更容易。

（二）考虑场景

场景，即演讲的地点和时机，是为演讲者提供一些符合听众期望和确定演讲基调的指导原则。如果演讲者将要在班级做一次演讲，因为演讲者及其听众经常在同一时间、相同情况下上课，演讲者对自己将要遇到的场景非常熟悉。但是，当演讲者在其他情况下做演讲时，就会发现花时间考虑场景可能非常重要。例如，李浩将代表他的学校参加全市的"青年志愿者工作经验交流大会"，他是那天下午关于"大学生要积极投入志愿者活动"论坛的发言者之一。他所知道的全部情况就是有 8 个发言者，讲话将在下星期三下午团市委礼堂进行。他需要知道的场景信息应包括以下方面。

1．听众人数

如果演讲者预计听众较少（不到 50 个），那么演讲者就需要为正式演讲时接近所有听众做准备：在听众数量少的情况下，演讲者可以用正常声音讲话，并自由地走动。相反，如果预计听众较多，那么除了需要话筒以外，演讲者还需要使自己表现得更正式一些。

2．演讲时间

一天之中的时间能够影响演讲的接受效果。比如说，如果演讲被安排在午饭后，那么听众可能昏昏沉沉甚至快睡着了。因此，演讲要插入一些"提神的东西"，如例子、插图和故事，会有助于保持听众的注意力。

3．演讲顺序

如果演讲者是做专场演讲，那么这样的演讲具有明显的优势：因为他是听众注意力的焦点。但是，在教室里、集会上或其他场合里，会有许多演讲者，演讲者在顺序表中的位置可能影响其演讲效果。例如，第一个演讲和最后一个演讲会有区别。如果是第一个演讲，那么演讲者可能需要为听众"热身"，并做好准备如何应付随时进来使人分心的迟到者；如果是最后一个演讲，那么必须抑制听众由于听了若干个演讲而产生的厌倦情绪。

4．演讲耗时

演讲的规定时间对演讲的内容范围和如何展开演讲影响很大，演讲者一定要学会判断在一定的耗时内适合讲多大的话题。课堂演讲的时间通常限制非常短，演讲者对自己在一个短篇演讲中讲述的内容不要抱太大的野心。"环境恶化的三个主要原因"能在 5 分钟内讲完，但"人类影响环境的历史"却不能。

5．演讲期望

每一个场合都对演讲提出了具体的期望。对于课堂演讲来说，一个主要的期望就是完成作业，所以演讲目标应当反映出该作业的性质。在课堂之外，符合演讲的期望也同样重要。在政策宣传演讲上，听众期望演讲是有关政策问题的；在社交晚餐场合，听众通常期望轻松和娱乐性的演讲。

6. 演讲地点

被安排在具体哪个地方演讲也将影响演讲者的演讲表现。课堂演讲要考虑教室的状况：教室的大小、光线强弱、座位安排等方面。具体来讲，长而窄的房间给演讲者带来的问题不同于短而宽的房间。长而窄的房间里，演讲者的声音必须较大以传到后排座位，但眼神交流必须限制在较窄的范围内。同样，在灯光黯淡的房间里，要尽量把灯光调亮，当演讲者准备使用视觉辅助设备时尤其应该如此。调查演讲环境有助于演讲者使自己符合情况的要求。课堂之外，演讲者常常碰到情况差异将会更大。因此，在做出最终演讲计划之前，需要了解详细信息，包括场地大小与形状、容纳人数、座位排数、灯光、是否有讲坛或讲台、演讲者与第一排的距离等。如果可能的话，最好去实地考察一下。

7. 演讲设备

对于有些演讲，有时可能需要话筒、黑板，或者需要投影机、幻灯机、屏幕，或者需要笔记本电脑的连线。在大多数情况下，演讲者都有某种形式的演讲台。如果参加演讲的人对演讲的场景设置有权做出安排，那么一定要向主办者说明需要什么，最好要给出其他可选择的方案，以防没有所要求的东西。举例来说，如果演讲者计划用 PowerPoint 在计算机上做演示，到时却发现没有与计算机连接的地方，那结果会是怎样。

四、积累和选择演讲材料

材料在演讲中具有重要作用，它是演讲的物质基础，是演讲者观点主张的巨大支柱。所谓演讲材料，就是用于演讲的事物、事理、数据等。材料是演讲的"血肉"、基础、依据。没有材料，任何思想观点的表达都将是空话；没有材料，口才再好的人恐怕也不易取得演讲的成功。因此，下面就着重谈一谈演讲材料的积累和选择问题。

（一）积累演讲材料

要想使自己的演讲获得成功，就必须占有大量的材料；要想占有大量材料，就必须随时随地做大量的积累工作和整理工作。一切成功的具有独特风格的演讲，几乎都是材料积累的产物。只有广泛地收集材料和占有材料，才能为成功的演讲打下基础。如果说演讲是火，那么材料就是燃料。真知灼见的产生和正确思想观点的确立必须建立在大量材料的基础上。材料是思想观点形成的基础，也是思想观点赖以存在的支柱。所以，大量而详尽地占有材料，对演讲者来说是一项重要的势在必行的工作。

（二）获取材料的途径

获取材料的途径主要来源于三个方面，即直接材料、间接材料和创建材料。

1. 直接材料

所谓直接材料，是指演讲者在日常的工作、劳动、演习、生活及社会活动中的所见、所闻，是演讲者亲身经历或耳闻目睹的一些事件、言论、感受，也就是演讲者自身通过对社会生活的观察、体验、感受、研究所得到的第一手材料。

每个演讲者都处在大千世界、芸芸众生之中。生活中时时处处都在发生着一些有价值的事情。只要我们是有心人，注意观察、总结、留心记忆，那么我们就一定能够建立起一个丰富生动的材料库，这些直接材料是我们演讲获得成功的最宝贵的材料。很多成

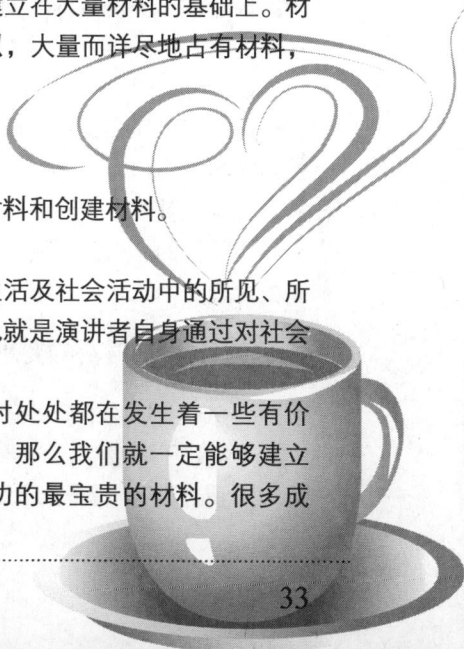

功的演讲都因为拥有典型、生动、具体、真实、独特的直接材料，而不是平淡无奇的其他材料。如《人体美的标准和健美运动》这篇演讲：那么，什么是健美的好方法呢？是体育锻炼，是健美运动。运动可以使形体不美的变得美，使形体美的变得更美。只有运动，才能使人体达到健美，青春常在。反之，如果不运动、不锻炼，不仅形体不美的人美不起来，就是形体美的人也会变丑。例如有这样一个例子：我曾认识两位女同志，年龄都在 50 岁左右，一位是从未结婚的女医生，过去年轻，体形标准，身高在 1.68 米左右，就是由于不爱活动，还时常怕寒冷，棉衣穿得早、脱得晚，现在竟驼了背，减去了 10 年的青春美；另一位则是一般的女职员，身高不到 1.55 米，生过 3 胎，无论是体态和外貌都不如前面女医生。但由于经常进行健美锻炼，打拳、舞剑、健身样样都做，因此现在一直保持着不到 40 岁的体态和外貌。在这篇介绍健美知识的演讲中，演讲者为了说明"运动能使人青春常在"这个基本的道理，从亲身经历的事实出发，举了正反两个例子，真实可信。

2. 间接材料

所谓间接材料，就是演讲者从报纸、杂志、书籍、广播、电视、网络等媒体上收集到的材料，这是第二手材料。间接材料的收集，避免了因演讲者个人经历狭窄所造成的材料不足，扩大和丰富演讲材料。间接材料在演讲中的作用是不可替代的，如《数学的光彩》这篇演讲：或许有人认为，干巴巴的数学充斥着枯燥与晦涩。可是古往今来，在数学大师们的眼里，"数学是科学的皇后"，有很多数学家同时也是杰出的物理学家、哲学家或艺术家。他们公认数学是最神奇、最美妙，只由几个简单的符号和数字就可以进行无穷无尽的研究和变化，结果常让人惊喜，对他们有强大到不能抗拒的诱惑力。"美和爱不可分离"，对数学的酷爱使他们为数学呕心沥血，在所不惜。人类最伟大的数学家高斯死后，墓碑上刻印的不是他利用数学造福于文明世界的丰功伟绩，而是一个他生前最喜爱研究的正 17 边形。这个简单的几何图形向所有后来的人们倾诉着数学家的追求，也昭示着数学奇异的魅力。数学大师们说："美是数的和谐。"这是对数学的赞美，也是对数学的自豪和骄傲！

在这篇旨在探讨数学的魅力、激发人们对数学的兴趣的演讲中，演讲者为了让人们相信"数学并非是枯燥、晦涩的"这样一个基本的判断，引用了数学大师们的两句话："数学是科学的皇后。""美是数的和谐。"对于外行人来说，数学大师们对数学的理解应是最可信的。这样引用间接材料，可以增强演讲的可信度。

3. 创建材料

这是演讲者在获得大量的直接材料和间接材料的基础上，经过归纳、研究、分析所得到的新材料。例如，马克思就是在分析、研究德国古典哲学、英国古典政治经济学和法国空想社会主义的基础上，形成许多新的数据材料、图表材料和理论材料，从而产生了自己的观点和学说体系的。由此可见，创建材料是很重要的，因为它恰如人体的新鲜血液、人类社会的新的能源。因此，这是每个演讲者应锐意追求的目标。

（三）积累材料的要求

要想成为成功的演讲者，在积累材料时就必须按照以下的要求去做。

1. 勤于收集

所谓"勤"，就是勤听、勤看、勤于手抄笔录。要不辞劳苦，持之以恒，勤于采集，积少成多。要有蜜蜂和淘金工人的精神，广泛采撷，精于筛选。这种工作是琐碎的，但又是省事方便的，因为这样大大地有利于准备演讲、做好演讲。

2．善于整理

收集了材料仅是第一步，接着就要翻阅和整理。因为收集的材料是零碎的、杂乱的，为了使用的方便，就要系统化、条理化。在整理中，不仅可以熟悉和消化材料，加深理解，而且可以对材料进行比较、分析和鉴别，以去伪存真，去粗取精。

马克思有一种值得我们效法的好习惯，即时常翻读他的笔记，并把他所收集的材料加以系统化。在他的每一种著作里，他都收集了大量的准备材料：摘录、提纲、图表以及所有的各种数字、原始材料、目录等。他将整个材料加以整理，并做成有系统的内容提要，以便在以后的工作中易于选用。

3．肯于发掘

有些演讲者虽然也收集和整理了材料，但却缺乏发掘的精神。在演讲中，他们往往把收集和整理的材料全盘不变地端给听众，毫无一点创见。与其让听众听这些，还不如叫听众自己去看书、读报、翻新产品试销文献资料了。所以，高明的演讲者总是以满腔的热情和敏锐的洞察力对所收集的材料进行琢磨、思考、研究，从中发掘出别人所没能发掘的新意来，从而使之具有新的内容、新的色彩。对于一些人们较常用的材料，尤其要注意花工夫、下气力，多做这方面的工作。只有这样，才能使听众听到他们未曾听过的内容，看到新的知识，受到新的启迪。

（四）选择演讲材料

材料选择指演讲者要选择那些吸引听众注意力和使听众感兴趣的材料；选择那些能够清楚地阐明演讲的主题，能给听众以深刻影响，使之久久不能忘怀的材料。如何选择材料呢？具体方法有以下几种。

1．反映主题

如果说主题是演讲的"灵魂"，那么材料就是"血肉"，是主题的依托。但是，材料需由主题来统帅。演讲者要从大量的材料中，把那些与主题有关的并能有力支撑主题、表现主题、说明主题的材料选出来；把那些与主题无关，不能充分表现主题、说明主题，不能鲜明阐述主题思想的材料剔除出去。这样才能使主题和材料有机统一，既有吸引力，又有说服力。陈毅在 1941 年 1 月的演讲《就职（代军长）演讲词》所阐述的主题是"人民的军队是任何反动派也消灭不了的"。可以说，在他几十年戎马倥偬的战争生涯中，材料俯拾皆是，但他只选用了两个：第一个是"在大革命失败的时候，朱德总司令只带了八百多人上井冈山，就发展成为今天 55 万大军"；第二个是"新四军的前身是南方各省的游击队，那时全部只有两千多人，在当时的残酷的斗争中，还受到损失……最后只剩二百多人。三年后，新四军发展到九万多人"。是啊，800 人没有被消灭，55 万大军能被敌人消灭吗？200 人没有被敌人消灭，90 000 人还能被敌人消灭吗？陈毅选取这两个材料，紧紧地围绕主题进行深刻说明，使主题和材料水乳交融、浑然一体，听后令人折服。

2．针对听众

演讲者在选择材料上，不能只从自己的兴趣出发，在服从主题的前提下，还要考虑听众需要。

（1）要针对不同听众的具体特点、具体兴趣和爱好，就是要从听众的实际出发，来选择他们熟悉的、所能接受的材料。

（2）要针对听众的文化程度，把材料具体化、形象化，多选择听众看到、听到、感觉到的材料。诺贝尔奖获得者杨振宁在讲到基本粒子时，说那仿佛是不同的脸：有的肥胖丰满，有的秀丽清瘦，有的笑容可掬，有的愁眉苦脸，有的机灵，有的呆笨，有的一脸稚气，有的凝神深思。杨振宁把这样高深的理论人格化了，用这样的材料深入浅出地阐明了深奥的道理，听众不但爱听，而且易于理解。

（3）要选择符合听众心理和要求的材料，使这些材料和群众的切身利益结合起来。这样才能引起听众的兴趣和爱好。

（4）要选择那些能向听众指明行动方向、能够教给听众行动的手段和方法的材料。有针对性地选取材料，时刻把听众的愿望、想法、利益放在心上，才能使演讲吸引听众，使听众跟着演讲者的思想去思考，按照演讲者的意图去行动，演讲才能达到教育、启发、鼓舞听众的目的。

3．准确可靠

在演讲中使用的材料，不管是直接的还是间接的，不管是旁征还是引用，都要做到准确可靠。演讲者要使自己的材料可靠，要尽可能地使用第一手材料，这是至关重要的。对于间接材料，要善于鉴别，科学批判地使用。要对材料加以检验辨别和审查，以去伪存真。对引用的材料还要加以认真核对，哪怕一个标点符号也不轻易放过，以免出现差错和纰漏。

4．新鲜引人

"喜新厌旧"是人类共有的一个心理特点。人们都愿意听那些自己没有听过的事情，了解自己没有了解的世界。所以，演讲者在选择演讲材料时，一定要选择那些新鲜的、吸引人的材料。

江苏的张慎民先生在他的演讲《从美国青年包里的五星红旗说开去》中，为了说明"自知"与"知人"是交际艺术的两件珍宝这个观点，举出了中央电视台《实话实说》栏目采访在华执教的美国青年丁大卫的例子。丁大卫是个地地道道的美国青年，来华应聘任教，在他简单的行囊中竟有一面鲜艳的五星红旗。他带着这面中国国旗，目的有二：一是时时提醒自己身在中国，不要老以美国人的标准立身行事；二是让来访的客人看到屋里的这面红旗，增加亲切感，拉近主人和客人之间的距离。作者用这个刚刚发生的、新鲜的典型事例，从"自知"和"知人"两个角度谈了如何进行交际的问题。

技 能 训 练

一、自我测试

（1）怎样确定演讲计划？

（2）如何对演讲的听众进行分析？

（3）影响演讲的场景因素包括哪些方面？

（4）积累演讲材料的途径有哪些？

（5）在积累演讲材料方面你有哪些具体做法？

（6）如何选择演讲材料？

二、小组活动体验

（1）技巧练习：准备一个 2~3 分钟的个人经历（叙述性）演讲。想想你有过的幽默、有悬念或富有戏剧性的经历，选择一段你认为你的听众会喜欢听的经历。

① 思考一下，你此次演讲的目标是什么？你将为此次演讲做哪些准备？用文字说明你的演讲提纲。

② 场景分析清单听众人数将有多少？什么时候做演讲？演讲安排在整项活动的什么时刻？演讲的时间限制是什么？对演讲的期望是什么？演讲将在哪里举行？做演讲必需的设备是什么？

③ 根据你此次演讲的具体目标，你能提供哪些相关信息？你准备如何运用？：

（2）根据下面所提供的清单，分析一下你的听众与场景，并且预测听众将会对你持怎样的态度。

听众分析清单

① 听众的教育水平是中学____大学____研究生____（百分比）。

② 年龄范围从____到____。平均年龄大约为____。

③ 听众大约百分之____为男性，百分之____为女性。

④ 我关于听众收入水平的估计是：低于一般水平、一般水平或是高于一般水平。

⑤ 听众基本上是：相同宗教或不同宗教。

⑥ 听众基本上来自：相同省份、相同城市或相同地区。

听众预测清单

① 听众对本话题的兴趣可能为：高、中、低。

② 听众对话题的理解力将为：强、中、弱。

③ 听众对演讲者（我）的态度可能是：肯定、中间、否定。

④ 听众对我话题的态度将是：肯定、中立、否定。

（3）尝试在班级中做一次非正式演讲，观察听众的反馈，你从中获得了哪些信息？下面是演讲的组织工作表，你在组织演讲时请对照此表进行充分的准备工作。

演讲组织工作表

① 日期是否已经确定？

② 地点是否已经确定？

③ 环境是否与预测的听众群相适应？

④ 场地是否合适？关于：大小、供电、通风、灯光、座位、座位顺序、桌子、技术设备、位置、可能受到的干扰。

⑤ 是否有现成的技术辅助工具？

⑥ 是否有现成的视觉辅助工具？

⑦ 听众是否知道了足够的细节和详情？包括：演讲者、主题、日期、活动持续时间、程序。

（4）下面是"演讲的准备工作"表，请你在准备一次演讲时认真对照，精心准备，以取得演讲的成功。

① 我是否已经真正理解了这个主题？

② 对这个主题听众是否能充分理解?

③ 听众是否对这个主题感兴趣?

④ 针对这个主题是否有足够的时间可供支配?

⑤ 我是否了解听众群的构成情况?

⑥ 我的语言是否适合这个群体?

⑦ 在准备工作中我是否运用了所有的资料?

⑧ 我的底稿是否合适?

⑨ 针对演讲我是不是已经进行了充分的练习?是自己一个人练习?是在其他人面前练习?是否利用了录音机?

⑩ 我的演讲是否振奋人心?

⑪ 我是否有一个令人印象深刻的结尾?

⑫ 我是否能恰当地运用语音语调?

⑬ 我怎样克服怯场?

⑭ 当我卡壳儿、说不出话时我该如何帮助自己?

⑮ 我是否可以避免演讲中的坏习惯?

⑯ 我怎样同听众进行交流?

⑰ 我怎样度过演讲前的时间?

⑱ 演讲后我要做些什么?

三、小组讨论

表单1　　　　　　　　　　"态势语言"训练活动记录表

日期:

项　　目	记　　录
讨论会记录	
个人收获	

续表

项　　目	记　　录
存在问题	
学习评价	
学生签名	教师签名

表单 2　　　　　　　　　　项目活动评价表

项目活动名称＿＿＿＿＿＿＿　　　　　　　活动日期＿＿＿＿＿＿＿
班级＿＿＿＿＿　姓名＿＿＿＿＿　学号＿＿＿＿＿＿　教师＿＿＿＿＿

项目过程评价						项目展示评价					
100 分		配分	自评	互评	主持	100 分		配分	自评	互评	主持
个人	工作态度	10				个人	项目说明	10			
	协调能力	10					项目展示	10			
	工作质量	10					效果	10			
	复杂程度	10					工作主动	10			
	改革创新	10					交流沟通	10			
小组	计划合理	10				小组	规划周密	10			
	项目创意	10					分工合理	10			
	过程有序	10					特色	10			
	完成情况	10					接受批评	10			
	协作情况	10					提出建议	10			

任务二　演讲稿设计

演讲稿案例分析

在九七届春季毕业典礼上的演讲

（按语：括号内是演讲构思说明。这是××××学院一份真实使用的发言稿。毕业学员、教师近三千人。毕业典礼上除其他仪式，还有学员、教员、领导各一人发言。我是作为教职员工代表发言。因我院有关演讲教材是我编的，我对自己的发言也必须做认真思考和分析。）

各位领导、同志们、同学们：（在生活中实际使用的演讲稿，开头一定要有称呼。本稿用的三个称呼，形式逻辑上有些交叉；但生活中必须如此。"各位领导"在前，表示尊重；"同学们"在后，这是我演讲的主要对象；在场还有教职员工等，这里用"同志们"来概括比较简洁。演讲的"称呼面面俱到"原则，比"概念的形式逻辑上不要交叉"原则更重要。）

在今天这热情洋溢的毕业典礼上（演讲稿中可多选用"隆重"、"庄严"、"充满激情"之类的形容词。这不是客套，而是对"正在进行的事件"表示的重视态度。只有自己先重视，才能得到别人的重视），首先，请允许我代表全体教职员工，向圆满完成学业、即将奔赴社会工作岗位的全体毕业学员，表示热烈的致敬（上场先得"规定动作"的一分，"祝贺"、"感谢"等致词早用，能较快地获得第一次鼓掌）！

同学们，我们结束了"弦歌在一堂"的学院生活（"弦歌在一堂"选自田汉作词和聂耳作曲的《毕业歌》："我们今天弦歌在一堂，明天要掀起民族自救的巨浪……"，我曾多次指导学员开展歌咏活动，这里可起"双关"作用）。逸夫楼、长江江畔，留下了你们的英姿华彩（逸夫楼是教学楼所在地点，这里用些带文采的语词，预示整个演讲的语言风格）：你们用勤奋的实践活动，丰富和完善了我们学院的教学工作（用肯定对方的方式来叙述、概括双方的关系）；你们用学院的好作风、好传统，为我们学院的建设注入了新鲜的活力（使用排比句，容易激发演讲的激情）；你们用尊师重教的实际行动，在课堂上、在生活中，给我们教职员工以帮助（我在个人搬家等事情上确实得到很多学员帮助，把"帮助"放在前面，不是恭维，而是真诚感谢）、理解、支持；你们用你们的青春时光，为我们学院的发展作出了巨大的贡献（语气到此达到最高点，稍缓一口气）！所有这些（转为深情地），都使我们不能忘怀（稍停顿、表示感情的凝重）。借此机会，我代表全体教职员工，向你们表示衷心的感谢（"感谢"两字是逻辑重音，加上敬军礼动作，可再得一分，获第二次掌声。至此，发言"规定动作"完成）！

同学们（"自选动作"开始，用一个称呼，可起"转折"、"注意"等提示作用），你们即将离开母校（让对方回到此刻规定角色中）。领导让我在这分别的时刻作一个发言（说明自己情况，取得对方理解），这几天，我天天在想，选一句什么话来作为我们的共勉（设个悬念）？终于，我选到了一句非常合适的话（铺垫）：这就是（说慢一点）1997 年（慢，继续铺垫）新年第一天（慢，还是铺垫），江泽民主席（稍停，铺垫到高潮，亮结果）元旦贺词的题目（稍停，让大家回忆一下是什么，较流利地说答案）："为创造美好的未来而共同努力！"

（语调放低，演讲忌讳长时间"高调门"。这里回到用生活语调）这学期我院开展了"宣传、学习洪战辉"的活动。（换成讲故事口气）这是一个高中生成为博士生导师、国务院一个学科组负责人的动人故事。这个故事至少有两点"美好的启示"（把表情尽量陷入沉思之中）：第一，当他还是一个孩子的时候，就对另一个更弱小的孩子担起了责任，就要撑起困境中的家庭，就要学会友爱、勇敢和坚强；二是这件事说明了，社会对军队政治工作的理论研究者，还是有一个比较"美好"的评价（论述可能会有不同看法的问题，多加"还是"、"比较"、"未必"等词语，会给人"中肯"、"辩证"的感觉）。

虽然我们多数学员，将来未必从事政治工作的理论研究（回到听演讲者的角度来），但我们都是学院政治工作的实践者。伟大的理论家（用这样的定语，主要突出理论贡献之伟大）马克思非常喜欢这一句格言："理论是灰色的，而生活之树常青。"（努力肯定听演讲者的价值，是使演讲保持吸引力的主要原则）当我们来到工作单位用自己的政治工作实践活动，直接创造我们生活中美好的事物，这将比我们在课堂上的"纸上谈兵"，更加有趣（稍停顿，让人思考）、更加生动、（十分肯定地）更加幸福！

同学们（语气转折，进入最后"冲刺"），火热的生活正在召唤，新的进军号角已经吹响（开始逐渐提高语气的激情）。你们将带着母校美好的祝愿、深情的希望，奔赴祖国四面八方。愿你们在各自的岗位上、在工作的实践中，（提高语调）创造出美好的业绩（掌声）！（以下用抒情来"对比"前面的激情；用形象思维来"对比"前面的逻辑思维）在高山，愿你成为高山的青松；在戈壁，愿你成为戈壁的红柳；在草原，愿你成为草原的骏马；在蓝天，愿你成为蓝天的雄鹰……（抒情适可而止，语调再次高昂，加手势）××××学院将永远为本院毕业学员创造的美好业绩而自豪（又一次鼓掌）！

在这分别的时刻（再次提到"分别"，表示依依不舍，语调转低），让"创造美好的未来"这个共同目标，把我们的心更加紧密地联系起来（稍停）！同学们（最后的尾声，放慢演讲节奏，饱含感情），无论你们未来走到哪里，愿××××学院的生活（音量不要大），永远是你们美好的回忆！愿你们：为××××学院的院史，（最后一次提高音量）增添新的、更加美好的一页！谢谢（双关语：既表示演讲结束例行"谢幕"，又含有对增添"美好的一页"行动预先致谢）！

（××年××月××日下午演讲于××××学院图书馆。）

知识点导航

一、演讲稿的特点与作用

所谓拟稿演讲，顾名思义就是针对一定的场合，面对特定的对象，拟写好书面文稿后进行的为了达到某种目的的语言表达形式，即有备而讲。

拟稿演讲具有如下作用。

1. 有利于有的放矢

演讲最忌信马由缰、无目的地纵横驰骋、东拉西扯、言不及义。而拟稿演讲，可使演讲者在拟写演讲词的过程中根据演讲的目的与主题要求，整理演讲的逻辑思路，以保证演讲自始至终有的放矢、紧扣主题。

2. 有利于谋篇布局

要通过演讲达到引人入胜的现场效果，就不能不对演讲稿的篇章与语言结构作一番认真推敲。首先看结构是否精巧地突出了重点，其次看语言（陈述、疑问、反问、对偶、排比等）运用是否精当……这些都需要在演讲稿中定型。

3. 有利于临场有据

有了精心拟写得比较满意的演讲稿，又作了事先演习，走上讲台就会胸有成竹、信心十足，获得较好的临场效果。即使偶有疏漏，也可凭手稿提示而从容掠过，不着痕迹。

4. 有利于控制时限

演讲一般有一定的时间限制。倘若信口倾吐，就很难控制时间。而通过讲稿事先测读，则能保证在一定时限内完成演讲任务。

二、演讲稿的结构设计

从内部结构来说，演讲需要形成或创造现场的情绪氛围，所讲的内容应该较为集中，通常一篇演讲稿"最多只能讲两三个问题，而且这两三个问题还得很紧密地在逻辑上串联起来，以层层推演的方式，一环扣一环地展开，这时最忌的是平面罗列：甲乙丙丁，1234，abcd，尤其成为大忌的是先亮论点，后举例子。这只能使听众停止思考，甚至昏昏欲睡。分散的论点和被动的（亦即无分析的，不能发展论点的）例子，无异于催眠曲。"而"在演讲比赛中，尤其要求集中论点，因为时间的限制更大。"（孙绍振：《关于演讲稿的写作》）演讲稿的结构分开头、主体、结尾三个部分，其结构原则与一般文章的结构原则大致一样。但是，由于演讲是具有时间性和空间性的活动，因而演讲稿的结构还具有其自身的特点，尤其是它的开头和结尾有特殊的要求。

（一）开头要抓住听众，引人入胜

演讲稿的开头，也称为开场白。它在演讲稿的结构中处于显要的地位，具有重要的作用。瑞士作家温克勒说："开场白有两项任务：一是建立说者与听者的同感；二是如字义所释，打开场面，引入正题。"好的演讲稿，一开头就应该用最简洁的语言、最经济的时间，把听众的注意力和兴奋点吸引过来，这样，才能达到出奇制胜的效果。

开场白的技术主要如下。

（1）楔子。用几句诚恳的话同听众建立个人间的关系，获得听众的好感和信任。

（2）衔接。直接地反映出一种形势，或是将要论及的问题，常用某一件小事，一个比喻，个人经历，轶事传闻，出人意料的提问，将主要演讲内容衔接起来。

（3）激发。可以提出一些激发听众思维的问题，把听众的注意力集中到演讲中来。

（4）触题。一开始就告诉听众自己将要讲些什么。世界上许多著名的政治家、作家和国家领导人的演讲都是这样的。

演讲稿的开头有多种方法，通常用的主要如下。

（1）开门见山，提示主题。这种开头是一开讲就进入正题，直接提示演讲的中心。例如，宋庆龄的演讲《在接受加拿大维多利亚大学荣誉法学博士学位仪式上的讲话》的开头："我为接受加拿大维多利亚大学荣誉法学博士学位感到荣幸。"运用这种方法，必须先明晰地把握演讲的中心，把要向听众提示的论点摆出来，使听众一听就知道讲的中心是什么，注意力马上集中起来。

（2）介绍情况，说明理由。这种开头可以迅速缩短与听众的距离，使听众急于了解下文。例如，恩格斯在 1881 年 12 月 5 日发表的演讲《在燕妮·马克思墓前的讲话》的开头："我们现在安葬的这位品德崇高的女性，在 1814 年生于萨尔茨维德尔。她的父亲冯·威斯特华伦男爵在特利尔城时和马克思一家很亲近；两家人的孩子在一块长大。当马克思进大学的时候，他和自己未来的妻子已经知道他们的生命将永远地连接在一起了。"这个开头对发生的事情、人物对象作出必要的介绍和说明，为进一步向听众提示论题作了铺垫。

（3）提出问题，引起关注。这种方法是根据听众的特点和演讲的内容，提出一些激发听众思考的问题，以引起听众的注意。例如，弗雷德里克·道格拉斯于 1854 年 7 月 4 日在美国纽约州罗彻斯特市举行的国庆大会上发表的《谴责奴隶制的演说》，一开讲就能引发听众的积极思考，把人们带到一个愤怒而深沉的情境中去："公民们，请恕我问一问，今天为什么邀我在这儿发言？我，或者我所代表的奴隶们，同你们的国庆节有什么相干？《独立宣言》中阐明的政治自由和生来平等的原则难道也普降到我们的头上？因而要我来向国家的祭坛奉献上我们卑微的贡品，承认我们得到并为你们的独立带给我们的恩典而表达虔诚的谢意么？"另外除了以上三种方法，还有释题式、悬念式、警策式、幽默式、双关式、抒情式等。

（二）主体要环环相扣，层层深入

这是演讲稿的主要部分。在行文的过程中，要处理好层次、节奏和衔接等几个问题。

1. 层次

层次是演讲稿思想内容的表现次序，它体现着演讲者思路展开的步骤，也反映了演讲者对客观事物的认识过程，演讲稿结构的层次是根据演讲的时空特点对演讲材料加以选取和组合而形成的。由于演讲是直接面对听众的活动，所以演讲稿的结构层次是听众无法凭借视觉加以把握的，而听觉对层次的把握又要受限于演讲的时间。

那么，怎样才能使演讲稿结构的层次清晰明了呢？根据听众以听觉把握层次的特点，显示演讲稿结构层次的基本方法就是在演讲中树立明显的有声语言标志，以此适时诉诸于听众的听觉，从而获得层次清晰的效果。演讲者在演讲中反复设问，并根据设问来阐述自己的观点，就能在结构上环环相扣，层层深入。此外，演讲稿用过渡句，或用"首先"、"其次"、"然后"等语词来区别层次，也是使层次清晰的有效方法。

2. 节奏

节奏是指演讲内容在结构安排上表现出的张弛起伏。演讲稿结构的节奏，主要是通过演讲内容的变换来实现的。演讲内容的变换，是在一个主题思想所统领的内容中，适当地插入幽默、诗文、轶事等内容，以便听众的注意力既保持高度集中而又不因为高度集中而产生兴奋性抑制。优秀的演说家几乎没有一个不长于使用这种方法。演讲稿结构的节奏既要鲜明，又要适度。平铺直叙、呆板沉滞，固然会使听众紧张疲劳，而内容变换过于频繁，也会造成听众注意力涣散。所以，插入的内容应该为实现演讲意图服务，而节奏的频率也应该根据听众的心理特征来确定。

3. 衔接

衔接是指把演讲中的各个内容层次连结起来，使之具有浑然一体的整体感。由于演讲的节奏需要适时地变换演讲内容，因而也就容易使演讲稿的结构显得零散。衔接是对结构松紧、疏密的一种弥补，它使各个内容层次的变换更为巧妙和自然，使演讲稿富于整体感，有助于演讲主题的深入人心。演讲稿结构衔接的方法主要是运用同两段内容、两个层次有联系的过渡段或过渡句。

（三）结尾要简洁有力，余音绕梁。

结尾是演讲内容的自然收束。言简意赅、余音绕梁的结尾能够使听众精神振奋，并促使听众不断地思考和回味；而松散疲沓、枯燥无味的结尾则只能使听众感到厌倦，并随着时过境迁而被遗忘。怎样才能给听众留下深刻的印象呢？美国作家约翰·沃尔夫说："演讲最好在听众兴趣到高潮时果断结束，未尽时戛然而止。"这是演讲稿结尾最为有效的方法。在演讲处于高潮的时候，听众大脑皮层高度兴奋，注意力和情绪都由此而达到最佳状态，如果在这种状态中突然结束演讲，那么保留在听众大脑中的最后印象就特别深刻。演讲稿的结尾没有固定的格式，或对演讲全文要点进行简明扼要的小结，或以号召性、鼓动性的话结束，或以诗文名言以及幽默俏皮的话结尾。但一般原则是要给听众留下深刻的印象。

三、演讲稿的写作与修改

演讲稿的写作是指在演讲前把所思所想写出来，用文字符号将演讲内容、范围固定下来。写演讲稿可分三个阶段，即编列提纲、起草初稿和加工修改。

（一）编列提纲

编列演讲提纲是演讲前的重要准备工作，常常是临场发挥的重要依据。提纲编列的好坏，直接影响到演讲成功与否。所谓编列提纲，就是确定框架，以提要或图表方式列出观点、材料以及观点和材料的组合方式。

演讲提纲在演讲中有着重要作用，这集中表现在以下几个方面。

1. 确定框架

编列提纲能把演讲的整体轮廓用文字明确固定下来。事实上，编列提纲的过程，正是认识不断明朗化、条理化的过程。通过编列提纲，可以对论题的设想不断加以修改和补充，使构思更为周密、完善。确定了整体框架，演讲者便能做到心中有数，逐层展开，不会东一句西一句或者词不达意。

2. 选材组材

编列提纲的过程，也是进一步选材和组材的过程，是演讲内容逐步具体化的过程。演讲题目、结构层次、典型事例、引文材料以及其他有关资料都要具体地在提纲中体现出来。在这个过程中，必须对材料做进一步的筛选和补充。

3. 训练思维

编写提纲的过程，正是演讲者积极思维的紧张过程。在这个过程中，演讲者必然要认真思考，分析演讲的主题、材料、层次、结构和其内在的逻辑联系，促使思维的条理化和科学化。因此，这个过程事实上正是培养和锻炼思维的过程。

4. 避免遗忘

编写提纲的过程也是不断熟悉材料的过程。特别是在不用演讲稿仅用提纲进行演讲时，提纲更是起着提示启发、避免遗忘的作用，成为演讲者临场发挥的重要依据。

根据演讲的具体目的和要求以及演讲者对材料的掌握情况等，编列提纲的方法有概要提纲法和详细提纲法。内容简单，材料易掌握，可编粗略些；内容复杂，材料丰富，就宜编得详细些。粗略的概要提纲，要以极其简练的语言，扼要地列举出演讲的主旨、材料、层次和大意等；详细提纲则要求比较具体，并基本上是讲稿的缩影。

（二）演讲提纲的内容

1. 演讲的论点

必须清晰地列出演讲的中心论点所包含的分论点及分论点下属的小论点，应用简洁的语言逐层列出，根据整体的内在逻辑关系依次排列。

2. 演讲的材料依据

阐明主旨材料的事实材料和整理材料也应用简明的语言或恰当的符号在相应部位列出。事实材料主要指例证、数据等；整理材料包括科学原理、科学定律、文化精神、法律条文、名言警句等。这些事实依据和理论依据能使演讲持之有据、言之成理，具有说服力和感染力。因此，必须逐一列出，不可忽视，以免遗漏。

3. 演讲的整体结构

演讲提纲的编列要依据演讲的内在逻辑体现出演讲内容的先后次序。例如，如何开头、如何结尾、重点内容如何突出、如何过渡、结构层次如何安排等。事实上，演讲提纲就像事先构筑的语流渠道，决定着演讲语流的走向。

下面是演讲《在马克思墓前的讲话》的两种类型的提纲，供读者参考：

一、概要提纲

1. 开场白

2. 主体部分

① 马克思在理论上的重大贡献。

② 马克思伟大的革命实践。

③ 马克思对无产阶级革命事业的卓越贡献。

3. 结束语

二、详细提纲

1. 开场白提出中心论点

① 马克思逝世的时间和经过。

② 马克思逝世是无产阶级不可估量的损失。

2. 主体部分

① 马克思作为"科学巨匠"在理论上的伟大贡献。

• 马克思发现了人类历史发展的规律。

• 马克思还发现了现代资本主义生产方式和它产生的资产阶级社会特殊的运动规律。

• 马克思在他所研究的每一个领域（甚至在数学领域）都有独到的发现。

② 马克思作为革命家在革命实践方面的贡献。

• 参加打碎旧的国家机器的斗争，参加无产阶级解放事业的斗争。

• 编辑报刊、拟定书籍和参加工人运动。

③ 马克思对无产阶级革命事业的卓越贡献。

• 敌人对马克思的嫉恨和诬蔑。

- 马克思对敌人的蔑视和斗争。
- 无产阶级和劳动人民对马克思的尊敬、爱戴和悼念。

4. 结束语

"马克思的英名和事业永垂不朽！"。

（三）起草初稿

起草初稿没有什么诀窍。结合一般写作规律，演讲初稿的起草有自己的原则和方法。第一，要构思好再动笔，最好一气呵成。动笔前要盘算好所有的写作步骤、条理，想清楚了才动笔，写时不要考虑修改的问题。第二，要抱着正确的态度，饱含真挚的感情去写。第三，要注意不同类型演讲的特点，采取相应的写作方法。例如，写政治性演讲稿时要强调逻辑的严密、材料的可靠；写学术性演讲要力求资料翔实、论据确凿等。

（四）加工修改

演讲稿的加工修改是一项复杂的工作，每个人有每个人的修改法，但主要从以下几方面入手。

1. 深化主题

演讲者首先要看看确定的主题是否健康、正确，再看看文字是否把演讲的主题表达出来了，是不是很充分，有无片面性，是否新颖。从这方面找出问题，就找出了修改的对象。更为重要的是，在起草时就让主题健康、正确，并且充分表现出演讲的主题。如果认真修改就会发现，在写作过程中由于全神贯注、精力集中，会在笔下出现一些作者预想之外的闪耀的思想和语言，比原来预想的还深刻、还有分量，是一种新的发现和发展。但是，由于原来预想得不充分，就没有得到扩展和发挥，而修改正是弥补的机会。修改的笔墨很多在于这个方面。

2. 调整结构

修改时主要审视的是正文。主题有了发展、变化，结构必然需要随之改动。即使主题没有什么变化，由于起草时只按提纲或只是按一种构想写出来的，一旦落实在纸面上，就会发现一些毛病，如逻辑性不强，前后位置不当，层次不清，上下文意思重复，材料和引文用得不是地方，段落衔接不紧密、不自然等情况。这就需要重新调整和修改。总之，对于草稿的结构进行认真的审视和推敲就会发现问题，作为修改的对象，有时"大动手术"也是经常出现的。

3. 润色语言

修改演讲草稿的目的，一是减少语言方面的毛病，二是保持演讲语言的特点。起草的当时意念完全集中在主题的表现和事件的陈述上，对语言的运用无暇顾及，全凭定型的习惯信笔所致。这样就不可避免地在草稿上出现句子残缺，用词不准，丢、错、别字等现象，都需要修改，这是其一。其二，按平时定型的习惯写，在语言的运用上就不乏出现书面语言的倾向，如句子太长、诗歌化、散文化等，这也需要修改。只有经过修改，才能保持演讲语言的特点。总之，对演讲稿语言进行润色，关键就是要做到把话说得明白、把话说得有力、把话说得动听。修改演讲稿，说起来容易，做起来是颇费功力的，尤其需要演讲者在思想政治、文化、语言等方面有更深层次的修养，才能得心应手、游刃有余。

技 能 训 练

一、自我测试

（1）请简要回答下列问题。

① 演讲稿的特点是什么？

② 演讲稿标题有哪几种写法？并分别举例或模仿练习。

③ 演讲稿开头有哪几种常见的方式？

④ 演讲稿有哪些结尾方法？

（2）下面是一些演讲的开头，阅读后请说出所用方法。

① 《人生的支柱是什么》的开头

有这样一个问题常在我脑海里萦绕：是什么力量使爱因斯坦名扬天下之后仍在攀登科学高峰呢？是什么力量使张海迪在死神困扰之时仍锐意奋进呢？这大概是当代青年特别是我们大学生讨论最多的问题之一，也是我今天演讲的题目。

② 《不做改变社会风气的"局外人"》的开头

前天的《齐鲁晚报》披露了这么一件事：山东泰安六中教师于元贞在大街上勇斗窃贼，被歹徒连捅六刀后倒在血泊中。当时有几百名群众围观了这一场面，但就是没有一个人站出来与于元贞并肩作战！而更令人心寒的是：歹徒扬长而去之后，围观者居然没有一个人站出来把于元贞送往医院抢救。于是，一个见义勇为的人民教师，就这样倒在血泊中一个多小时，终因失血过多而永远不能再站起来了！

③ 《同一个世界同一个梦想》的开头

2001 年 7 月 13 日，一个令人难忘的夜晚，国际奥委会主席萨马兰奇宣布："2008 年奥运会的举办城市是中国北京。"一瞬间我们沸腾了，神州大地沸腾了，"我们赢了！北京申办奥运成功啦！"我们的热情犹如火山爆发一般迸发出来，在这一刻全球的目光凝聚在北京，整个华夏儿女沉浸在欢乐的海洋中，自此我们驻守着这份期待和向往。我们期待来自全世界体育健儿欢聚的那一刻，我们向往着奥林匹克圣火在我们的神州大地燃起的那一刻。

④ 《用知识开拓美好的未来》的开头

年轻的朋友，如果在你的面前，同时有金钱、爱情、名誉、知识，你准备选择哪一种呢？

⑤ 《空心孝子》的开头

我可以肯定地说，在座的都是孝子，起码也有一颗孝心吧。可是，我们不妨设想一下：每当新春佳节亲人团聚，而你却身无分文，不敢走进商场，只能往邮局里丢下一封书信寄托拳拳孝心的时候，当年迈父母多病需要调理保养，而你只能面挂着两行痛苦的泪水守候在他们身边，却买不起半点补养的时候；当父母望子成龙盼你成家立业，而你却青春已过，家业一事无成，只能恼恨岁月流逝愧对父母殷切期待的时候……你还有勇气说自己就是孝子吗？

⑥ 著名书法家启功有一次参加学术研讨会

主持人说："下面请启老做指示。"启老接上去的话却是："指示不敢当，因为我的祖先活动在东北，是满族，属少数民族，历史上通称'胡人'，所以在下所讲，全是不折不扣的'胡说'……"一番话，逗得全场哈哈大笑。

⑦ 如《共产党员，震区叫得最响的名字》的开头

一场突如其来的大地震，撼动了整个中国。一幕幕揪心的场面，一张张痛苦的面孔，一座座毁灭的家园，我们的心，刺痛着……而此时此刻，一群群日夜奔波的身影，一声声气壮山河的誓言，一场场以命博命的战斗，又让我们的心，振奋着……

⑧ 如《名师》的开头

同学们，大家好。今天，很高兴能和大家一起学习。等会儿，我讲课的时候，如果我讲得有不对的地方，只管提，我这个人脸皮厚，大家不要担心我找不到地缝去钻。有什么问题想提问，可以随时举手，我的话也不是金口玉言，打断了也不用赔钱。如果你觉得我讲得不够好，可以看点儿闲书，也可以打瞌睡。不过我要提醒大家，尽量不要交头接耳，以免吵醒那些打瞌睡的同学。废话完了，言归正传……

（3）根据下面提供的情景，设计开场白，并在全班或分组开展小型比赛。

① 班上将开展一次阅读文学名著竞赛活动，假如你是主持人，请你为这次活动准备一段开场白。要求：除讲明活动的意义外，更需要用激情洋溢的语言，"点燃"现场的气氛，让大家产生跃跃欲试的冲动，激发起斗志和热情。

② 假如你所在的班级要举行一次"月光夜话"的主题班会活动，假设你是本次活动的主持人，请你设计一段开场白。要求：语言要有艺术感染力，能激发起同学们参与的积极性。内容忌套话连篇，语言忌平淡沉闷。

③ 开场白的技巧有很多，生活中，我们更为欣赏的可能是诙谐幽默型的开场白，请试用这种类型的开场白介绍自己。

（4）读下面两句妙语，说出句子里的言外之意。

① 出身于泥瓦匠的德国前国防部长舒尔茨先生，学历虽然不高，但名言却留下不少，所以在德国几乎无人不知。他担任国防部长时，有记者调侃地问他："部长先生，做国防部长与做泥瓦匠，两者都有什么共性？"没料到部长轻松地回答："两者都必须站在高处而不头晕。"

② 有人向德国著名画家门采尔诉苦："自己画一幅画只需要一天，可是卖掉它却要等上一年。"门采尔认真地回答："换一下，画上一年，准在一天里卖出。"

（5）音量大小、快慢、轻重练习。

① 学习用丹田呼吸及说话，让声音如同撞击到墙壁般铿锵有力（丹田呼吸可增加肺活量，同时也可预防喉咙痛）。

② 你练习演讲，可请他人用录音机从前排座位录音至后排座位，持续练习直到后排也能录到你的声音，并且对声音的表达能达到收放自如的效果为止。

③ 选一首自己喜爱的诗词，大声朗诵，练习控制速度，可以边朗诵边计时，直至达到标准速度。

④ 选一篇自己喜爱的散文，练习轻重音技巧。可反复练习。

（6）演讲正确姿势练习。

① 对着镜子练习演讲。让自己清楚看到，在作演讲时，自己的一举一动是否在不断地前后摇摆，是否做一些不易察觉的但是无用的细微动作。观察，并且改正（因为往往是这些让人分心的小动作使得有水准的演讲变成了糟糕的演讲）。

② 对着朋友练习演讲。让朋友给你提出问题，除了内容看有什么不妥之外，还要看你的姿势是否大方自然，包括演讲气势、手势、服饰、发式等有没有需要修正的地方，以便有良好的形象出现在听众面前。

二、小组活动体验

（1）请从下面题目中选择 1～2 个（或自己确定），写成演讲稿，并在全班进行演讲比赛。

① 专业学习应该既重知识又重技能。

② 自我介绍或竞选演说（设想自己将要谋求或竞选某一职位）。

③ 谈"韩流"现象。

④ 姚明和刘翔。

⑤ 诚信感言。

⑥ 海啸与地震。

⑦ 我的环保意识。

⑧ 我想活多长时间。

⑨ 我最喜欢什么样的人。

⑩ 自扫门前雪与公民意识。

⑪ 人与人该怎样相处。

⑫ 就业的烦恼。

⑬ 月是故乡明吗？

⑭ 我们如何继承中国传统文化。

⑮ 己所不欲，勿施于人。

附：比赛评分标准（100 分）

1. 仪表形象

(1) 着装整齐，大方得体。（10 分）

(2) 姿态自然，动作适度。（10 分）

2. 演讲内容

(1) 主题鲜明，符合主题内容。（25 分）

(2) 内容充实，事例动人，贴近生活，富有鲜明的时代感。（15 分）

(3) 行文流畅，用词精练，详略得当。（10 分）

3. 语言艺术

(1) 音量适当，发音标准，流利。（10 分）

(2) 节奏处理得当，技巧运用自如。（10 分）

(3) 表现力、应变能力强，能活跃气氛，引起高潮。（10 分）

（2）请阅读下列例文，并围绕后面提示进行评析。

【例文 1】让青春飞扬

时常听别人哼唱，自己也时常哼唱着姜育恒的那首《再回首》，唯独对"曾经在幽幽暗暗反反复复中追问，才知道平平淡淡从从容容才是真"这一句不愿认同。"孤独王子"唱得未免太超然了——一生反复追寻，就只得出了"平淡是真"的结论。

平平淡淡才是真，说到底不就是自甘平庸、自甘无为吗？曾几何时，我们这些带着中学彩色梦走进大学校门的莘莘学子也在高喊着：平平淡淡才是真。且有人认为只要"与世无争，恬淡一生"便可无忧无虑地生存，颇有要把老庄的"无为"思想发扬光大之势。是什么使我们丰富的校园生活渐退了缤纷的色彩呢？又是什么使我们真实的熔浆凝固，不再有来自内心深处的热血沸腾？是因为我们没有走进梦想中的象牙塔？是因为我们未走出自我困惑的地

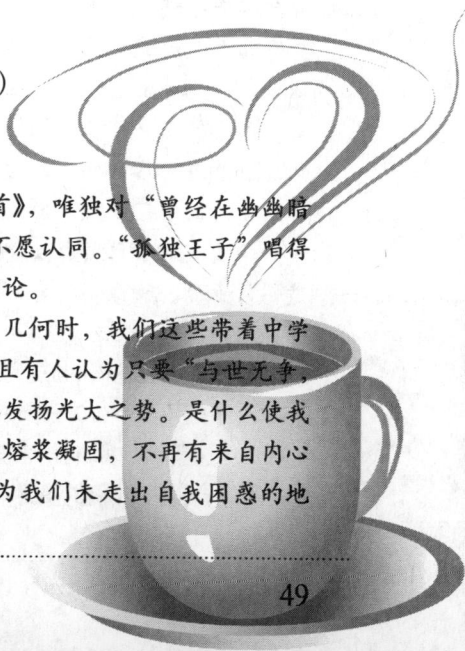

带？还是因为我们的心真的不再年轻，确实把一切都看得平淡了呢？不！都不是！主宰世界的是你，放弃世界的仍然是你。生活得最好的人，不是寿命最长的人，而是最能感受生活的人。除了你没有走进理想的大学，除了你没有把握住一次几乎成功的爱情，除了你心中那份虚荣与倨傲，你对生活究竟有多少正确的感受？生活究竟给过你多少真正的重荷与不平呢？没有！只因为在当代的中国，在我们这个文盲、半文盲数以亿计的国度里，大学生既被社会过高地期待，也过高地期待着社会，只因为我们不能正确地估计自己，也不能正确地认识社会。那种求平淡的心态，仍是不思进取的借口。于是，你曾经也想要有所作为，却不知道从何做起，跟着感觉走，在各种诱惑面前远离本真状态，被泥沙俱下的时代大潮裹挟着四处漂流。当你疲倦地走过无数个三百六十五里，你才发现留在身后的除了那份平淡，什么也没有。

不再回头的，不只是那古老的辰光，也不只是那些个夜晚的星群和月亮，还有我们的青春在流逝着。四年，我们有幸拥有着这四年，但多少人的四年已一去不返；更还有多少人在为能拥有这四年而埋头于题海和各种各样的模拟考试中呢？当初我们从他们这种状况中走出来，走进许多人梦寐以求的大学，难道就是为了追求"平平淡淡才是真"吗？

在我们四年的每个日子里，倾注了亲人的多少关怀和温暖，他们流淌着辛勤的血汗，默默地支持着子女的选择，他们唯一的希望就是我们能自己走自己的人生之路。还有，在许许多多的眸子里时时刻刻流露着对我们的期待，期待我们能用知识建构大脑、用我们的手去为人们描写更美的生活。在亲人面前，在那些关注我们的人面前，我们又有什么理由去认为"平平淡淡才是真"呢？难道我们付出我们的金色年华，挥洒着父母的血汗仅仅是为了换取这份平平淡淡吗？仅仅是为了换取一张各科都过了60分的毕业证吗？小到为了每个家庭的付出，大到为了那如水流逝的时光，我们怎么就可以轻易认同"平平淡淡才是真"呢？

最欣赏把撒哈拉沙漠变成人们心中绿洲的作家三毛，也最欣赏她一句话：即使不成功，也不至于成为空白。成功女神并不垂青所有的人，但所有参与、尝试过的人，即使没有成功，他们的世界却不是一份平淡，不是一片空白。记得有一天和班上几个新近参加美术班学习的女生谈起了她们学习美术以后的感觉和收获。她们告诉我：并没有什么大飞跃，但确实已学会了怎样用心去观察一个事物。也许她们永远成为不了画家，但是我赞叹她们的这份参与意识和尝试勇气。我想告诉她们：即使你们不成功，你们也没有成为空白。

说到这里有人会说：我的确平凡得很，无一技之长，不会唱不会跳，更不会吟诗作画，注定这四年就这么平淡了。世上不过只有一个天才贝多芬，也不过是只有一个神童莫扎特，更多的人是通过尝试，通过毅力化平淡为辉煌的。毅力在效果上有时能同天才相比。有一句俗语说，能登上金字塔的生物只有两种：鹰和蜗牛。虽然我们不能人人都像雄鹰一样一飞冲天，但我们至少可以像蜗牛那样凭着自己的耐力默默前行。

不要再为落叶伤感，为春雨掉泪；也不要满不在乎地挥退夏日的艳阳，让残冬的雪来装饰自己的面纱；岁月可使皮肤起皱，而失去热情，则会使灵魂起皱！

拿出我们尝试的勇气，拿出我们青春的热情，大学四年毕业时，再回首，我们没有平淡、遗憾的青春。让我们的青春飞扬吧！（来源于《小草范文网》）

评析要点提示：

1. 这篇演讲稿的立意是什么？
2. 采用了什么方法开头？主体运用的是哪种结构方式？
3. 这篇演讲稿的语言具有什么特色？
4. 这篇演讲稿的高潮在哪里？

【例文2】走出礼宾府

今天是我宣誓就任行政长官一周年，我想借这个机会与各位市民分享我一年来的经历和感受。自从搬进礼宾府之后，地方大了很多，但人相对显得渺小了，正如当上行政长官一样，权力大了，却越觉得需要战战兢兢。

前港督麦理浩勋爵退休前，有记者问他的管治心得，他说最重要的是要确保你的决策能走出港督府。一个人的位置越高，权力越大，越容易困在自己的世界里，也越容易与市民的生活脱节，所以我真正感受到走出礼宾府的重要性。

自己大半生都任职公务员，而且长时间在财经金融政策范畴工作，这是一个理性的训练过程。因为财经政策属于相当专门的知识，例如市场行为预测、经济理论、数据分析及谈判策略等，这都是一些冷冰冰的数据，论证过程强调理性。作为一个技术官员，这些训练可算足够。但当了行政长官之后，我明白到理性只是决策的一部分，另一部分需要用心去感受，对社会民情要有感性的认识。

这种感性认识是要自己尽量以市民的角度，去感受他们的生活、他们的困难、他们的喜怒哀乐，这叫做"同理心"。以同理心去感受市民的需要，然后以理性去寻求解决方法，决策时尽量平衡各方利益和符合长远目标。但究竟这种与市民的同理心应该怎样去建立呢？

过去，公务员的严谨训练令我对科学及理性决策有一定掌握，但用心去感受民意却不是坐在礼宾府多开两次会、多看两份文件就可以做到的。所以我决定多走出去，一有空便到街上走，有时是正式的区访，有时是自己随意到街上吃碗云吞面，去街市逛逛，与市民闲谈和与的士司机打招呼。虽然时间短，很难深入倾谈，但从他们的语气、眼神及动作中，却可以感受到他们的情绪、他们所关注和喜恶的事情。这份亲身接触的感觉，是文件及统计数字不能替代的。起初我不大明白什么叫做"放下身段"，但经过这一年来的工作，我体会到其中真意，就是当权者不应高高在上，绝不能以一种精英的傲慢，由上而下看待平民百姓。

过去一年来与市民的接触，我感受到大家都乐观了，因为市民都愿意和我说笑，不吝啬他们的笑容。

在我眼中，香港人很有趣。我们有滑头、实际的一面，有时对很多事情看不顺眼，很多牢骚；但我们又会为像霍金教授一样正面积极、坚毅不屈的人而喝彩。出现危机时，我们更会展现出人性光辉的一面。例如，SARS肆虐时期，大家团结抗疫、舍身救人，到今天我仍清楚记得几位长埋"浩园"的医护人员的面貌；在南亚海啸灾难中，我们也会为素未谋面的灾民出一份力。所以我热爱香港人，我更加喜欢走到人群中和大家在一起。

未来一年，我会花更多时间走到区内与你们见面，记住你们的面孔。当大家见到我在茶餐厅吃牛腩面时，不要心里怀疑"这个是否就是煲呔曾？"大家打个招呼吧！（来源于《小草范文网》）

评析要点提示：

（1）2006年6月24日是香港特区行政长官曾荫权宣誓就任一周年的日子。他于24日在电台节目"香港家书"中，以题为《走出礼宾府》的文章和市民分享了一年来的感受。曾荫权先生出身平民，年轻时曾做过推销员，25岁报考港英政府公务员职位，在众多英裔人员中脱颖而出，在面试时以其机智的应变和流利的口才深深打动了在座的英国人。此次演讲，标题为《走出礼宾府》，这个标题设置巧妙在哪里？

（2）这篇演讲稿的开场白相当低调，朴素简洁，情真意挚，耐人寻味，能产生什么效果？

（3）这篇演讲稿的核心内容是阐述什么？

（4）一般领导结束演讲，惯用豪迈、激励的话语，以激情收束全篇，鼓舞人心，曾荫权先生别开生面，设想了一个极为温馨的画面，你觉得预示着什么？

【例文3】我不是"废人"

同志们，朋友们：

"废人"这个词汇在《辞海》里是指"无用的人"，我这个研究生就曾被人认为是"废人"。要问这是为什么，不得不从我的童年讲起。

我曾经有过无忧无虑的童年。虽然我生在农村，家境贫寒，但四岁之前我和其他健康儿童一样天真活泼。我母亲说，那时候的我是个很淘气的小男孩。天有不测风云，一场大病，使本来活蹦乱跳的我躺在了炕上，多方求医，也没有使我站起来。父亲看着终日躺在炕上的我，说我是"废人"，意思是我已和废弃的物品一样毫无价值了。这个可怕的字眼从父亲嘴中说出来，表明我的父母对我的未来已不抱希望。

那时候我还不懂得什么叫人生，不懂得什么叫挫折，更不知道父亲把"废人"这两个字赋予我究竟意味着什么，只知道每天躺在炕上很难受。我多么想站起来，走到蓝天白云之下，去感受春风的抚摸？多么想和伙伴儿们去玩去耍？我必须站起来，必须重新学会走路！于是，我先是在炕上挪，而后用双手扶住窗台，试着站起来。一次，二次……头被窗台碰破了一次又一次，我终于站起来了，继而又迈出了一步，两步……父亲给我做了一辆四轮小木车，扶手正好齐到我的腰。在我扶着窗台练习了半年迈步之后，我可以推着小木车在炕上走了……当我扔掉小木车能徒步走到院中时，我幼小的心灵里终于体验了能走路是一件多么好的事情。

然而，这并没改变世人对我的看法。在好多人眼中，我仍然是个"废人"。一向学习成绩优秀的我初中毕业被剥夺了上高中的权利。我不甘心升学机会就这样丧失，去县文教局讨公道，我问：我这样的人该不该上高中？一位副局长告诉我，残废人能认识自己的名字，会算账就不错了，就算上了高中又有什么用？一句"又有什么用"表明在这位局长大人的心中，我是个"废物"。他的不冷不热的话让我想起了我的一个邻居特地向我请教的一个问题。他问我："你说，大骡子大马残废了可以杀肉吃，人要残废了怎么办？"意思是说人要残废了什么用处也没有。真没想到文教局的副局长和我的邻居有着惊人相似的看法。因为局长的这种看法，我最终没有上成高中，但我第一次向自己提出了这个问题：你是"废人"吗？

不，我不是"废人"！我要用行动，用事实证明这一点。不是不让我上高中吗？我照样可以掌握更多的知识。十五岁的我，拖着残疾的腿到生产队参加力不从心的繁重的体力劳动，劳动一天无论多么累，我都坚持自学到深夜。那时，我独自住在地震后盖起的简易茅草屋中，小屋四面透风，买不起煤，生不了火，严冬的季节里，我肌肉萎缩的胳膊腿都生了冻疮，有的地方露出了鲜红的嫩肉和白骨。我翻烂了几十本书，演算了几千道习题。几年的时间，我自学了高中所有课程和大学数学专业的必修课。恢复高校统一招生考试制度后，只有初中毕业文凭的我以同等学力报考了大学理科。不少人用奇怪的目光看着我，他们不相信初中生也能考上大学。我那位邻居又用他那"大骡子大马"理论开导我："小兔子能拉车，谁还买大骡子大马？"不过这次他没把我当成"废物"，只是看成不能和大骡子大马相提并论但毕竟可以杀肉吃的小兔子。我的邻居和那些用奇怪目光看我的乡亲们都没想到，全公社几十名报考者，只有我这初中生上了初选线。消息传开，好多人看我的目光都变了，说我脑瓜聪明，从小就有志气，将来一定有出息。当我没通过体检关时，这些人又来了个一百八十度的大转弯："早就说瘸子上不了大学，他要是能上大学，中国人还不都成了大学生？"有些人就是这样，你成功了他夸你，你失败了他贬你，如果为这些言论所左右，那你就永无成功之日。

我不信邪，第二次、第三次上了考场，成绩一次比一次好，可失败得也一次比一次惨。身为国家干部的兄长向父亲下了最后通牒，说他不会再往家里交一分钱，因为他不能把钱让我这个"白吃饱"浪费在买书上。本来就把我当成"废人"的父亲不得不劝我放弃考学的努力，他说我家祖坟上没有上大学那棵蒿子，残废人别想得太高，庄稼活儿干着吃力，该趁年轻时学点手艺。兄弟们都指望不上，当爹当妈的不能陪我一辈子，自己的路还得自己走。

父亲的话把我从梦幻中唤回现实来。22岁的我，是得考虑生计问题了。理想不能当饭吃，伸手向别人要求施舍的人才是真正的"废人"。腿残疾了，我还有双手和大脑，还可以干很多事情。那一年我走上了谋生之路。为了生存，我自学了服装裁剪、无线电修理；在东北干过临时工，当过乡农业技术学校教师、乡文化站站长……什么样的讽刺话都听过，什么样的白眼都看过，我真正体会到了一个残疾人自立于世的艰难。

1985年，国家放宽了高等学校招生体检标准，又一次点燃了我求学深造的希望之火。为把失去的时间补回来，我决定直接报考研究生。当时我在乡里当文化站站长，白天工作，晚上自学英语和大学经济类课程。1987年，我报考陕西财经学院财政系硕士研究生，英语考了40分，成绩通知单是别人给我拆开的，他们没有理会我的总成绩，只是注意到了成绩通知单上的四个字：不能录取！一夜之间在我们家乡冒出不少自命"通晓世事"的人。他们高论满腹，什么"初中生考研究生，自古没听说过"，什么"林子大了什么鸟儿都有"，什么"人贵有自知之明，有的人就是没有自知之明"之类的讽刺嘲笑话一起向我涌来。我走在大街上，会有人戏称我为"博士"。我的同事问我对别人的议论有什么想法，我告诉他："于无声处"。他一笑，劝我别白费工夫，还是好好在文化站干，省得领导有看法。老了以后，往西边一挪了事。文化站的西院是乡幸福院，专门收养无依无靠丧失劳动能力的老年人。我的同事把我的归宿都想好了，他认定我这一生不会有什么作为，年老之后只能进幸福院。我对别人怎么看我从没往心里去，但我坚信我自己不是个"废人"。1988年7月5日，我终于收到了中央财政金融学院录取我为硕士研究生的通知书。以成败论英雄的乡亲们对我换了一副面孔。那一段时间，我着实风光了一番：给中学生做报告、上电视、上报纸……临到北京报到的前一天，我把同事们请到家中聚餐。席间，劝我年老后入幸福院的那个哥儿们对我说："这一来你用不着入幸福院了。"

我举起杯，对我的同事们说："来，为几十年后幸福院为我节省一大笔开支而干杯！"

"请相信，我不是'废人'！"这是我对自己常说的一句话。今天，我把这句话送给和我同样不幸且仍处在逆境中的朋友们。

评析要点提示：

1. 这篇演讲稿，是什么内容一直像钳子一样始终紧扣着听众的心？

2. 演讲者采用平实的语言，典型的俗语，鲜明的对比，跌宕有致的文笔，出色的演绎，使演讲极富有张力，成为最拨动听众心弦的演讲稿。请举例说明。

【例文4】感恩的心

同志们、朋友们：

首先我要感谢今天让我能够站在这里参加此次活动的所有的人，包括我自己。我今天演讲的题目是"感恩的心"。

有人说，忘记感恩是人的天性。但我们要知道，当我们偶然来到这个世界上，什么都还没来得及做的时候，我们就已经开始享受前人带给我们物质和精神上的一切成果了。这就提醒着我们每一个人，要怀有一颗感恩的心。

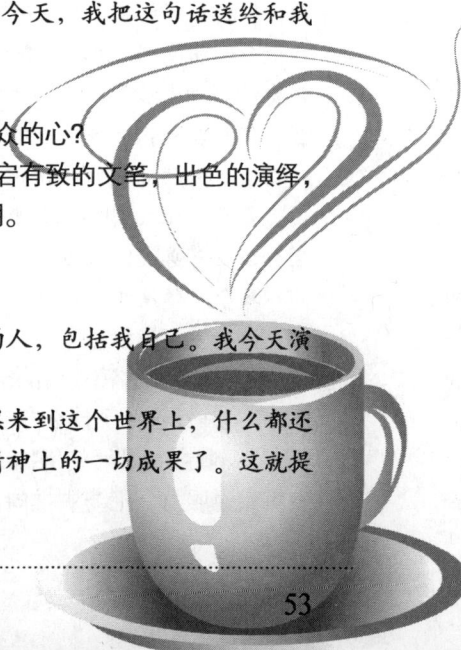

怀有一颗感恩的心，才更懂得尊重。尊重生命、尊重劳动、尊重创造。怀着感恩的心，一代伟人邓小平古稀之年说："我是中国人民的儿子，我深深地爱着我的祖国和人民！"怀着感恩的心，诗人艾青在他的诗中写到："为什么我的眼中饱含泪水，因为我对这片土地爱得深沉。"听说过一个人向树道歉的故事吗？听说过所有正在行驶的汽车为狗让路的故事吗？这些真实的故事，感动于人对生命的关爱，感动于人对生命的尊重。当我们每天享受着清洁的环境时，我们要感谢那些保洁工作者；当我们迁入新居时，我们要感谢那些建筑工人；当我们出行，要感谢司机……懂得感谢，就会以平等的眼光看待每一个生命，重新看待我们身边的每个人，尊重每一份平凡普通的劳动，也更加尊重自己。

怀有一颗感恩的心，才更能体会到自己的职责。现代社会每个人都有自己的职责、自己的价值。当 2004 感动中国十大人物之一的徐本禹走上银幕时，人性的善良再一次被点燃，这个原本该走入研究生院的大学生，却义无反顾地从繁华的城市走进了贫穷的大山。这一平凡的壮举刺痛了每一个人的灵魂，也点燃了每一个人内心未燃的火种。而让他做出这一抉择的理由很简单：怀着一颗感恩的心。徐本禹用他感恩的心，为大山里的孩子铺就了一条爱的道路，点燃了脱贫希望，完成了他的职责，实现了他的人生价值。

怀有一颗感恩的心，不是简单的忍耐与承受，更不是阿Q，而是以一种宽宏的心态积极勇敢地面对人生。我相信，最温暖的日子来自寒冷，我更相信，最温暖其实是对寒冷的一种谅解，一种感恩中的感动。一个人要学会感恩，对生命怀有一颗感恩的心，心才能真正快乐。一个人没有了感恩，心就全部都是空的。"羊有跪乳之恩"，"鸦有反哺之恩"，"赠人玫瑰，手有余香"，"执子之手，与子偕老"，这些都因怀有一颗感恩的心，才芬芳馥郁，香泽万里。

所以我要感谢你，我生命中往来的路人，让我懂得淡来淡去才不牵累于心灵，感谢有你，来来去去，我都会珍惜；感谢你，我生命中所有的师长，让我懂得知识的宝贵，感谢有你，岁岁年年，我都会铭记；感谢你，我生命中至亲至密的朋友，快乐有你分享，悲伤有你倾听，感谢有你，忙忙碌碌，我都不会忘记；感谢你，我至真至爱的亲人，岁月途中，静静的看护着我，挡风遮雨，让我在被爱的幸福中也学会了如何去爱他人，感谢有你，日日夜夜，我都留心里。

感谢日升日落，感谢快乐伤痛，感谢天空大地，感谢天上所有的星星，感谢生活，感谢得到和失去的一切，以及无所得无所失的一切的一切，让我在草长莺飞的季节里拾起生命的美丽！

我的朋友们，让我们怀着感恩的心面向世界吧！让我们怀着感恩的心对待我们的生活吧！只要我们对生活充满感恩之心，充满希望与热情，我们的社会就会少一些指责与推诿，多一些宽容与理解，就会少一些争吵与冷漠，多一些和谐与温暖，就会少一些欺瞒与涣散，多一些真诚与团结，我们的精神家园将永远年轻……

最后，让我们一起再来静静地聆听这首《感恩的心》吧：感恩的心，感谢有你，伴我一生，让我有勇气做我自己，感恩的心，感谢命运，花开花落，我一样珍惜。

我今天的演讲到此结束，谢谢大家！

评析要点提示：

1. 这篇演讲稿最大的结构特点是怎样的？

2. 开篇选择了什么方法？随后用了哪些论据证明自己的观点？

3. 演讲者最后使用排比的句式和正反式的对比，加快了文章的节奏感，增强了文章的气势和说服力，把演讲推向了高潮，请找出文中语句。

三、小组讨论

表单1   "态势语言"训练活动记录表

日期：

项　　目	记　　录
讨论会记录	
个人收获	
存在问题	
学习评价	
学生签名	教师签名

表单2   项目活动评价表

项目活动名称＿＿＿＿＿＿＿＿＿   活动日期＿＿＿＿＿＿＿＿＿

班级＿＿＿＿＿＿＿＿ 姓名＿＿＿＿＿＿ 学号＿＿＿＿＿＿ 教师＿＿＿＿＿＿

项目过程评价						项目展示评价				
100分		配分	自评	互评	主持	100分		配分	自评	互评	主持
个人	工作态度	10				个人	项目说明	10			
	协调能力	10					项目展示	10			
	工作质量	10					效果	10			
	复杂程度	10					工作主动	10			
	改革创新	10					交流沟通	10			
小组	计划合理	10				小组	规划周密	10			
	项目创意	10					分工合理	10			
	过程有序	10					特色	10			
	完成情况	10					接受批评	10			
	协作情况	10					提出建议	10			

任务三　演讲演练

一个人在高山之巅的鹰巢里，抓到了一只幼鹰，他把幼鹰带回家，养在鸡笼里。这只幼鹰和鸡一起啄食、嬉闹和休息。它以为自己是一只鸡。这只鹰渐渐长大，羽翼丰满了，主人想把它训练成猎鹰，可是由于终日和鸡混在一起，它已经变得和鸡完全一样，根本没有飞的愿望了。主人试了各种办法，都毫无效果，最后把它带到山顶上，告诉幼鹰它是一只鹰，它居然奇迹般地飞起来了。

知识点导航

一、演练基本要求

演练就是演讲者按照已设计好的程序进行预演的操练过程。它是演讲者完全按照正式登台演讲的形式在上场之前所进行的最初尝试。演练的好坏直接影响演讲的水平和效果。

（一）演练的重要性

演讲前的演练，就好像文艺演出之前所进行的"彩排"，是演讲准备的重要工序。优秀的演讲家都很重视演练。林肯学习演讲时，常对着树桩或成行的玉米秸反复演练。仅就他的《葛底斯堡演讲》而言，虽已经过15天认真准备，但在演讲前夕，他还在国务卿面前演练了一次，直到安葬仪式开始时，他仍在默默地背诵演讲词。正由于充分的准备和认真的练习，他以真挚浑厚的情感和精美感人的技巧、端庄朴素的语言而博得崇高赞誉。

一方面，演练具有全面检验的作用。即使十分精巧的演讲设计，也不过是纸上谈兵。要衡量其是否合理、科学、实用，只有通过演练来做具体的验证，才能从中发现缺点和不足之处，便于及时纠正，使其设计更加缜密。

另一方面，演练具有调节情绪的作用。怯场心理常会导致自控能力的丧失，使演讲者尤其是初上讲台的人不能正常地发挥出应有的水平。演练就能使演讲者提前适应"角色"，调节好情绪和心境，增强胸有成竹的稳定感，有助于消除怯场心理。甚至会使演讲者出于一种急于登台的急切感，产生最佳的演讲心理状态。

二、演练的原则

在演讲前进行演练时需注意坚持以下原则。

（一）精益求精

俗话说："拳不离手，曲不离口。"演讲的才能是靠勤学苦练、反复实践而获得的。闻一多在清华大学读书时，不畏天寒地冻，"夜出练习演讲十二遍"，在"演说时有进步时"，还"当益求精"，"夜至凉亭练演说三遍"，回宿舍又"温演说五遍"，第二天又是"习演说"。正是这种精益求精、刻苦训练的精神，使他成为独具魅力的演说家。罗斯福每次演讲前都要大声地朗诵演讲稿，体会语调是否合适，琢磨如何运用丰富多彩的语调来抓住听众。他自如得体地运用语调的本领，连一些戏剧表演大师都不得不惊叹拜服。因此，演练切忌应付、走过场。精益求精地勤讲多练，能使演讲的准备更成熟，产生熟能生巧的效果。

（二）循序渐进

演练不仅要按照诵读、背诵、演示这几个步骤逐渐进行，而且在演讲的类型、内容等方面也要从易到难，切忌一口吃个胖子。孙中山所总结的"一练姿势"、"二练语气"的演说经验，实质上就是遵循了单项练习、重点突破这一循序渐进的原则。

（三）综合协调

演讲是由复杂的多元化体系和系统组成的一个完善的整体，而每个分支系统又是由不同的要素构成的。因此，演练时，不仅要强调各支系统、各要素的职能，更要注意它们之间的相互配合，使其巧妙地融为一体，使声、情、言、态自然协调，创造出理想的演讲意境。

三、演练的方法

（一）独自演练

这是演讲者独自一人进行练习的方法，比较简便、灵活、有效，也就是最基本的练习活动。它有两种具体形式。

1. 虚练

虚练即虚拟的演练，就是把整个演讲过程在头脑里默想一遍。因为是默默无声地设想演讲经过，像在头脑里"过电影"似的，所以又称为"默练"，可不择时空地实施。

2. 实练

实练即实在的练习、演练，就是有声有形地进行如实的演练。此法实感性较强，便于纠错补漏，可就口、音、讲或手势等做单项练习，如丘吉尔常"对着镜子练习手势动作"，也

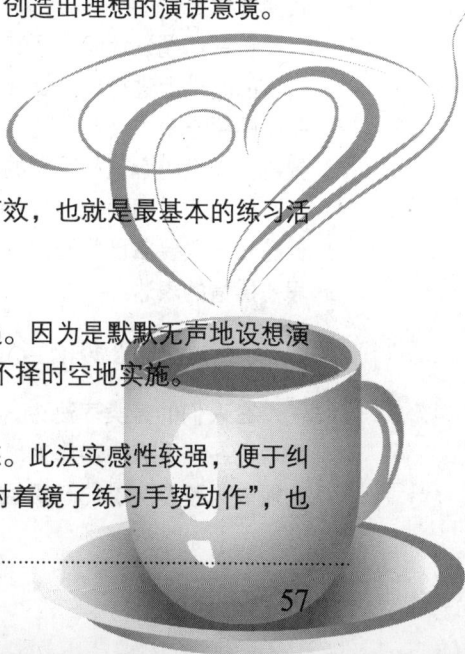

可将各项技能综合起来操练。

（二）集体演练

演讲者面对特定的听众，按照正式演讲的要求进行试讲的练习活动，称为"集体演练法"。演讲者可选择一些同事、亲朋等作为特定的听众，组织一个小范围的演练场面，造成一种"实践"的逼真效果。演讲者可直接观察他们的反应，并征求意见，做进一步的完善加工，而且更有利于提高演讲水平。

（三）使用设备演练

现代科技的发展，为演练提供了许多有利的技术设备，如录音、录像等。有条件的演讲者，可充分利用这些设备。运用这种演练方法，演讲者能直接看到或听到演练的全部过程，更直接地找出问题的所在，有针对性地作出客观而仔细的分析，并且还有利于演讲老师和专家的指导。

总之，演练的方法很多，可以根据实际需要进行选择，或单用一种，或综合几种，甚至使用创新的方法。

四、演练的基本环节

演练是实现从书面到口头演讲的转化，为了追求最佳的演讲效果，必须注意把握以下演讲演练的基本环节。

（一）设计语调节奏

为了实现从书面到口头演讲的转化，在试讲阶段必须对演讲稿进行一些符合演讲要求，旨在追求最佳效果的必要的非语言内容的设计。其中之一是对语调节奏的设计。

根据表达思想感情的需要，运用语音、语调技巧，对演讲内容进行语音、语调的节奏的具体设计。设计的重点主要是：对需要强调的内容给以重音处理；对需要表达的感情起伏变化进行语气语调的标示；对特殊的表达内容的停顿、语速予以确定。

设计的目的是把文字的优势转化为语音（声音）的优势，创造出声音的抑扬顿挫及节奏感，使演讲稿更加符合语音传播的特点和规律，使内容得到进一步强化，以产生更好的听觉效果。

语音语调设计有以下三个依据：一是要根据思想内容和情感表达的需要，在吃透演讲稿内容的基础上进行；二是要考虑个人声音上的特点，扬长避短，也就是说确定语调因素的变化范围要与演讲者自己的嗓音相协调，任何脱离自己情况的设计都不会出现好的效果；三是要符合听众的心理和听觉的审美要求。

对于演讲词语调的设计，一般需要在演讲稿上做少量的符号标记。可根据自己的习惯设计符号。只要自己能看得懂就行。做这样的标示，有助于在试讲时更好地把握声音的变化和思想感情的表达。

（二）设计态势语言

在人们的各类表达中，态势语言较为丰富和夸张的当属演讲。演讲之"演"，很重要的是表现在演讲者的动作上。所以，演讲动作的设计在试讲阶段就应完成。通过设计，体态语言能成为整个演讲的有机组成部分，把下意识的动作变成有意识的动作，以增强动作变化的目的性和心理依据，大大强化内容的感染力和征服力。

态势语言的设计应遵循以下三条原则：一是态势语言要与思想内容相一致，要有助于强化思想内容；二是动作不宜太多太滥，要恰到好处；三是动作要有美感。在动作设计中，主要是眼神和手势的设计，比如手势的形式、动作的方向、部位、幅度和力度。要进行反复揣摩，从多种设计中找出最佳方案。

从内容上看，态势语言设计要特别注意两头：一是开头处。包括上台的走路、体态，开讲处的姿态、动作，要自然、大方、潇洒，给人留下美好的第一印象。眼神要正视听众，给人以可信赖、正直、诚实之感。开头的手势不能太多，动作的幅度也不要太大，否则会给人一个不稳重的感觉。二是结尾处。手势的幅度、力度通常要大，要有号召力，能给人留下深刻的印象。正文部分的态势语应更多地包含情感和艺术的表现力，把面容、手势和艺术发音等手段调动起来，在多变的富有一定内涵的态势语言的配合下，使声、情、言、态协调一致，创造出理想的演讲意境。

（三）熟悉演讲稿

在精心设计的基础上，认真地熟悉演讲稿的内容，并根据声音动作的设计进行试讲。试讲大体按这样的过程进行：朗读—背诵—讲述。

1. 朗读

朗读主要是体会声音与内容相结合的节奏、语调变化，是最初的书面语言向口语的转化。

2. 背诵

背诵即把演讲内容熟练地背诵下来。当然，并不是一字不落地背诵，而是要有重点和一般之分。从演讲稿到现场演讲表达的情况看，内容有不变和变化两种情况。因此，在试讲时，对于"不变"的内容就要下工夫死记硬背，达到滚瓜烂熟；对"变化"的内容可作一般性背诵，要以理解为主。这样才能保证演讲的严肃性和创造性的统一。需要背诵的内容是：演讲的主要观点、总体的脉络、重点理论的表述、层次转接的关键词句、基本数字、人名和地名等。这些要记牢记死，不能含糊。对于具体事例、情景的描述等，可作一般性的记忆。

3. 讲述

讲述时要完全脱稿，模拟正式演讲，把言、声、情、态等有机地结合起来，把内容准确生动地表达出来。这时，应进入较为自如的状态。

必须指出的是，演讲不能照本宣科，也不能背稿，背稿就会大大地减弱演讲的魅力。试讲阶段的目标应是摆脱背诵的痕迹，进入自如讲述的层次。

法国总统戴高乐善于演讲，不管多么长的演讲都不用讲稿。当有人称赞他时，他说："写下了讲稿，把它记在脑子里，然后把纸扔了。"这位世界名人的演讲经验"写—记—扔"是值得我们借鉴的。

（四）演练效果评估

除了要学会准备和表述演讲以外，还要学会批判地分析演讲，对自己的演练进行初步评估。这不仅可以为演讲者提供演讲中哪里正确、哪里错误的分析，而且让演讲者充分认识到在自己的演讲中应采用或者避免使用一些方法。

评估任何演讲的方法，都由与内容、组织结构和表述等相关的问题组成。对于初学演讲者，不妨使用下面的"演讲评估清单"，它包括了一系列问题，覆盖了演讲准备工作和表达的各个方面。但是，对于首次演讲，主要重点应放在目标的明确、要点的清楚与恰当及表达上。以下"演讲评估清单"可供演讲者参考，在评估时要核对清单中所有有效完成的项目。

演讲评估清单

内容

1. 演讲目标清楚吗？

2. 演讲者提供高质量的信息了吗？

3. 演讲者使用了多种多样的发言材料吗？

4. 直观教具使用得恰当合适吗？

5. 演讲者建立了共同基础，将内容调整得适合听众的兴趣、知识和态度了吗？

组织结构

6. 引言为演讲者赢得注意力、赢得良好关系、引出演讲了吗？

7. 主要观点是清楚、结构平行、有意义的完整句子吗？

8. 过渡段落引导一个要点自然地过渡到了另一个要点吗？

9. 结论把演讲联系到一起了吗？

10. 语言清楚吗？

11. 语言生动吗？

12. 语言重点突出吗？

13. 演讲者听起来充满热情吗？

14. 演讲者显示出足够声音表现力了吗？

15. 演讲自然吗？

16. 演讲流利吗？

17. 演讲者看着听众吗？

18. 发音与吐字可以接受吗？

19. 演讲者姿势好吗？

20. 演讲者的移动恰当吗？

21. 演讲者泰然自若吗？

基于这些衡量标准，评价这篇演讲为（选择其一）：

优秀　良好　满意　尚可　差。

五、演讲稿的记忆

记忆是人脑的一种重要技能。就演讲而言，它作为演讲者智力结构的基本因素之一，包括了演讲活动的识记、保持、再认、回忆等心理过程。在这一整体过程中，识记是保持的必要前提，保持是记忆的中心环节，而记忆的水平则主要体现在再认识和回忆的程度上。因此，演讲者必须善于掌握和利用演讲心理过程的基本规律，不断提高演讲的记忆水平，才能促使演讲活动顺利进行，并获取最佳现场效果。

（一）提高记忆水平的途径

这里结合演讲过程的心理特点，简要谈谈提高演讲记忆水平的途径和方法。

1. 明确目的

演讲，是一种现实的信息交流活动。对于演讲者来说，无论何种类型的演讲，都必须面对听众有针对性地就某一问题发表意见，抒发感情，以达到感召听众并促使其行动的目的。不言而喻，演讲的全部内容都是为这一目的服务的。因此，明确演讲的目的，无疑能够集中并强化演讲者的思维指向，从而为形成并加深演讲内容的记忆印象奠定心理基础。例如，一位教师在职称评定会上发表述职演讲，其目的就是使自己晋升职务的愿望得到评委的认可和通过。这就要求演讲者必须把自己的工作态度、业务能力、教研实绩讲清楚。明确这一目的和要求，演讲者就能够在准备阶段已经识记、保持演讲内容的基础上，进一步强化印象，掌握思路，并在特定的现场情景中，通过再认识和回忆，进行自然流畅的口头讲述，从而达到预期的演讲目的。

2. 增强信心

自信，是演讲者演讲成功的一种心理优势，也是增强演讲记忆力的一种重要心理素质。一位演讲者，倘若在还未登上讲台之前，就对自己的记忆力丧失信心，担心记不住、卡了壳怎么办，那么一上台就必然会紧张，甚至怯场。这样一来，原本记住的演讲内容就会忘到九霄云外去了。相反，对自己充满信心的人，即使初次参加演讲，也会尽快稳定情绪，排除消极的心理干扰，在记忆力正常发挥作用的情况下顺利进行演讲，并取得良好的效果。例如，一位中学学生由于缺乏自信，初次参加演讲比赛就出现了慌乱，忘了演讲词，结果还未讲完就退了场。后来在老师的心理引导下，他重建了自信心，第二次参赛专门作了题为"自信是通向成功的阶梯"的演讲，由于准备充分，心理稳定，终于获得了演讲的成功。

3. 激发兴趣

经验表明，演讲者在演讲过程中，一方面应当选择听众最关注的问题来谈，以增强演讲的吸引力；另一方面又必须使自己对所讲内容发生兴趣，以加强演讲的记忆力。从演讲心理学的角度来看，强烈的兴趣会给演讲者的大脑皮层形成一个兴奋灶，从而对演讲内容产生比较鲜明、深刻的印象，这无疑能够大大提高演讲的记忆效能。相反，一个对演讲材料毫无兴趣的演讲者，他的记忆力往往只能处在正常水平下，很难获得演讲的成功。例如，一位美学家怀着探讨某一审美现象的浓厚兴趣进行学术演讲，他的思维就会在记忆力的推动下显得十分活跃，平时识记和保持的演讲材料，通过再认识和回忆源源不断涌上脑际，进入这种演讲状态，很容易就收到良好的现场效果。正像一位演讲比赛获奖者谈自己体会时说的那样："自己越感兴趣的东西，越喜爱它，越专注它，越容易牢记它。"这的确是提高演讲记忆力的一个诀窍。

4. 投入情感

演讲是一种综合的实践活动，它涉及人的诸多智力因素，如观察力、记忆力、想象力、思维力等，而这些能力又与演讲者的情感有着密切的关系。一方面，这些智力因素可以促进演讲者的情感活动；另一方面，强烈的情感活动又能推动各种智力因素发挥最大的效用。从演讲的记忆过程来看，一个人在现实生活中由于客观事物的触发留下深刻的痕迹和印象，并长久地保持下来。当他在特定的环境条件下登台演讲的时候，一旦唤起过去的情感经历，头脑中那些迹象又会重现出来，从而促进演讲者思想情感的表达和交流。例如，残疾人面对听众讲述自己艰难而曲折的学习生活经历，一般是不会因为遗忘而忘词卡壳的。这是因为，他们对人生的独特情感体验确实比正常人深切得多，在演讲中也最容易投入情感，这种强烈的情绪感应能够激发演讲者的记忆活力，促使其通过讲述真实的实际去启发和感染听众。

5. 突出重点

虽然人脑的记忆容量是很大的，但并不意味着什么都应当去记忆。作为一位讲演者，其记忆应该是一种科学的记忆，而不是随意和盲目的记忆。为了获取良好的现场表达效果，演讲者就必须根据演讲主旨的需要，精选重点内容进行强化记忆，力求能够准确、流畅地讲述。这种突出重点的记忆方式，对于演讲者来说，可以集中思维方向，发挥智力优势，在演讲过程中有针对性地从大脑中提取出有效的重要信息，以促使演讲顺利进行并取得成功。例如：一位中学生做题为"成功属于奋斗"的演讲，就不必一字不差地死记硬背讲稿，只要在理解讲演内容、掌握演讲层次的基础上，重点记住典型事例和关键词语就行了。因为这样做，既消除了琐碎记忆的心理负担，又加强了主要内容的记忆印象，显然能够大大提高演讲的现场记忆效率。

6．讲究方法

人们在培养和锻炼记忆里的长期实践过程中探求和总结了许多科学的记忆方法，由于这些方法既符合记忆活动的心理规律，又富有具体操作的实际效果，所以也就成了提高演讲记忆水平的重要手段。一个优秀的演讲者应当根据演讲活动的性质特点，结合自己的实践体会，创造性地学习、借鉴和运用各种科学的记忆方法，以优化记忆的品质，获取演讲的最佳现场效果。例如，在记叙式演讲中，演讲者可以采用脉络记忆、形象记忆、情感记忆等方法来掌握事件线索，再现生活场景，表述人物心理，从而增强演讲的生动性和感染力。在议论式演讲中，演讲者不妨运用归纳记忆、分析记忆、推导记忆等方法来指示中心论点，掌握论据材料，拓展论证进程，从而增强演讲的逻辑性和说服力。此外，理解、对比、联想等行之有效的记忆方法都能够对演讲者的思维和表达产生积极的引导和促进作用。

（二）讲稿熟记步骤

演讲前，要熟记讲稿，必须遵循以下步骤。

1．听审

将讲稿读一遍并录音，复听时检查有无疏漏，有无不妥之处，估计这么讲能不能出效果，包括语音是否和谐、语言的分寸感是否恰当等。听审的重要性在于，构思时流动于脑子里的思路、思维语言被写在纸上时，经常会出现变异，诉诸听觉做审视性检查，可以做修改，也可加深印象，便于记忆。

2．分记

千万不要强记、死记，将稿子"背"进头脑里去。用死记硬背的方法准备，上台后你会因怕忘词而更加紧张；面对观众，因为要想词，你的眼睛会失去光彩。所谓分记，就是分段大声朗读，读一段，然后用自己的话讲一遍，讲时录音并复听，然后再读，再录音、复听。如此循环往复，一段一段地进行，使演讲内容包括原文语句印入自己的脑子里，并带入自己的自如性语言之中。

3．尝试

先将各分段串起来，自言自语地说一遍，然后独立进行试讲。这时大镜子和录音机是最好的"批评者"，演讲者得对自己的语言和态势不断作校正。试讲范围要逐步扩大，可在家人、友人和同事中讲，听取意见再作修改。最后穿上演讲时要穿的服装，想象面前有许多听众，再大声地试讲几遍。

4．临场

先做记忆信号定格工作，即将演讲各段开头写明，以备急需。上场前再听一遍自己的演讲录音。如能提前半小时到现场，在无人的现场大声地说一段或说一遍，效果则更好。

（三）讲稿熟记技巧

熟悉和背记讲稿，在演讲者的演讲思维乃至整个演讲心理活动中处于突出的地位，也是演讲活动取得成功的必不可少的条件。可以说，不熟记，无以演讲。

要脱稿演讲，使口语表达收到最佳效果，必须对讲稿反复熟记、反复演练。其主要技巧如下。

1. 诵读法

记忆讲稿时，一遍一遍地念，大声朗读，直至"烂熟于胸"。美国前总统林肯十分重视这种方法。他说："当我高声朗读时，有两种功能在工作：第一，我看见了我朗读的是什么；第二，我的耳朵也听见了我朗读的。因此，我容易记住。"

人们接受外界的信息时，由于感觉器官不同，记忆的保持率也不同。专家试验证明：在接受知识时，如果用眼耳结合的"视听法"，3个小时后能保持85%，3日后可保持65%。可见，诵读法能明显提高记忆力。

记忆讲稿时，一遍一遍地高声朗读，不仅能增进记忆，也是一种演讲的"彩排"。通过这种方法，演讲者既锻炼了口才，也能体会演讲的临场效果。

2. 纲目法

所谓纲目法，就是指抓住讲稿的大体内容，只记住"骨架"的方法。例如，在记忆议论型讲稿时，可以从内容和结构方面，按照提出了什么问题、采取了哪些分析的方法、提出了哪些解决问题的办法和思路，提纲挈领地记忆。又如：在记忆叙事型讲稿时，一般都不离开事件发生的时间、地点、原因、结果、个人认识等要素，记忆时，只要提纲挈领地抓住这几个要素，就能快速、高效地记忆讲稿内容。

3. 默念法

一般人的记忆特点，都是形象记忆能力强。默念时人的注意力集中，大脑思维积极活跃，眼、手、口（默念）等多方密切配合，记忆内容就能很好地巩固。在演讲记忆实践中，采用默念法的主要方式是边念边记。

4. 形象法

形象法也称为"画图法"，即用画图的方式以启发记忆。根据心理学研究，具体的形象具有熟悉性、情感性，容易引起注意和联想，同时也不易忘记。

5. 联想法

联想是记忆不可缺少的因素，也是一个重要的记忆方法。联想法最适应记住"卡壳"的地方。其方法是：在练习和试讲时，把经常"卡壳"的地方作上标记。

六、怯场心理的克服

美国曾经有人进行了一次有趣的测验，题目是"你最怕什么？"对象是 3000 名美国居民。测验统计的结果让人惊叹不已，人们最怕的竟是"当众说话"，至于死亡问题，只名列第六位。

害怕当众说话并不是某一个人的心理，大多数人都不同程度地具有这种心理。有关调查结果显示，在大学里，80%～90%的学生在开始上台演讲时都有一定的恐惧感。一般情况下，当一个人缺乏处理可怕情景的力量和能力时，就容易产生恐惧。"当众说话"产生恐惧心理多数情况下是因为没有做好准备，特别是心理准备。大多数演讲新手走上讲台，都会出现这样的状况：一个人孤零零地处在大庭广众之中，一切细微的动作、情态、声息，都在众目睽睽之下，这时会感到紧张害怕，手足无措，脸红冒汗；有的人甚至张口结舌，表情僵硬，手脚发抖，思维中断。这些都是怯场心理的具体表现。

所谓怯场心理，就是指演讲者在演讲中出现的胆怯害怕心理。怯场是一种常见的心理现象。美国口才训练大师戴尔·卡耐基在题为"语言的突破"的演讲中说，演讲课程刚开始的时候，百分之百的成人惧怕登台演讲。初次上台演讲者都会有紧张的情绪，只不过紧张的程度有所不同而已。即使是一些著名的演讲家，初次演讲时也有过怯场的经历。古罗马演讲家西塞罗说，他从演讲一开始就感到面色苍白，四肢和整个心灵都在颤抖。著名政治家、演讲家、美国前总统林肯说，他初次演讲，总有一阵畏惧袭上心头。英国前首相丘吉尔第一次演讲简直是哑口无言。

怯场并非什么不治之症，只要掌握了一定的方法，并通过反复的实践，怯场心理是完全可以克服的。

（一）充分准备

在演讲之前，须做好充分的准备，才不至于因临场恐慌而怯场。那些怯场者大抵都与准备不足有关。准备不足，使他们心中无数，缺乏演讲成功的信心；结果，由害怕演讲失败到演讲必然归于失败。要做好演讲的充分准备，一方面演讲者必须提前一段时间到场，熟悉和适应演讲环境，还要对听众的基本情况和心理需求作一定的了解，以便有的放矢。另一方面，演讲者必须事先准备好自己的讲稿以及演讲所需要的其他材料。

演讲是否有充分的准备，其效果是大不相同的。林肯说过："即使是有实力的人，若缺乏周全的准备，也无法做到有系统、有条理的演说。"这是很有道理的。在演讲前，演讲者如果对观点和材料深思熟虑，反复熟记，并对情感的表达方式作必要的设计，对临场可能出现的特殊情况做好思想准备，那么，演讲者就会胸有成竹，从而产生一种安全感。演讲界有一种通俗的说法："未做准备而对人演说，无异于以裸体示众。"这会令人尴尬不安的。

（二）反复演练

练习、练习、再练习。台上讲 10 分钟，台下就要练 1 小时。练习得越多，演讲的时候就越放松。当然，最好的练习莫过于实际的演说。所以演说的次数越多，你的水平就越高。常言道，熟能生巧。只有演讲者选择了熟悉的演讲题目，才能在演讲中得心应手，无所畏惧。例如，当教师的都有这样的体会，每一次讲授一门新课，由于内容不十分熟悉，总不免有点紧张情绪，一旦讲过几遍之后，随着内容的熟悉，怯场心理就会自然消逝。

演讲次数越多，紧张程度就越低，两者存在着反比关系。这就告诉我们，克服紧张感的最奏效的方法就是多在相同规模的观众面前做演讲。只有多多历练，你才能熟悉，才会感觉轻松，这似乎是个普遍的真理。只要你勇敢地跨出这一步，你就会成功。每个演讲高手，在他第一次上台演讲时都会感到害怕、感到紧张；但是他们走出了这一步，才有了今日的辉煌。

（三）适应变化

如果你原计划给二三十人作演讲，到场后发现听众有两三百人，你会怎么办？你准备了一份非常正式的演讲稿，走上演讲台你却发现大家都穿着牛仔服和 T 恤衫之类的衣服，你将如何想？你准备了长达两个小时的内容，可上场前主持人告诉你只有十五分钟的演讲时间，你又该怎么办？诸如此类的情况在演讲中绝非偶然事情。所以，如果你被邀去演讲，不要忘了事先收集如下信息：有无固定论题、论题范围；听众成分（包括人数、年龄、性别、受教育程度、宗教信仰、工作性质以及参加演讲的原因等）；演讲地点（包括其地理位置、场地大小、有无话筒等内部设施）；演讲时间；有无听众提问。

（四）降低效果标准

并非所有的演讲都是成功的，能游过英吉利海峡的人只是少数。我们对自己的要求最多是竭尽全力，争取下次做得更好，这样就不会有太多的心理压力。如能达到庄子所提倡的"无我"之境，完全忘记名利得失、成败荣辱，只将应准备的、应该讲的熟记于心，适当表达，演讲效果可能会更好。

（五）把握亮相环节

对演讲者来说，出场时的亮相是一个非常重要的环节。演讲者精神饱满、稳重大方，会给人以信心十足、胸有成竹之感，会给听众留下一个好的第一印象。演讲者进入会场时，步伐要稳健、沉着，要以亲切的目光迎向听众。走到讲台站定或落座后，要自然地扫视全场听众，尽量与听众的视线接触，进行感情交流。这样做不仅会使讲者与听者之间有一种信任感，使整个会场产生一种友善的气氛，而且有助于演讲者稳定情绪，避免怯场，为即将进行的演讲做好铺垫。

（六）积极自我暗示

怯场心理，往往产生于演讲者的注意力过分集中于自己的成败。有的人把演讲当作自我价值表现的机会，却反而忽略了演讲的内容，结果导致演讲的失败。其实，有经验的演讲者，总是把自己的思想集中于演讲的本身，从不让"个人的得失"来干扰自己演讲的思路。正如华盛顿曾说过的那样："当我对听众演说时，我不考虑我的说词来日将会得到怎样的评论。因为我只知道有眼前的听众，而我的说词，正是为眼前的听众而说的。"

初次参与演讲的人，演讲时难免会出现口干舌燥、喉咙发紧、出汗脸红等现象，这时的你该做些什么呢？首先应该不断地自我暗示："这是我生命中的最后一次演说，我一定能放开自己，认真投入"、"我已做好充分的准备，不会出错的"、"潇洒讲一回，百分之百的成功属于我"、"哦，并没有到山穷水尽的地步"、"我是最棒的"等一系列话语来暗示自己。积极暗示可以起到缓解紧张情绪的作用，是克服怯场心理、增强自信心的一种行之有效的方法。古希腊的演讲家德摩西尼早年就是运用这种方法跨越心理障碍的。

（七）练习放松

演讲前，如果你仍感到紧张，下面几种方法有助于你的放松。

（1）深呼吸。做深呼吸的目的是帮助你在演讲中更好地控制自己的声音。这里所讲的"呼吸"当然指的是腹呼吸而不是肺呼吸。歌唱家和演员们都知道腹呼吸在控制声音方面的重要性。

（2）肌力均衡运动。肌力均衡运动是指有意识地让身体某一部分肌肉有规律地紧张和放松。比如你可以先握紧拳头，然后松开；你也可以固定脚掌，做压腿，然后放松。作肌力均衡运动的目的在于让某部分肌肉紧张一段时间，这样不仅能够更好地放松那部分肌肉，而且能够更好地放松整个身心。

（3）转移注意力。演讲前要积极听取主办人和听众的意见，这样便可以暂时转移注意力，更好地放松身体和思想。

（八）带点幽默感

幽默是演讲中的食盐。优秀的演讲人和有吸引力的演讲内容只有加上恰到好处的幽默才能创造出成功的演讲，而且幽默还可以消除听众的心理紧张。

某次，柏林空军军官俱乐部举行盛宴招待会，主宾是有名的乌戴特将军。敬酒时，一位年轻士兵不小心将啤酒洒到了将军光亮的秃头上，士兵吓得魂不附体、手足无措，全场人都目瞪口呆。面对颤抖的士兵，乌戴特微笑着说："老弟，你以为这种治疗会有效吗？"在场的人闻言大笑起来，难堪的局面被化解了。

在有些尴尬的场合，运用自嘲能使自尊心通过自我排解的方式受到保护，而且还能体现出说话者宽广大度的胸怀。

七、直观教具的使用

直观教具是一种充实演讲的形式，允许听众不光听信息，而且还看信息。因为直观教具使语言信息清楚、引起注意，所以演讲者要考虑使用它们。使用好的直观教具是值得的。除此之外，使用直观教具，一定程度上能减轻演讲者的焦虑，从而给演讲者更多信心。即使对于非常短的演说，也可能选择直观教具。通过创造性地运用物体、模型、图表、图形演示、投影和计算机图片，演讲者能够使自己的高质量信息取得最佳效果。

（一）直观教具的类型

直观教具的种类很多，其中包括自己、物体、模型、表、活动挂图、图形、图表、投影、黑板或白板、散发的印刷品和计算机制图等在内的直观教具。选择何种直观教具辅助演讲，主要取决于演讲内容。

1. 演讲者自身

有时，演讲者可以成为自己最好的直观教具。演讲者怎么做、怎么看可能会很好地加强或补充所说的内容。通过描述性的手势，演讲者能显示出足球大小或球网的高度；通过演讲者的姿态和动作，能显示出蝶泳或施行人工呼吸的动作；通过演讲者自己的装束，能够展示异国的民族服装、洞穴勘探者的必要装备或消防队员的制服。在每一个例子中，演讲者做什么都有助于解释清楚论点。

2. 实物

除了演讲者做什么和看起来像什么之外，演讲者带来的东西也可以当作直观教具。如果演讲者所谈论的物体足够大，能让人看清（考虑人们坐得有点远），或者足够小，可以随身携带，那么它们可以成为不错的直观教具。一个玩具、一个篮球或一块编织毯都是那种能够让听众看见并能被演讲者控制的物体。

3. 模型

当物体太大不能带到演讲场地或太小以至看不到时，三维模型被证明是有价值的替代品。如果演讲者要谈论一幢建筑、一款汽车，模型可能正是最好的直观教具。活动模型有时还会给听众带来趣味。

4．图形、图表

图表是浓缩了许多信息并把信息用容易理解的格式展现给听众的图形表现方式。最常用的是文字表和组织结构表。

文字表通常用于预先展示演讲中要谈及的材料、概括材料以及提醒听众演讲内容。例如，关于一个组织机构的构成做一个组织结构表能够使听众一目了然。演讲者可以利用柱状图、曲线图、饼状图等向听众进行信息比较。

除此之外，其他类型的图形直观教具还有图画、地图和照片等图形表示。

图表和图画是常用的直观教具，因为它们容易准备。图画的主要优势在于演讲者能够经常勾画一些卡通人物，以助于自己幽默地论述论点。演讲者还可以利用计算机软件的剪贴画和因特网，找到几乎所有东西的图形、图像。地图、照片同样如此。

5．投影

几乎任何种类的图表或图形直观教具都能制作成幻灯片显示到屏幕上。投影被越来越多地用于演讲中，但是演讲者必须保证有运行良好的投影设备，并且在运用投影的技术上十分熟练，避免因技术问题而影响展示。

6．黑板或白板

黑板或白板几乎在每间教室都随时可用。画一个非常简单的图形，或者写一个关键词以强调某点时，黑板或白板就被派上了用场。

使用任何一种写板都要注意不能出现以下错误：在讲话时写了太多材料；在书写时用身体把材料擦模糊了；花太多时间对着写板讲话而非对着听众讲话。

如果演讲者计划边讲边画或边写，那么要先练习。对于大多数用右手写作的人，要注意站在画的右侧。尽量在画时至少面对一部分听众。虽然起先这么做显得笨拙，但这么做演讲者却能保持与听众的眼神交流，并能在书写时让听众看见自己在写什么。

7．散发的印刷品

演讲者常用的直观教具之一就是散发的印刷品。这样做既有积极方面的作用，也有消极方面的作用。从积极方面讲，能够迅速准备好散发的材料，使所有听众都能拥有自己的专业材料进行参考并带回去看。从消极方面说，分发印刷材料时能使听众分神，并可能在演讲者想要听众看自己时却吸引不了他们的注意。所以，演讲者决定采用散发的印刷品之前，要先考虑前面讨论过的其他每种直观教具。如果确实决定要用散发印刷品，那么应当在演讲末尾再散发它们。

直观教具种类很多，除了演讲之前准备的直观教具之外，演讲现场也有很多可以作为直观教具使用的物品。例如，当一位演说者形容听众目前所处的令人焦灼的环境时，他点燃一根火柴夹在食指和拇指之间并且等它完全烧焦，听众即能完全领会演讲者的意图。

（二）直观教具的选择

前面分析了各种各样的直观教具，那么演讲者如何选择直观教具呢？以下提供几种方法。

1．根据演讲目标选择直观教具

这些观点是演讲者希望用直观教具去加强的观点。直观教具易于让人记住。所以，演讲者要确保所演示的内容是自己想要听众记住的内容。

2．根据听众数量选择直观教具

适用于 20 个人的小团体的直观教具，不同于适用于 100 多个听众的教具。对于像在课堂演讲里那样的不足 20 人的听众，演讲者展示较小的物体、使用较小的模型就能使每个人都看见。对于人数众多的听众，演讲者要用投影，以便让听众从较远的地方也能轻松地看见演示。

3. 根据演讲提供设备选择直观教具

当演讲者需要通过投影来辅助演讲时，必须得到相应的设备支持和技术支持。如果得不到，只能选用其他方式。

直观教具是额外的补充。它们的功能是强调演讲者口头上说的内容。如果演讲者相信某个直观教具将有助于自身更好地取得目标，那么为此所花的时间就是值得的，但要避免因仓促而导致的粗制滥造。

4. 直观教具数量宜少而精

除非演讲者在做幻灯片展示，演讲的全部重点都放在图片上，否则演讲者使用的直观教具的数目应该比较少。一般来说，演讲者希望听众把重点放在自己身上。

一两个真正做得好的直观教具可以使演讲者论述力度充分表现出来，而几个做得差或运用得差的直观教具则确实能破坏演讲者语言的力量。

（三）直观教具的使用

许多演讲者认为，一旦他们准备好了直观教具，他们在演讲中使用时就不会遇到麻烦。但是，许多直观教具做得很好的演讲，最后搞成一团糟，因为演讲者没有事先练习。下面是在演讲中有效使用直观教具的几个指导原则。

1. 计划使用时机

要认真计划何时使用直观教具。当演讲者练习演讲时，在演讲提纲中注明何时及怎样使用每个直观教具。

2. 考虑听众需要

如果演讲者发现图形有助于听众理解和记忆演讲的某部分内容，那么在那部分用直观教具是合适的。但是，不论某个直观教具有多好，如果它不能直接有助于听众对话题信息的注意或记忆，那么就得重新考虑对它的使用。

3. 必要时才展示

只在谈论到直观教具时才展示它，直观教具会吸引听众的注意力。法则是：当直观教具不再是注意力的焦点时，就把它移开、关闭或拿掉。如果演讲者在用高射投影器，那么不用时则掩住灯光的盖子或罩子。如果幻灯机没有使用，那么或者把机器关掉，或者用一张黑纸把幻灯片遮住。为了将听众的注意力保持在自己需要他们注意的地方，演讲者可以准备有遮盖物的直观教具。然后，当演讲者从一部分直观教具移向另一部分直观教具时，可以把遮盖物移走，显示出接着要讲的那部分直观教具。

4. 边谈论边演示

因为演讲者知道要听众在直观教具里看到什么，所以应该告诉听众要去寻找什么，应该解释各个部分以及相关的数字、符号和百分比。

当演讲者展示直观教具时，例如，将幻灯片投影到教室前面的屏幕上，应该使用下列"转—触—谈"技巧。

当演示直观材料时，赶到屏幕前——那是每个人无论怎样都会看到的地方，轻轻转向直观材料并用手或教鞭（小心使用）指向它。然后背对屏幕，身体以一个轻微的 45°角面对听众，向听众谈论直观材料。当完成自己的评论之后，回到讲台的演讲位置，并且关闭幻灯机或把直观材料移开。

（1）显示直观教具

显示直观教具以便每位听众都能看见。如果演讲者拿着直观教具，那么要把它放在离开自己身体的位置，并指点给各个位置的听众看。如果把直观教具放在黑板或图表架上，或者以某种方式架着，那么要站在一边并用离直观教具最近的手指着它。如果必须把直观教具卷起来或折起来，那么要带着透明胶带，把直观材料贴在黑板上或墙上，以防止它打卷或起皱。

（2）面向听众谈话

要面向听众谈话而不要面对直观教具谈话。演讲者可能需要有时看着直观教具，但是与听众尽量多保持眼神交流很重要，因为这样做演讲者能够判断听众对直观材料反应如何。如果演讲者全神贯注于自己的直观教具，看着它而不看着听众时，可能完全失去与听众的沟通。

（3）避免将物体传给听众

人们手里不管拿着什么东西，都会看、阅读、把玩和思考。当他们专注于此时，他们不可能听演讲者的讲话。因此，演讲者不要将物体传给听众。

技 能 训 练

一、自我测试

（1）演讲演练的基本要求是什么？

（2）如何进行演讲的非语言内容设计？

（3）如何记忆演讲稿？你有什么办法？

（4）下面有一首诗，请你高声朗读一遍，然后试着背诵，高声朗读两遍，再试着背诵。如果能记住，说明你的记忆力是良好的；如果能复诵，说明你的记忆力是很优秀的；如果不仅能复诵出来，还能马上讲出这首诗的主旨意境来，那就更不简单了，说明你的记忆力是很强的。

赞一位共产党员

罗勇智

像东海里一根挺立的桅杆，

像长城上一级朴实的台阶，

像国歌中一个激昂的音符，

像蓝天际一只奋飞的大雁；

呵——

一位光荣的共产党员，

胸间有振兴中华的豪情壮志，

眼里有千家万户的柴米油盐！

（5）请你以"人贵有志，学贵有恒"为主题，拟一篇讲话稿的提纲，然后用 15～20 分钟的时间记住这个提纲，再按提纲的内容依次讲述出来。

（6）试着积极参加一次演讲活动，看看你对这次演讲练习了多少次才感到掌握了演讲的内容。

（7）第一次参加演讲时你感到紧张吗？你是怎样克服紧张情绪的？

（8）演讲中如何使用直观教具？在这方面你有什么经验？

二、小组活动体验

（1）就以下题目发表演讲，时间3分钟。

① 友谊与礼物；

② 益友和损友；

③ 谈谈社会公德；

④ 谈谈个人修养；

⑤ 谈谈职业道德；

⑥ 我和奥运；

⑦ 我的家乡最美丽；

⑧ 面对不公平；

⑨ 弘扬民族文化的意义；

⑩ 我对追星的看法；

⑪ 面对缺陷；

⑫ 谈"傲"；

⑬ 说"作弊"；

⑭ 挑战自我；

⑮ 谈谈积累；

⑯ 如果我是父亲/母亲。

三、小组讨论

表单1　　　　　　　　　　　　　　"态势语言"训练活动记录表

日期：

项　　目	记　　录
讨论会记录	
个人收获	

续表

项 目	记 录
存在问题	
学习评价	
学生签名	教师签名

表单2   项目活动评价表

项目活动名称_____   活动日期_____

班级_____姓名_____学号_____教师_____

项目过程评价					项目展示评价				
100 分	配分	自评	互评	主持	100 分	配分	自评	互评	主持
个人 工作态度	10				个人 项目说明	10			
个人 协调能力	10				个人 项目展示	10			
个人 工作质量	10				个人 效果	10			
个人 复杂程度	10				个人 工作主动	10			
个人 改革创新	10				个人 交流沟通	10			
小组 计划合理	10				小组 规划周密	10			
小组 项目创意	10				小组 分工合理	10			
小组 过程有序	10				小组 特色	10			
小组 完成情况	10				小组 接受批评	10			
小组 协作情况	10				小组 提出建议	10			

任务四 演 讲 技 巧

台湾著名节目主持人凌峰在 1990 年参加中央电视台春节联欢晚会上所做的自我介绍：在下凌峰，我和文章不一样，虽然我们都得过"金钟奖"和"最佳男歌星"称号，但是，我是以长得难看而出名的。两年多来，我们大江南北走了一趟——拍摄《八千里路云和月》，所到之处，观众给我们很多的支持，尤其是男观众对我的印象特别好。因为他们认为本人长得很中国。中国五千年的沧桑和苦难写在我的脸上。一般来说，女观众对我的印象不太良好：有的女观众对我的长相到了忍无可忍的地步，她们认为脸比黄花瘦，脸比煤球黑。但是，我要特别声明：这不是我的错，实在是家父母的错误，当初没经过我的同意就把我生成这个样子……

知识点导航

对于演讲这一丰富的语言艺术，人们在长期的实践中不断地加以运用和总结，形成了多姿多彩、行之有效的演讲技巧。掌握这些演讲技巧并加以创造性地应用，一定会促进演讲水平的不断提高。

一、增强气势震撼人心

气势是演讲成功的重要法宝。有了气势，演讲才能震撼观众的心灵、调动听众的感情，使听众感我之所感。增强演讲气势的方法多种多样，下面主要从语言表达选择恰当句式的角度谈谈。

1. 短句激人

在演讲中，短句既没有长句那种文绉绉的四平八稳，也没有长句那种拖泥带水的繁冗感，而是短促激烈，节奏明快，语气急促，掷地有声，富有战斗性和号召力。闻一多先生的《最后一次的演讲》，通篇都是短句。这种短句把闻先生的满腔悲愤和怒火很好地表现了出来，使整篇演讲气势凶猛，不可阻挡，一字一句都如炮弹射向国民党特务。我们看看梁启超的演讲《人权宣言》："啊，啊！了不得！了不得！人类心力发动起来，什么东西也挡他不住。'一！二！三！开步走！走！走！走！'走到十八世纪末年，在法国巴黎轰出一声大炮来：《人权宣言》!"这些短句，语气铿锵，气势夺人，激人斗志。

2. 问句逼人

一般来说，平淡的叙述很难引起听众的注意，而咄咄逼人、雄辩有力的问句则往往能一下子抓住听众。如戴晓雪的演讲《讲真话》，一开头就用问句："同志们，首先请允许我冒昧地提个问题，在座的各位都讲真话吗？"这一句，如石击水，听众马上集中注意力，而且兴趣大增。问句有设问、反问之分。不论什么问句，听起来，都给人一种咄咄逼人的感觉；特别是连续使用设问或反问，气势更显得强烈。古罗马著名演讲家西塞罗就很重视使用这种问句。他在《对弗里斯的控告》的演讲中讲道："难道事情真已到如此地步？难道一个低级的地方总督，他的全部权力来自人民，竟可以在意大利的一个省份里，任意捆绑、鞭打、刑讯并处死一位罗马公民吗？难道无辜受害者痛苦的叫喊、旁观者同情的眼泪、罗马共和国的威严以至畏惧国家法制的心理都不能制止那残忍的恶棍吗？那人仗着自己的财富，打击自由的根基，公然蔑视人类！难道这恶人可以逃脱惩罚吗？"这一连串的反问铿锵有力，掷地有声，大大增强了演讲的雄辩力。

3．排比动人

排比句是把句式相同的几个句子并排使用，听起来气势磅礴，给人以排山倒海、势不可挡的感觉，具有强烈的说服力和感染力。例如，景克宁在《诗人与诗》的演讲中说："诗应该像普罗米修斯盗取天火，给人间带来温暖与文明；诗应该像司美和爱的女神维纳斯，给人间带来温暖与文明；诗应该像太阳之神阿波罗，给人间带来光明与生命；诗应该像强力之神阿赫托拉，给人们带来力量与无畏。"这一连串的排比不仅揭示了诗的作用，而且增强了诗的感染力，给听众创造了一个激动人心的境界。

更值得注意的是演讲中的排比段。使用排比段，层层递进，既能全面、深刻地表达演讲者的主要意图，又能使演讲从整体上产生明朗的节奏、激越的韵律、明快向上的气势，给听众留下一种排山倒海、无坚不摧之感。美国著名演讲家马丁·路德·金在《我有一个梦想》中有这样的排比段：我梦想着，有那么一天；我们这个民族将会奋起反抗，并且一直坚持实现它的信条的真谛——我们认为所有的人生来平等是不言自明的真理。我梦想着，有那么一天，甚至现在仍认为不平等的灼热和压迫的高温所炙烤的密西西比，也能变为自由与平等的绿洲。我梦想着，有那么一天，我的四个孩子，能够生活在一个不是以他们的肤色，而以他们的品性来判断他们的价值的国度里。我梦想着，有那么一天，就在邪恶的种族主义者仍然对黑人活动横加干涉的阿拉巴马州，就在其统治者拒不取消种族歧视政策的阿拉巴马州，黑人儿童将能够与白人儿童如兄弟姐妹一般携起手来。我梦想着，有那么一天，沟壑填满，山岭削平，崎岖地带铲为平川，坎坷地段夷为平地，上帝的灵光大放光彩，芸芸众生共睹光华！马丁·路德·金一口气使用了"我梦想着，有那么一天……"五个排比段，淋漓尽致地表达了千百万黑人对争取自由平等、消除种族歧视的强烈渴望，使听众在美好憧憬的感召下，增添了为实现自由、平等而斗争的信心和力量。

4．感叹撼人

感叹句最能表达演讲者强烈的思想感情。在演讲中，恰到好处地使用感叹句，能较好地烘托演讲气氛，使演讲显得气势十足。演讲中的感叹句常用在开头和结尾。例如，斯大林在1945年7月7日发表的广播演讲中开头这样讲道："同志们！公民们！兄弟姐妹们！我们的海陆空军战士们！我的朋友们，我现在向你们讲话！"这些感叹句使斯大林的急迫之情溢于言表，如鼓点般敲击着苏联人民的心，显得非常有力。在结尾使用激情飞扬、震人心扉的感叹句，唤起听众，能把演讲进一步推向高潮。例如，毛泽东同志在中国人民政治协商会议第一届集体会议上的著名演讲《中国人民站起来了》的最后振臂高呼：让那些国内外反动派在我们面前发抖罢，让他们去说我们这也不行那也不行罢，中国人民的不屈不挠的努力必将稳步地达到自己的目的。在人民解放战争和人民革命中牺牲的人民英雄们永垂不朽！庆贺人民解放战争和人民革命的胜利！庆贺中华人民共和国的成立！庆贺中国人民政治协商会议的成功！需要注意的是，在演讲中，感叹句不可滥用，滥用不仅不能增加感情的力量，反而会使听众倒胃口。

二、直抒胸臆真话动人

演讲要赢得听众信赖，使人心悦诚服，就必须"掏心窝子"，直抒胸臆，以真话打动听众；要诚恳地面对听众，就必须有求真的品格和胆识，能针对"糊涂认识"鞭辟入里，能正视"敏感问题"并阐明见解，而不是"绕道走"或闪烁其词；必须力除陈言，摆脱俗套，不甘于做某种"公认"理念的传声筒；要有从事实中升华并符合真理的见识，必须有扶正祛邪、匡正世风、补益人心的高度责任感。的确是有良言苦口的情况，但不必担心引起反感而三缄其口。须知人心向善，精诚所至，金石为开，只要情理交加，定能启人心智、催人猛醒，定能赢得真诚的掌声，这是不乏先例的。掏心窝子讲真话，恰恰是听众对演讲者最起码的要求。说真话要注意以下几点。

1. 内容真实

直抒胸臆首先要有真实的内容，演讲内容的诸要素都应是真实可信的，主要是：情真，既能自然袒露自己的鲜明爱憎，又代表着多数人的心态；既言出于衷，又动人以诚。理真，即观点正确，见解独到，能揭示社会生活的本质和规律。事真，即尊重事实，不溢美，不隐恶，不杜撰，不扭曲，不回避。只有三者都真，才是真话，才有说真话的底气，才能让人信服、动情。无论歌颂或抨击、立论或驳论、说服或鼓动，都必须实事求是。若是无视事实，态度暧昧或言过其实，必然引起不愉快、不信任。

陆建生《也谈"破格"》就是一篇说真话的演讲，演讲人以确凿的事实为依据，对"破格"之说提出了大胆的质疑，表示了强烈的不满，并确立了自己的独到见解：对于这种说法，我深感困惑。为什么？就因为年轻，提升为副教授、工程师就是破格吗？王沪宁，洋洋洒洒几十万字的理论文章，其思想之超前、根底之扎实、理论之深刻，曾震惊"朝野"，又通过了必要的外语考核，哪一点没有达到一个副教授的水准呢？他，已经30岁，30岁还年轻吗？他，"双蝶形"立交桥的设计，达到国际水平，难道还够不上一个工程师的资格吗？他被提升为副教授、工程师不是极其正常又顺理成章的吗？何来破格之有？难道非要搞封建式的论资排辈，非要等到一个人老了，暮气沉沉了，甚至死了，再来个追认，才是破格吗？通篇都是这样的大实话，切中时弊，发人深思，显示出真话的威力与魅力，远比那种四平八稳的"温吞水"站得住脚。由此可见，内容真实是演讲的生命之所在。

2. 人格力量

真话充分体现了人格的力量，不是出出风头。它要求演讲者有补于世道人心，要履行神圣的社会责任，人品要好，具有指点江山、激扬文字的资格，既能无愧地说"好话"，又敢无畏地说"坏话"，不媚俗，不耍滑，唯真是求，能为真理献身。尤其是面对着很多人的"通病"，面对着使人敏感的社会弊端，面临着扼制真情实话的强大压力，更能考验出演讲者人品的高下。著名理论家杨献珍在黑白颠倒的年代挺身而出捍卫真理，而没有违心地追随风行全国的谬误瞎起哄，其高风亮节令人惊叹，令人肃然起敬。他在一次谈话中说道："钢铁、粮食都是硬东西，说假话办不到……社会主义不是靠吹牛得来的，而是靠一点点的劳动建立起来的。不能虚报的受奖，实说话的插'黑旗'，要是这样的话，我看这种'黑旗'比弄虚作假的'红旗'还好得多！"（《坚持实事求是作风，狠狠批判唯心主义》）这些话对大有来头的浮夸风猛烈抨击，直切要害，正气凛然，爱憎分明。这在当时需要多么大的胆魄啊！至于我们，如果只会文过饰非，那么当个"演讲家"又有何用？

3. 目光敏锐

说真心话有追求真理的执著和胆魄，也要有发现真理的科学眼光和过人见识，否则只能讲"蛮理"、讲"套话"，不可能有令人叹服的真知灼见。这就要善于体验和感悟生活，敏锐地捕捉现实问题。例如，有一种与"我们"有关的社会现象：我们都会说热爱美德、憎恨邪恶，但我们未必都能善待美德。有一篇《善待美德》的演讲词亮出这个问题，向"我们"（包括演讲者自己）发起了排炮式的"进攻"："谁都会称赞正直，不过当正直的心灵辗转于明枪暗箭之中，我们也能发出耿直的呼喊吗？谁都会欣赏勇敢，不过当勇敢的身躯拼搏于烈火之中或匕首之下，我们也能果敢地挺身而出吗？谁都痛恨虚假，但是当作假能给自己带来荣誉、地位和羡慕的时候，我们能拒绝诱惑吗？谁都咒骂冷漠，但是在冷酷能使自己避开困扰、灾祸和牺牲的时候，我们能热情如火吗？"如果不用自己的眼光体察社会、解剖自身，就不能如此"刁钻"地发现问题、提出问题，就不能言人所欲言、发人所未发，即便有说真话的愿望也不知从何说起。

4. 态度坦诚

演讲者如果抱有凌驾于听众之上的"优越感"，那就要作假了。一定要作为听众的一员与之融为一体。这需要有袒露自己的诚意，以真诚获得人心。美国耶鲁大学的摩根教授在欢迎新生仪式上的演讲，并未端起导师的架子，而是言词恳切地自我揭"短"："我们要求你们把我们逼近死角，让我们暴露出我们研究中的差错与欠缺，逼使我们承认还有那么多的认识空白。这种观点听上去让人吃惊？你们应当做到不要对此吃惊。在课堂讲授时，我们会赌咒发誓地要你们相信，我们所知甚多，无所不能。但你们不要理会那一套。你们应当对我们横挑鼻子竖挑眼，逼我们显示自己的无知之处。"（《每个耶鲁新生都应当知道》）还有什么能比这种发自内心、寓意深切的真话更有力量、更能使人敬重、令人倾倒呢？

5. 讲求方法

直抒胸臆讲真话要讲求方法，灵活处理。说真话不等于鲁莽，有些无关主旨又让人"头疼"的真话还是不说为好。选择，就是关乎策略的办法。还要设法使"好话"不让人"肉麻"，比如可以用质朴、含蓄、深沉的措辞。更要设法使"坏话"不那么呛人，具有可接受性（对敌斗争不在此列）。比如可以进行心理诱导、运用情理交融的描述等等。1940年，处于前线的英国已经无钱从美国"现购自运"军用物资，一些美国人便想放弃援英，而看不到唇亡齿寒的严重态势。罗斯福总统在记者招待会上宣传《租借法》以说服他们，为国会通过此法成功地营造了舆论氛围，这体现了罗斯福总统的政治远见和面临重重障碍也要坚持正确主张而说真话的坚定品格，也体现了他高超的说话技巧。他说："假如我的邻居失火了，在一二百米以外，我有一截浇花园的水龙带，要是给邻居拿去接上水龙头，我就可能帮他把火灭掉，以免火势蔓延到我家里去。这时，我怎么办呢？我总不能在救火之前对他说：'朋友，这条管子我花了15元，你要照价付钱。'这时候邻居刚好没钱，那么我该怎么办呢？我应当不要他15元钱，我要他在灭火之后还我水龙带。要是火灭了，水龙带还好好的，那他就会连声道谢，原物奉还。假如他把水龙带弄坏了，他答应照赔不误的话，现在我拿回来的是一条仍可用的浇园水管，那我就不吃亏。"罗斯福并未直接指责这些人目光短浅（这样只能触犯众怒而适得其反），而是妙语连珠、以理服人。他用了一个通俗易懂的比喻，深入浅出，通情达理，轻松自如，贴近人心，使人不得不服，从中不难悟出说真话的艺术。

三、消除隔阂亲近听众

使演讲赢得听众的亲近，对演讲效果的提高和演讲的成功至关重要。据心理学研究，人们在焦急时，潜在的感情因素往往左右着心理倾向与理性思维，对话语的可信度和可接受性产生微妙影响。因此，演讲者要设法消除心理隔阂，拉近感情距离，使听众乐于亲近自己。

1. 介绍自己

当演讲者是"生人"的时候，听众开始不免有些隔阂感。这时就直奔主题往往让人难以接受，不妨先自我介绍，"推销"一下自己。孟俐小姐的演讲《让女生部早日"消亡"》这样开场：

亲爱的女同胞们，还有，敬爱的先生们：晚上好！首先感谢大家的热情，谢谢！我早想说上几句，很想认识一下大家，也让大家认识我一下。先来介绍一下，8911（2）班的一员，姓我们儒家宗师孟子的"孟"，单字伶俐的"俐"，孟俐，就是我。你们大家听出来了，我这个人爱好说话，连自己的名字也要美化。不过，我要说明，这个小毛病丝毫不妨碍我对"女生部长"之职的热情，可是，即使天大的热情也不能改变这么个趋势——女生部的发展完善过程，也就是它走向消亡的过程，我的任务就是促成这个过程尽早结束。真是语言出性格，寥寥数语技巧而自然地"塑造"了一个热情开朗、活泼可爱的"我"，一下子拉近了"我"与听众的距离，让人很开心，有兴致倾听。

2. 深情表达

演讲者流露真情，可以直接表达对听众的赞美和喜爱，使自己的感情飞流直下，也可以直中有曲，适度控制，以引而不发的张力摇荡听众的心旌，使听众的心默默地贴近你。张志公的《在演讲邀请赛闭幕式上的即席讲话》在赞美了"小李燕杰们"的成绩之后，忽然说："说到这个地方，我很想改变一下称呼，但又担心有倚老卖老之嫌，可是感情使我不能顾及这个责备，我把'亲爱的青年朋友'改称'可爱的孩子们'！（长时间热烈的鼓掌。）"张先生把自己的感情表达得一波三折，既恳切又委婉，既明白又深沉。"孩子们"深受感动、鼓舞，在心里觉得他可亲可敬。

3. 使用口语

演讲的词语、句式、语气、语词都要口语化。秦市义动员农民集资办学的演讲《为了咱的娃》，以朴实、幽默、深情的口语牢牢牵动着山区乡亲的心，使之时而欢笑，时而哭，时而沉思，时而赞许："咱娃也是娃，咋就该坐在这石头块块土蛋蛋上……把咱娃害得近视眼、关节炎、罗圈腿、背锅腰……咱那破教室，老实说还不如县大牢哩！咱县大牢还有几块破玻璃哩！要是我的娃在那坐上一天，我都舍不得。（秦哭，众人亦哭。）咱大家好好想想，大人们住的是好房子，可娃们咋就在这地方受洋罪？咱娃娃可有话对你们说哩！（大哭。）"

4. 理解听众

演讲者要善于捕捉人们内心的关注，做大家的代言人，体现对听众的真正理解。1937年夏天，朱德总司令应邀对国民党127师官兵做演讲。他以亲切感人的乡音对这些四川子弟兵说："你们初次离乡，远来北国，可能水土不服，生活不习惯，希望你们注意起居，保重身体，好为国杀敌。"平易、亲切的话语充满了关切、体贴和激励。士兵们纷纷表示："跟着这样的长官当兵打仗，打死了都值得。"就地取材，就是选择那些极为贴近听众的演讲题材，叙事明理，平易近人；或者以此为过渡，自然地扩展开去，天南海北，妙笔成趣。鲁迅在燕京大学的演讲《现今的新文学的概观》说道："那题目，原是在车上拟定的，但因为道路坏，汽车颠簸起来有尺多高，无从想起。我于是偶然感到，外来的东西，单取一件，是不行的，有汽车必须有好的道路，一切事总免不掉环境的影响。文学——在中国的所谓新文学，所谓革命文学，也是如此。"所说之事看似琐碎，但与此时此地的听众极为贴切，时间（刚发生）、空间（来此途中）、性质（日常之事）都紧贴听众，所以听众自然也就和演讲者贴得很近。

5. 找共同点

寻求与听众之间共同的感情、共同的遭遇、共同的理想等，这些"共同"会把彼此的心联结在一起，把演讲者融化在听众之中。丘吉尔做客美国时所做的《圣诞祝词》就是这样："我今天虽然是远离家庭和祖国，在这里过节，但我一点也没有异乡的感觉。我不知道，这是由于本人的母亲血统与你们相同，或者是由于本人多年来再次得到的友谊，或者是由于这两个文字相同、信仰相同、理想相同的国家在共同奋斗中所产生出来的同志感觉，抑或是由于上述几种关系的总和。总之，我在美国的政治中心——华盛顿过节，完全感受不到自己是一个异乡之客。我和各位之间，本来就有手足之情，再加上各位欢迎的盛意，我觉得很应该和各位共坐炉边，同享圣诞之乐。"丘吉尔在演讲中找到了"母亲的血统"和两国"文字"、"信仰"、"理想"以及"共同奋斗中所产生出来的同志感觉"等诸多相同之处，使他与美国听众的心理距离大大地拉近了。

6. 对话表达

演讲者为了增强演讲效果，可在演讲中设计对话式的那种有利于引出自己话题的演讲语言。虽然这种语言仍然出自演讲者一人之口，但它给听众的感觉却好似参与其中。演讲实践证明，这种"对话成分"可以增强演讲效果，对演讲会有着积极的作用，设计得当，运用合理，会使自己的演讲语言和叙述方式得到某种调节，让演讲增添一种非同寻常的亲切感和吸引力，从而利于听众接受演讲的内容。

① 谈心式对话

爱因斯坦的演讲《科学的颂歌》是在美国加利福尼亚理工学院做的。面对台下的莘莘学子，这位著名科学家在讲"有时科学并没有给人们带来幸福、欢乐"时，语重心长地说："你们会以为，在你们面前的这个老头子是在唱不吉利的反调，可是我这样做，无非是在向你们提一点忠告：如果你们想使你们一生的工作有益于人类，那么你们只获得科学之身是不够的。关心人本身，应当始终成为一切技术上奋斗的主要目标……在你们埋头于图表和方程时，千万不要忘记这一点！"爱因斯坦在这里使用了"你们会以为"这样一种语言，假想听众有惑，自己再解惑，这中间就有了一种对话成分，而且演讲者用了第一人称的"我"来做答，这就使假设的"对话成分"有了一种谈心的感觉，显得极为自然贴切、平易近人，也使自己所阐述的道理极富有人情味儿。演讲中若能适时运用这种"谈心式"的对话，就可能营造出类似于两人促膝谈心的亲切效果，从而为自己的演讲增添几分魅力。

② 引用式对话

美国前总统里根离任前，曾在共和党代表大会上做《最后一次演讲》。他援引了一封信件，说："富于想象力是我们的天赋，我要告诉你们一个小男孩的想法，他在我就任后不久给我寄了一封信，写道：'我爱美国，因为在美国只要愿意，谁都可能参加童子军。在美国随便信仰什么都行，而且只要有能力，就能够成为你想要成为的那种人。我爱美国，还因为我们有大约 200 种不同味道的冰淇淋。'我以为，这就是小孩子眼里的真理，结社自由，信仰自由，满怀希望和获得机会的自由，此外还可以追求幸福……对这个孩子而言，就是在 200 种味道不同的冰淇淋中进行挑选。"在这里，演讲者先引用了一个小男孩的信件，再发表自己的看法，在结构上有这样一种关系：演讲者的看法是依附于小男孩的信件上的。这就好似小男孩给自己提了一个话题，再由自己得出结论一样，是"两个人"完成的，这就在演讲中包含了对话成分。由于这里的对话成分是由"引用"得来的，有别人的看法，这就使演讲的内容多了几分真实感，这对增强演讲效果、使听众接受演讲无疑是有利的。

③ 问答式对话

美国《科学》杂志主编鲁宾斯先生曾在清华大学做《媒体和我们的生活》的演讲，谈到互联网在散布信息方面的副作用时，举例说："我所说的生成报道过程在发生变化，而产物也在发生变化，这在我看来是一件可怕的事。我们下载<新闻周刊>的网页，<新闻周刊>的一位记者写了一篇很有价值的报道，是关于世界上最有权的人的。你们应该猜到，那就是总统同一位年轻女性在白宫发生性关系。这个报道他写好了，可编辑却不知该怎么办，因为他们认为这涉及个人隐私问题。你们知道最后怎么解决这个报道的吗？（台下有听众大声答：把它挂到网上去。）对！现在我告诉你们是谁把它挂到网上去的。这个人叫乔奇，住在华盛顿附近，专门收集这种政治流言，然后放到网上……"在这里，"你们知道……吗"这一问与其说是让听众回答，不如说是为自己提供一个"对话"目标，因为这样的对话听众可以回答也可以不回答。正是这样的问，才引出了下面的"对！现在我告诉你们"这样自然的回答。这样，演讲者的演讲中就有了一种对话。由于这种对话成分有"问"，所以很能调动听众的参与愿望，唤起听众的注意力，这对营造热烈、活跃的现场气氛是很益的。

四、阐明观点心悦诚服

改变一个人的思想观点可以说是世界上最困难的事情之一，然而演讲者又通常不得不对付这个棘手的问题。面对听众，精明的演讲者总是在充分尊重听众的观点的同时，又能巧妙而又有条不紊地照原定计划阐明自己的观点，打动听众，促使听众主动接受演讲，让其心悦诚服。这里主要有如下技巧。

1. 把握重点

一般来说，演讲的听众可以粗略地划分为三大类型：有的听众与演讲者持有相同的观点；有的听众犹豫不决，处在观望之中；有的与演讲者的观点相对。那些同意演讲者观点的听众用不着花力气去说服；那些犹豫不决的听众有可能被演讲者清楚明了、令人信服的演讲改变立场。演讲者面临的真正挑战无疑来自最后一类听众，因此必须开动脑筋，设法让这部分人放弃自己的观点，站到演讲者这边来。

然而，改变一个人的立场从来就是相当精细的工作，因为谁都拥有自己引以为豪的观点。它们要么是经过多年的学习与经验积累而形成的，要么是拥有根深蒂固的情感根基。对于宗教、政治、民主、甚至养儿育女等问题，大多数人都有自己独到的见解。同时，一些陈旧的观念使得听众很难对许多问题保持冷静而客观的看法，而在别人眼中它们看上去则像是一些偏见。但是，只要真正是听众自己的观点，听众就会认为它们是完全合理和令人满意的而抱住不放，视之弥足珍贵。

如果演讲者直截了当地面对面攻击一个人所拥有的"珍贵"观点，其反应只能是反感，会对演讲者表示愤慨。对付演讲者说的每一句话，不但不会放弃自己的观点，而且相反还会像溺爱小孩的父母把自己的小孩抱得更紧那样，更加坚守自己的立场。由此看来，演讲前演讲者必须充分分析自己的听众，依据实际情况选择最佳途径，把演讲的重点放在那些犹豫不决、摇摆不定、尤其是与自己意见相左的听众身上，做到有的放矢。同时，还必须正确面对听众自己已有的观点，不能因为它们与自己的观点不一致而开门见山地迎头痛击。

2. 以退为进

演讲时，特别是当演讲者的观点处于不利的境地时，为了达到说服听众的目的，不妨先有意识地退一步，肯定听众的观点有其合理性，然后在获得听众信任的基础上再寻找机会，通过摆事实、讲道理等方法巧妙地提出自己的观点，以退为进，化守为攻，从而最终有力地说服听众。在《裘利斯·恺撒》一剧中，戏剧大师莎士比亚为我们描述了一个极好的例子。

公元前 44 年 3 月 15 日，罗马统帅裘利斯·恺撒在元老院被罗马元老贵族刺杀，为首的是深受他信任的勃鲁托斯。作为主谋，勃鲁托斯做了恶人还先告状。他跑到街上公共讲坛上，大谈杀死恺撒的必要性，极力为自己开脱罪责；同时，又信誓旦旦地把自己装扮成正人君子的模样。听了勃鲁托斯的演讲，群情沸腾了，他们认为杀死恺撒是件大快人心的事，勃鲁托斯为民除害是英雄。请看此时玛克·安东尼是怎样说服听众让听众接受他的观点。面对勃鲁托斯蛊惑人心的演说，面对群情激奋、不明真相的市民，安东尼心里清楚，在此时此地，他既不能马上歌颂恺撒，又不能一上讲坛就立即攻击勃鲁托斯。于是，他开场便说："我是来埋藏恺撒，不是来赞美他。"接着，他又开始赞扬勃鲁托斯，称他为"尊贵的勃鲁托斯"、"正人君子"。这样的话无疑适合当时的气氛，不会引起听众的反感而遭到他们的反对。然后，他抓住机会，有计划、有步骤地把市民的心拉向自己的一边。他说："现在我得到勃鲁托斯和另外几位的允许——因为勃鲁托斯是正人君子，他们也都是正人君子——特地到这儿来，在恺撒的丧礼中说几句话。他是我的朋友，他对我是那么忠诚公正，然而勃鲁托斯却说他是有野心的，而勃鲁托斯是一个正人君子。他曾经带许多俘虏回到罗马来，他们的赎金都充实了公家的财库，这可以说是野心者的行径吗？穷苦的人哀哭的时候，恺撒曾经为他们流泪，野心者是不应当这样仁慈的，然而勃鲁托斯却说他是有野心的，而勃鲁托斯却是一个正人君子。你们大家看见在卢柏克节的那天，我三次献给他一顶王冠，他三次都拒绝了，这难道是有野心吗？然而勃鲁托斯却说他是有野心的，而勃鲁托斯的的确确是一个正人君子……"

安东尼摆出一个个的事实，来讴歌恺撒的丰功伟绩，一层一层地剥去勃鲁托斯身上的画皮，在场的市民开始为安东尼的话打动，觉得他说得有道理，认为恺撒死得冤枉。这时，安东尼不失时机地改变自己的被动地位，由守变为攻。他拿出一张羊皮纸，那是恺撒的遗嘱。在宣读遗嘱前，他走下讲坛，叫在场的市民围绕在恺撒的尸体四周。他揭起恺撒尸体上的外套，把剑刺的洞孔指给大家看。当指到勃鲁托斯刺的伤口时，他说："好一个心爱的勃鲁托斯，恺撒的安琪儿！啊，这是最无情的一击！这是刺穿心脏的一剑！挨了这一剑，伟大的恺撒就蒙着脸倒下了！……残酷的叛徒却在我们头上耀武扬威……"

安东尼的话音刚落，讲坛四周呼声四起："烧掉勃鲁托斯的房子！""打倒阴谋者！"于是，安东尼开始宣读恺撒的遗嘱，对勃鲁托斯发出最后的一击："他给每一个罗马市民 75 德拉马克。而且，他还把台伯河这一边他的花圃和果园赠给你们，永远成为你们世袭的产业，供你们自由散步和游戏之用。这样一个恺撒，几时才会有第二个同样的人？"市民们再也听不下去了。他们在市场上奔跑，抓起凳子、桌子，堆成了一座火葬柴堆。他们把恺撒的尸体放在上面，在柴堆上点着了火。当柴堆烧旺时，他们抽出燃烧着的木头，向阴谋者的房子冲去。这时，勃鲁托斯等阴谋者在得到警告后已早就仓皇逃出城外。

安东尼的演说彻底征服了与他意见相左的听众。他的成功，与他演讲时运用以退为进的技巧是分不开的。

3．激发共鸣

要使听众心服口服，演讲者在演讲时不可违背听众的意愿，采取逼迫、甚至是威胁的手段要听众接受观点。演讲者应当牢记在心的是：只有当自己的观点能够引起听众感情共鸣时，才容易为听众所接受。思想家、作家及诗人爱默生曾经讲述过的一个故事，对演讲者来说是不无启迪的："有一个身强体壮男孩试图将一头牛赶往牲口棚。他用尽浑身力气推它，不停地用鞭子抽打它，大声吆喝它，然而牛站在那儿就是不肯动。一位挤牛奶的女工见状，走上前来。她深知牛的饮食习惯。她把一根手指伸进牛的嘴里，很轻松地将它牵到了牲口棚里。原来，她从牛的角度考虑问题，尽力让自己的行为符合它的习性，对它产生强大的吸引力。掌握了这一点，她想把牛牵到哪里就能牵到哪里。"这则故事告诉我们：演讲时，演讲者应当设法使自己的观点吸引听众，激发他们同意演讲者的愿望。一旦演讲者尊重了听众的观点，那么演讲者接着便可以渐渐地构筑自己的观点。那么，演讲者怎样构筑自己的观点呢？无疑应当让它对听众有感染力——正如放进牛嘴中的手指一样。听众接受演讲，是因为他觉得演讲者的观点对其有价值、有帮助。而且，只要演讲者能向听众表明自己是尊重他的观点，能替他着想的，就能在听众中产生共鸣，并与其建立起一种融洽的关系。只有这样，听众才会乐意让演讲者"牵"着而接受演讲者的观点。

五、以情感人赢得听众

"落红不是无情物。"任何文章都是有感而发的，演讲尤其如此。情感是连接演讲者与听众之间的桥梁和纽带。成功的演讲总是以情感人的，只有用自身的感情力量才能使听众动情，产生感情上的共鸣，从而达到演讲的目的。

1. 内心充满激情

演讲者在自己内心深处奔涌着激情，就不会无动于衷、有口无心。只要有真情，那么在打动别人之前自己就被感动了。曾任英国第八集团军司令的蒙哥马利将军在离任时发表了感人至深的告别演说。据将军回忆，与将士们告别是"最难的事"，当时心情异常激动，难以平静，所以他在致词时充满激情：在这里讲话很易激动，但我努力控制自己。如果说不下去时，请你们原谅。我实在很难把离别之情适当地向你们表达出来……（别后）我对你们的思念……实非言语所能表达。司令官与他的部队之间的相互信任是无价之宝。我激动得说不出话，但我还是同你们说……以上所引只是不连贯的片断，但足以看出，将军为真情所动，越是质朴越是感人，这些肺腑之言使得在场的所有将士的脸上挂满了泪水。另外，将军的真情之所以动人至极，是因为切合了听众的心态，否则只能是"一厢情愿"。

2. 富有个人色彩

感情是最富有"个人性"的，是无法模仿的，谁模仿谁都"不像"。有的演讲不能动人，就是因为演讲者所表达的感情是"学"来的，不是他自己的，让人感到似曾相识。凡是真情都有与众不同的个人色彩。麦克阿瑟将军作为美国西点军校的老校友来此发表了《责任——荣誉——国家》的著名演讲。他说："我的年事渐高，已近黄昏。我的过去已经消失了音调与色彩，它们已经随着往事的梦境模模糊糊地溜走了。这些回忆是非常美好的，是以泪水洗涤、以昨天的微笑抚慰的。我以渴望的耳朵徒然聆听着微弱的起床号声的迷人旋律、远处咚咚作响的鼓声。在我的梦境里，又听到噼啪的枪炮声、咯咯的步枪射击声、战场上古怪而悲伤的低语声。可是，在我记忆的黄昏，我总是来到西点，那里始终在我的耳边回响着：责任——荣誉——国家。"将军以特有的方式表达他在"黄昏"时节的"梦境"和"渴望"，徐徐传出对战斗岁月的眷恋和强烈的自豪感、荣誉感，充满深情地诉说了一个有血有肉的"真人"的特有感情，在人的心里引起了深深的震撼。诚然，这种情感是有"共性"的，但绝没有消融"个性"，恰恰相反，个人色彩十分明显。

3. 注重现场交流

演讲是一种交流，只有把演讲当做向听众倾诉自己思想感情的现场交流，演讲者的情感才会自然投入到演讲中去。例如，"在座的同学们，听了这个故事，你们是否想到，那两位老人辛苦了一生，很可能没见过什么冰箱、彩电，但他们却拿出自己攒的钱修路，把钱花在更有用的地方。也许，他们省下的钱就在供养着你和我，供养着我们这些大学生，时代的宠儿！当我们按月领取奖学金的时候，我们是否想到这样的老人？想到他们期望的目光和那淳朴的心愿呢？"

4. 联系自身经历

在演讲中，往往需要引述一些典型事例。倘若这些事例是有关他人的，演讲者不妨联系实际，从亲身经历中去体验和讲述那些曾经感动过自己的人和事。这对于情感的自然投入无疑能够起到积极的作用。例如，"工作至今，我已在讲台上站了六个年头……我的学校是职业中学，学生素质普遍不高，每当我看到孩子们因为无知而显得世故、因为幼稚而感觉空虚无聊的言行举止时，我常意识到自己的责任之重。我曾被学生骂哭过，我崭新的摩托车曾被学生用刀片划破后座，我的宿舍门上曾'装饰着'学生粗暴的脚印……这一切都没有使我灰心气馁，没有像朋友们讥讽和挖苦的那样联想到自己微薄的工资值不值。那个时候，我只想到有苍白的灵魂需要我们去拯救、去塑造、去描绘。"这是一个老师在《教师，不要让你的事业清贫》的演讲中说的一段话。演讲中在列举了老师队伍中的一些无私奉献者的事迹之后，转而联系自己的教学经历，这就一下子激起了一种切身感受，从而大大增强了演讲的情感效应。

5. 把握演讲基调

基调是指演讲词的基本情调，即演讲者总的态度感情、总的色彩和分量。作为演讲者，必须把握演讲词的基调，并在理解感受和语言表达的统一中、在情与声的统一中使演讲词的感情基调得到完美的体现。

每篇演讲词的感情基调都应该给人一种整体感，应该是部分、段落、层次、语句中具体思想感情的综合表露。没有整体感，就容易给人一种支离破碎的感觉；没有具体感，整体感也会显得空泛僵直。罗丹主张"把生命的细节包括、融化在整体之中"，是很有道理的。曾有人试图为断臂维纳斯女神像重塑一双完好的手臂，但总不如意，无论如何设计，似乎都比断臂维纳斯逊色许多，大概也就是因为具体感妨碍了整体感，于是只能不再去做这"因小失大"的事了。这个道理不仅适用于雕塑，也适用于演讲词的写作。因此，把握基调，就是把握演讲词的整体感的问题。只有整体感既符合演讲词本身，又体现在了演讲之中，才算把握了基调。

1994年5月10日，著名的黑人运动领袖纳尔逊·曼德拉宣誓就任新南非总统。在这举世瞩目的历史性时刻，站在话筒前的曼德拉发表了情辞激切、扣人心扉的就职演说。此时此刻，饱受苦难的黑人虽然心有隐痛但无不欢欣鼓舞；白人顽固派还在，但有良知的白人在喜见光明的同时也会对统治者不光彩的过去而忏悔和痛心。人们的心情是极为复杂的。作为为了这一时刻的到来而奋斗了大半生，曾做了27年囚徒的黑人领袖和南非历史上第一位黑人总统，曼德拉更是感慨万千。而对这样的听众，演讲者没有强烈的谴责，没有愤怒的控诉，也不是一味粉饰太平，而是哀而不怒，喜而不狂，以悲喜交集的肺腑之言引起了最广泛的共鸣，恰到好处地表达了处在非常时刻的人们的共同心情。

演讲的第一部分着力于营造这种能引起人们共鸣的情感氛围。从"作为南非的一介平民"和"我的同胞"、"南非人民"的角度，在悲惨、屈辱的历史和"全人类将我们再度纳入怀抱"的今天和振奋人心的未来的对比中，"忆苦思甜"，由悲而喜。第二部分是演讲的重心，是对今后的许诺和展望。抚今追昔，既浓墨重彩地描绘了未来的美好图景，又不忘历史，正视现实，暗示出不是步入坦途，而是"脱离黑暗的深谷"。可谓喜中含"悲"，居安思危。全篇浸染着悲喜交集的情感基调，准确地把握着演讲的情感尺度，造成了演讲者与成分复杂的听众都沉浸其中、心潮交流的情境，在情感上、理智上最大限度地征服了听众。

当然，作为整体感的体现，成为各局部的有机综合的基调，其组成部分和各个局部必然也有其明显区别。这就跟绘画一样，有的作品基调是明亮开阔，但个别地方也会有阴影、有暗绿，而这阴影或暗绿不但不影响基调的明亮，反而使基调显得更丰富、更有层次，那明亮和开阔便愈益深远。

尽管各个局部有其明显区别，但基调应该是和谐、统一的。统一、和谐，才不会有部分、段落、层次、语句之间的脱节；具体感丰富多彩，才不会出现全篇、部分、层次、段落内部的单调、呆板、平直、浅薄的现象。演讲者必须善于识别和驾驭并将其融会贯通。要把演讲词中蕴含的态度分寸、情感色彩表达出来，应将演讲者的理解、感受、态度、情感带入到演讲语句里流露出来，这其中，不仅要有具体感，而且要有整体感；否则，演讲只能留在简单的、毫无感染力的"读字"水平上。

6. 营造情感爆发点

要让真情在字里行间不时地流露出来，一个词语、一句话、一个句群或几个段落，都可以带有爱憎情绪和褒贬意味，形成一系列情感爆发点。更要借助于事、景、理，造成较大的情感漩涡，并形成情感高潮。换言之，有了真情还不够，还要找到与之合拍的情感传导方式。马丁·路德·金的《在林肯纪念堂前的演讲》就有许多情感爆发点：时而赞美签署的《独立宣言》"竖起一座光明与希望的灯塔"；时而同情"黑人仍旧在贫困的孤岛上生活"；时而讽刺"黑人满怀期望得到的竟是一张空头期票，这张期票被签上'资金不足'的字样"；时而"表态""除非平等泻如飞瀑，除非正义涌如湍流，我们是不会满足的"。演讲中处处爆发着演讲人的喜怒哀乐。这篇演讲最后以一连串"我梦想着"的排比句制造了一个个情感漩涡，从而把演讲推向高潮："这就是我们的希望！这就是我返回南方时所怀的信念！怀着这个信念，我们就能在绝望的群山中辟出颗希望的宝石；怀着这个信念，我们就能变我们祖国的嘈杂喧嚣为一曲优美和谐的兄弟交响乐；怀着这个信念，我们就能共同工作，共同祈祷，共同斗争，甚至哪怕入狱。既然知道有朝一日我们终将获得自由，我们就能为争取自由共同坚持下去……"

六、选准角度寻求突破

这里的"角度"，是指演讲的立足点、着眼点和出发点，关系到确立主题、选择材料和选用表达方法等诸方面，是成功演讲的有效"突破口"。演讲角度的选择与确立一般要遵循这么几项原则。

1. 主旨揭示事物本质

演讲者就事物本质属性的某一面进行剖析、升华。某一"灵感"，可能导致演讲者"萌生"主意。在这个意念之下，所选择的例证材料就要服务于主题的表达。而主题定向，就决定了演讲的宗旨，反映着演讲者的思想认识境界，还决定着演讲的优劣高下。因此，无论是讲人、叙事，还是论理，都不能停留于表面，而是由表及里、由浅入深地挖掘事物本质，并从揭示事物本质出发选择和确立角度。

在成都"偶像与青春"青少年演讲大赛上，有几位选手的演讲就很有味道。演讲《我的偶像就是自己》，对当前青少年对明星偶像的狂热崇拜提出反思："我觉得，他们也是普普通通的人，和你、我、他都一样，只是在某些方面更具天赋，成绩突出罢了……我们却往往只抓住他们的长处而忽略了他们的短处，比如知识、处世、人格……我们青年人应该正视自己的长处，发展自己的长处，把偶像身上的长处有选择地拿来，弥补我们的不足；把对偶像的那种理想化的寄托合乎现实地放在自己身上，作为一个努力的目标。"演讲立足于"偶像以长'勾'人"，狂热膜拜便是"否定自我"，其主旨水到渠成："我的偶像就是自己。"

演讲《青春需要崇拜偶像》则认为："青春需要崇拜偶像，因为青春时代是我们树理想、立志向的时代，偶像是我们忠实的朋友，偶像是我们成长进步的参照物。以他们的经历鼓励我们，使我们的生活涂满灿若春花的色彩。生活中有永不褪色的偶像，那我们的头顶将是一片灿烂！"演讲者紧紧抓住"参照物"在我们青年人的人生理想、事业成就、生活情趣等方面大做文章，旨在"青春需要偶像"。

这两篇演讲，其主题都揭示了"偶像"本质上的东西，但由于角度不同，其主题也就不一样了。可见，从不同角度去认识客观事物的本质，就会得出不同的结论，也就可以形成不同的演讲主题。换言之，对于同一事物，选取的角度不同，立意也就不一样了。

2．选材反映事物特征

事物的特征往往不是唯一的，这就决定了其由外在特征深入内质、横向推衍的途径不一，或者说，有很多切入点。演讲者由事物的某一特征作为触发点，作为理论、抒情的突破口，通过形象的渲染、延伸推向到人类社会某种经验、规律和哲学思想，就反映了主体在某一特征框定下的定义。这不仅可以启迪听众的智慧和洞悉力，还可以创设美的境界、氛围。请看演讲《泥土的联想》：

或许，你不会留意，因为它是那样的默默无闻，终生只知奉献，不计个人的得失。尽管人们不愿意正视它，对它的事业嗤之以鼻，但它仍然甘当花木的培养者，视培养花为己任、为乐事。这种对事业始终不渝的高度责任心，不能不说是泥土的可贵之处。我常想，我们护士这个职业，不正是具有泥土的这种高尚品格吗？……演讲者以泥土"为花木提供养分"这一特征作为演讲的突破口，抓住"培养"一词展开形象思维，横向开掘出重大主题：护士默默奉献的高尚品格。

3．表达体现现实需要

当主题、材料决定并烂熟于心时，就要在运思、炼意、结构、技巧和言语等方面好好斟酌，怎样表达效果好就怎样表达，使之多角度、多侧面、多棱镜般地着眼，立体化地反映演讲内容和思想意旨，使演讲既生动活泼，又全面、深刻，臻于完美。表达方式的选择，要根据具体的内容而定。要选择最能反映本质、突出特征的"言语角度"，力避片面追求某篇演讲的形式，重走老路，而"用符合我们自己的思维形式和情感变化的方法去表达"。

另外，在选择和确定角度时，还要注意以下几个问题：一是要选择准。这是最基本的要求，即能反映出客观事物的本质，抓住事物的特征；更重要的是，所确立的角度要能够达意表旨、析理明道，使演讲具有最佳的说服力和感染力；二是要选得巧，出奇制胜。

美国内战之后，约翰·艾伦与功勋卓著的老上司陶克将军竞选国会议员。在竞选演讲中，陶克为了激起选民的信任，便说："诸位同胞，记得在17年前的某天晚上，我曾带兵在荼座山与敌人激战，经过激烈的血战后，我在山上的树丛里睡了一个晚上。如果大家没有忘记那次艰苦卓绝的战斗，请在选举中，也不要忘记那些吃尽苦头、风餐露宿而屡建战功的人。"

艾伦则顺水推舟："同胞们，陶克将军说得不错，他确实在那次战斗中立下了奇功。我当时是他手下的一个无名小卒，替他出生入死，冲锋陷阵。这还不算，当他在树丛中安睡时，我还携带武器，站在荒野上，饱尝了寒风冷露的滋味来保护他。凡身为将军，睡觉时需要哨兵守卫的，请选举陶克将军。若也是哨兵，需为酣睡的将军守卫的，请选举艾伦。"

双方都以"风餐露宿的那次战斗"论证自己的功勋，取信于选民。但是，艾伦则是沿着陶克将军的思维向前推进了一步：将军虽然辛苦，总还可以在树丛中安睡，而自己则要站岗放哨保卫他。其角度选得巧而刁、新而奇。显然，大多数选民会倾向于普通士兵出身的艾伦。

总之，角度是成功演讲的"突破口"，要想讲得深、讲得新，不能不在角度的选择和变换上下一番苦工夫。

七、观点表达新颖别致

只有创造之花才有永开不败的美丽，观点表述的创新是演讲生命力的源泉。掌握创新思维的方法，提出新颖而富有吸引力的观点，是演讲者水平和实力的真正体现。观点是演讲的灵魂，"喜新厌旧"是听众的普遍心理，因而追求观点表述的创新是演讲者的重要任务。创新虽不是一件容易的事情，但只要我们熟练地掌握一些创新思维的方法，就能在演讲实践中提出新颖而富有吸引力的观点，从而使我们的演讲更为听众所喜闻乐见。以下五种方法可供参考。

1．老话新说

同一个正确的观点，可以有不同的表述方法，其中有些说法是听众非常熟悉的，如果演讲者一味地外甥打灯笼——照旧，照本宣科，老话连篇，就会使听众兴味索然。在市场经济中常有这样的现象：同一种商品，换上新的包装之后，就能给人耳目一新的感觉，增加商品的附加值，并能激起顾客更强的购买欲望。同样，在演讲中，把老观点巧妙地"包装"一下，也是观点出新的常用方法。联想集团总裁柳传志曾在演讲中说："联想集团培养人的第一个方法叫'缝鞋垫'与'做西服'。什么意思呢？就是培养一个战略型人才和培养一个优秀的裁缝有相同的道理，我们不能一开始就给他一块上等毛料去做西服，而是应该让他从缝鞋垫做起，鞋垫做好了再做短裤，然后再做一般的裤子、衬衣，最后才是做西服。"

培养人才不能拔苗助长，不能操之过急，要一步一个台阶爬上去，这个并不新鲜的观点人人都懂。演讲者在这里把培养人才和培养裁缝类比，把培养人才的过程描绘为从缝鞋垫到做西服，用一个通俗而新颖的比喻给老观点披上了一件新外衣，内容是旧的，但形式是新的，可谓殊途同归，新意盎然。

2．借老说新

生活中有许多流传甚广的话，如民谣、俗语、谚语等，但它们为人们所理解的内涵是相对固定的，如果演讲者能巧妙地借用这些老的形式，并加以"改装"，赋予其新的内涵，就能为我们在演讲中进行观点创新找到取之不竭的宝贵资源；对于听众来说，则会使他们感到似曾相识但又侧重不同。只要演讲者能自圆其说且言之有理，就能在听众的认识上达成一种新的和谐。

3．破旧立新

顾名思义，演讲中的破旧立新，就是在否定、破除旧的观点之后，提出与旧观点相反或相对的新观点，虽然破旧立新的难度和风险较大，但只要有言人所未言的勇气，有实事求是的科学态度，就能收到出语惊人、震撼人心的特殊效果。一位演讲者在《我们不愿做睡狮》的演讲中说："有人曾预言，中国是一头睡狮，就这样我们被人家当了一百年睡狮，我们也把自己当睡狮自我陶醉了一百年。狮子是百兽之王，但一头酣睡的狮子能称得上是百兽之王吗？一只睡而不醒的狮子，一个名义上的百兽之王，并不值得我们为之骄傲。如果我们为这样一个预言而陶醉，就好比陶醉于'人家说我们祖上也曾阔过'一样，真是脆弱而又可怜。我们不要伟大的预言，我们只要强大的实力。我们不要做睡狮，只要我们觉醒着、前进着，就比睡着的什么都强。"人家的预言曾是我们骄傲的资本，但仔细分析起来，为一个过去的预言而陶醉或昏睡，于实际又有何益呢？所以，演讲者鲜明地提出"我们不要做睡狮"的观点，如当头棒喝，如醍醐灌顶，既促人清醒，又激人奋发。

4．由此及彼

事物是辩证的，问题总有多面性，但由于受我们认识上的局限性或事物发展过程中的规律性的影响，我们在表达某一观点时往往只知其一，不知其二；或只讲其一，不讲其二。当然，坚持和强调"这一方面"是应该的，因为它是正确的、公认的观点，但如果我们顾此而失"彼"，就会妨碍认识的深入和工作的改进，因为随着事物的发展，坚持和强调"另一方面"的意义也非常重要。如果演讲者能由此及彼，即在不否认现有观点的前提下，敏锐地发现问题的"另一方面"并适当加以强调，就能达到演讲观点深、新并举的目的。

深圳华为公司总裁任正非在演讲中曾提出一个重要的新观点："要提倡思想上的艰苦奋斗。"他说："生活上、工作上的艰苦奋斗，比较容易引起人们的关注，而思想上的艰苦奋斗，看不见，摸不着，难以引起人们足够的重视。正因为如此，有些人就越来越淡化了思想上的艰苦奋斗精神，其突出表现就是身勤脑懒，整天东跑西颠，显得忙忙碌碌，可一旦遇到费及脑筋的事，却不肯或不善于下一番工夫去深入思索，因而这些人跑得再勤，也跑不出多大所以然来……唐代韩愈有句名言：'行成于思毁于随'，这句话是很有哲理的。所以，我们要提倡思想上的艰苦奋斗，本质的要求就是要在思想上吃得起苦，深入进行理论思维。以往我们对艰苦奋斗的理解普遍停留在能吃苦、不怕累、出大力、流大汗的层次上，关注点主要集中在生活和工作方面，提倡这一点无疑是应该的，但在知识经济背景下的高科技企业的竞争当中，光讲生活上和工作上的艰苦奋斗是不够的，还应该突出强调思想上的艰苦奋斗。"演讲者提出的这一新观点，对市场竞争中的高科技企业来说，其深意和新意是不言而喻的。

5．由浅入深

有时，某一问题已形成结论并被人们当作"定论"广为接受，似乎再也没有思考下去的必要了。但是，实际情形远非如此。只要我们再往前走一步，就会发现"风景那边更好"。索尼公司创始人井深大曾于1971年出版过一本极为畅销的书——《始于幼儿园为时过晚》。当时人们普遍认定的是："大学教育的基础在中学，中学教育的基础在小学。"井深大则把问题再深入挖掘一层，认为还要重视幼儿园的教育，最后的结论是："不！幼儿园也已经太迟。"从大脑生理学的角度来看，生下来的婴儿具有100亿以上的脑细胞，同没有"接线"的计算机一样，在这样的头脑还没有成熟的时候，是否给予刺激，将决定"接线"即组成头脑的形状的好坏。所谓"接线"在4岁时要完成60%，8岁、9岁时要完成95%，17岁时要全部完成。所以，在幼儿时，如果缺乏良好的刺激是不行的。这虽然不是一个演讲实例，但从思维的角度来说，对演讲的创新思维无疑是很有启发意义的。

八、激起兴奋产生共鸣

如何设置演讲的"兴奋点"是演讲稿中的"棋眼"，而演讲中最能赢得听众情感共鸣的是你思想的火花。所谓兴奋点，是指散落在演讲稿中那些富有激情，容易对听众产生较强刺激或引起其高度重视、能产生强烈共鸣的词句。在演讲中设置兴奋点，不但能有效地引发演讲者深入联想，增强演讲者的自信心，使演讲更加生动感人，而且会让听众时刻跟着演讲者的思维转。这样，台上台下就会同呼吸、共悲欢，形成讲与听的整体互动效应。

（一）留出掌声空间

掌声能够活跃会场气氛，给演讲者以"感情回报"，使之心情更加愉快、思维更加敏捷，也能给听众以陶冶，使之更加认真投入。掌声的调剂会使演讲产生强烈的现场感染力。因此，起草演讲稿时应有意识地给掌声留出一定的空间。这就需要在演讲稿中主动运用那些带有浓厚感情色彩、充满激情的语言，那些立场鲜明、见解独到、能够给听众以深刻启迪的语言，那些热情歌颂真善美、无情鞭挞假恶丑的语言。这些语言能让听众受到鼓舞和启发，从而自发地鼓掌。具体而言，一种是感情澎湃、妙语连珠。如闻一多的《最后一次讲演》："这是某集团的无耻，恰是李先生的光荣！李先生在昆明被暗杀，是李先生留给昆明的光荣！也是昆明人的光荣！"一种是"寓情感于情理之中，发掌声于妙语之外"。如朱镕基总理在就任伊始的记者招待会上说："不管前面是地雷阵还是万丈深渊，我都将一往无前，义无反顾，鞠躬尽瘁，死而后已！"铿锵的话语赢得了满堂的掌声。

（二）设置兴奋语言

所有能够引起听众兴趣和热切关注的事例、名言、佳句和精辟独到的见解都属兴奋点的范畴。在演讲稿中，按照演讲内容需要，有计划、有目的地选取一些兴奋语言，绵延不断地"埋设"在演讲稿中，让它们像星星一样闪烁，像眼睛一样放射出睿智的光芒，会拉近演讲者和听众的心理距离，满足听众的心理需要。但是，要讲求顺理成章、水到渠成，千万不能不顾对象，故弄玄虚，刻意求工。美国总统杜鲁门在日本投降时发表的广播演说中，首先把人们的注意力集中到了日本签署无条件投降的美军军舰"密苏里"号上，接着又回顾了四年前的珍珠港事件，让所有美国人的心都为之跳动，在缅怀亲人的同时，阐明这是自由对暴政的胜利，并认定"胜利后的明天将是全世界和平与繁荣的希望"。整篇演讲起伏有致，既肯定了民族的精神与意志，又让人民对明天充满必胜的信心。

（三）提高刺激强度

从生理学角度讲，在额定域值内，人的感官接收外来刺激的强度越大，神经兴奋的程度越高。心理学研究表明，人们最容易记住对自己有重大影响、对自己有利的、自己主观愿意记住的或给予自己重大刺激的信息。听众对演讲反映强弱，或者说演讲对听众兴奋程度的影响，在一定程度上取决于演讲语言的强度。演讲语言的强度主要取决于演讲者对演讲内容的熟悉程度、对事物的感悟程度、对问题分析的透彻程度和现实立场的鲜明程度。演讲要尽最大努力把问题看得透彻、准确、鲜明，始终给听众一种压力感和责任感。如泰戈尔在清华大学的一次演讲开头便说："我的年轻的朋友，我眼看着你们年轻的面目，闪亮着聪明与诚恳的志趣，但是我们的中间却是隔着年岁的距离。我已经到了黄昏的海边；你们远远地站在那日出的家乡。"相对陌生而又清新雅致的诗句从诗人的口中缓缓流出，哪一个青年能不为之动情动容，继而为他的连珠妙语所吸引？他由此开端的《保持纯净灵魂和自由精神》的演讲自然就异常深入人心。

九、现场调控灵活应变

演讲是一种信息传递活动，是一种传递和反馈的双向沟通过程。在演讲过程中，演讲者要时时处在主导位置，调节听众的情绪，控制场上的气氛，对突然发生的意外情况要及时高效地应变，这样才能保证演讲成功。

（一）善于观察，反馈信息

演讲是一种信息传递活动，这种信息传递活动是一种双向沟通的过程。它由两个基本阶段组成：传递阶段和反馈阶段。在传递阶段，演讲者将要表达的思想或传授的知识等转换成有声语言和态势语言信息符号，传递给听众。在反馈阶段，听众得到一系列的有声语言和态势语言信息符号后，先将其还原成沟通内容，进行领会理解；然后通过某种方式将自己的意见和态度反馈给对方，进行逆传递，如果反馈成功，那就意味着一次沟通过程的实现和下一次沟通过程的开始。演讲要顺利进行，就必须处在这样一种双向沟通的良性循环过程之中。在这里，演讲者与听众双方实际上是在轮流充当着"施控者"和"受控者"，双方的信息输出，作为对方接收的反馈和控制的信息，势必对双方的行为产生制约力。

可见，演讲中的信息反馈是十分重要的，我们很难设想，一个演讲者，目无听众，"空对空"地侃侃而谈，能够取得良好的演讲效果。演讲者必须具有信息反馈意识，在演讲中善于接收听众的反馈信息，善于观察听众的反应，有"知人之明"。演讲者的观察方法包括以下两种。

1．全方位观察法

全方位观察法指的是演讲者采用看和听的方式，对全场听众的笑声、议论声、注意力等整体反应进行掌握，以便采取对策，达到更好的效果。在全方位观察过程中，演讲者的嘴巴、眼睛、耳朵都要积极行动起来，既要传递信息，又要接收信息，有时候是边讲边听边看，有时候是讲完一段以后，利用短暂的两秒钟集中观察一下。一般讲来，即使是一个演讲新手，只要他注意反馈，一旦竖起耳朵或睁大眼睛，听众那里的信息自然就会反馈过来。全方位观察的任务是把握听众的整体效果，并决定是否采取较大的举动以造成波澜。

2．定点观察法

定点观察法是指演讲者在演讲过程中比较注意两三个听众或者一两个听众小组。这些固定的点，不仅在视听位置方面有代表性，而且在年龄层次、仪表修养、专业特征等方面有一定的典型性。定点观察的任务是捕捉听众个体感情波段。听众的面部表情常常受感情支配，如果演讲者的话不通俗或者过于偏颇，甚至有较大的失误，那么这个点上的听众就会变得漫不经心，紧皱眉头，甚至同别人议论起来，这时演讲者就应及时纠正自己的话。如果这几个点上的听众专心致志地聆听，还不时微笑点头，那就是演讲符合他们的感情波长了，可以进一步阐述演讲主题。

当然，演讲者通过察言观色接收听众的反馈信息，是为了以此为依据来调控新的信息沟通行为，对影响演讲信息传递的不利因素做主动、灵活、及时的调控，以利于取得良好的演讲效果。

（二）引起兴奋，打破冷场

引起兴奋是对付冷场的策略。在演讲过程中，如遇听众注意力分散、看报纸、打瞌睡、交头接耳、坐立不安等冷场现象，演讲者切不可丧失信心，也不可任其发展，更不可呵斥训人，而应该认真分析演讲中存在的问题，针对具体情况，采取相应措施，扭转局面。

一般说来，冷场常常由以下原因造成：演讲的内容太长或太抽象空泛；演讲过程拘谨呆板；演讲速度太快或太慢；演讲语言含混、吐词不清等。面对冷场现象，通常采取的措施是提神醒目，引起兴奋。

引起兴奋的办法很多，停顿是一个很好的办法。一场精彩演讲的策略之一就是重要部分讲话的停顿。运用有意设置的停顿，几乎能够达到所有希望达到的效果。停顿和说话是一起被人们听进耳朵的。当演讲者有意识地停顿时，一定要看着演讲的对象，或者用目光扫视听众一遍。倘若看着天花板、看着地板或是其他的任何什么地方，就会被当作是窘迫尴尬的表现。那样做，会使演讲者看上去显得很不自信。

也可以像说唱演员使用惊堂木一样，以突然的奇异举动引起听众的兴趣。还可以设置悬念和有意提问，激发听众积极思考。例如，一位演讲家给警校的学员演讲，讲的时间较长，会场纪律不够好，这位演讲家灵机一动，突然发问："同学们，现在我向大家提一个问题，在我们国家谁有资格把国徽戴在头上？"听众一愣，随即答道："我们！"这位演讲家讲道："是的，你们。你们是我们国家的保卫者，应该有高度的政治觉悟和铁的纪律。下面我就给大家讲讲爱国主义问题。"学员们随即便振奋精神继续听讲了。显然，这位演讲家触景生情的设问，激起了学员们的自豪感和对自己肩负责任的思考，不仅起到了调控的作用，而且还自然续接下去，推动了演讲的顺利进行。

也可以穿插一个笑话或幽默故事提神醒目。例如，某中学校长针对学生轻视生物课学习情况，做了一次演讲。开始，会场秩序还好，可是没过多久，一些同学便开始三三两两地交头接耳。面对这种情况，校长并没有训斥学生，而是审时度势，及时调整了演讲内容，顺势穿插了一个"霸王自刎乌江"的故事，很快改善了演讲气氛。校长讲道："楚汉战争到了最关键时刻，刘邦针对楚霸王项羽的'天命'思想，命人用蜂蜜在项羽兵败必经之地——乌江岸边的崖石上写下'霸王自刎乌江'六个大字。第二天，项羽兵败乌江时，抬头看见石崖上蚂蚁组成的几个大字，不禁心惊胆寒，自语道：'天亡我也！'于是仰天长叹，拔剑自刎了。"学生对这个故事产生了浓厚的兴趣，听得津津有味。会场上再也没有喧哗声，直到校长演讲结束。

（三）变换气氛，摆脱窘境

在听众表现"热闹"、情绪不佳或观点抵触而尴尬下不了台时，设法运用调整节奏，变换气氛，听似闲散形断，实则紧要神连的"闲话"，可以转变局势，摆脱窘境。例如，1858年，林肯参加国会议员竞选，到伊利诺伊州南部去演讲。林肯主张解放奴隶，而那里的人思想正和他相反。对方听说他去演说，就准备闹乱子把他赶出当地，并且扬言还要把他杀死泄愤。对此，林肯很清楚。他在演讲前亲切会见了对方头目，然后做了如下演讲："南伊利诺伊州的同乡们，肯塔基州的同乡们，密苏里的同乡们……我并不是来干涉你们的人，我也是你们中间的人，我生于肯塔基州，长于南伊利诺伊州，正如你们一样是从艰苦的环境中挣扎出来的。我认识南伊利诺伊州的人和肯塔基州的人，我也认识密苏里的人，因为我是他们中的一个，而他们也应该比我认识得更清楚一些。他们如果真的认识了我，他们就会知道我并不想做一些不利的事情，同时他们也决不再想对我做不利的事情了。同乡们，请不要做这样愚蠢的事，让我们大家以朋友的态度来交往：我立志做一个最谦和的人，决不会去损害任何人，也决不会干涉任何人。我现在对你们诚恳要求的，只是请你们允许我说几句话，并请你们静心地想想。你们是勇敢而豪爽的，这一要求，我想一定不会遭到拒绝。现在让我们诚恳讨论这个严重的问题……"演讲前的对立情绪和紧张气氛是可想而知的，林肯之所以致使对方决心改变，正是他抓住了"共鸣点"：相同的经历和遭遇；过去的亲密情谊；共同的理想和愿望……一步步地诱导，从而抚慰了听众，打动了听众，和谐了气氛，为"讨论"开辟了通路。

由上可见，"闲话"听似与主题无关，实则是有用之言，它体现了演讲者的审美理想和驾驭篇章结构的高超调度能力。常言道："花红要绿叶配，好戏要服装美"，而这"闲话"乃是情之所至、言之所至、力之所至。

（四）面对忘词，巧妙应对

演讲者、特别是首次登台的演讲者，虽然在演讲前做了充分的准备和刻苦的演练，但是在正式演讲中一旦受各种因素的干扰，往往会发生忘词的现象。这里介绍几种应对的方法，供参考。

演讲在进行中，演讲者突然忘记了下面的词或句，从而使整个演讲处于停顿状态。这种令人恼火的语流卡壳现象，就是人们常说的"忘词"。究其原因，大致主要有三：一是讲前准备不充分；二是讲时情绪不稳定；三是讲时精力不集中。据记载，丘吉尔当年初入政坛时，有次演说就因为一时忘词而差一点被听众轰下讲台。据说撒切尔夫人在一次下议院演说时，由于情绪一时未进入正常状态，连事先准备好的开场白竟好久想不起来。由此可见，忘词并不稀奇，也并不可怕。

不过，因为忘词而使演说中断毕竟是件棘手而又痛苦的事情。倘若缺乏积极的补救对策，一场原本很精彩的演说就可能完全失败。俗话说："事在人为"，"车到山前必有路"，如果真的遇此"大祸"，不妨试试下列急救之法。

1．提问

传说，美国有位名气不小的演讲家有次演讲时，由于对讲稿不很熟悉，讲到某处竟记不起下面的内容了。这时，他友善而关切地向听众问道："女士们，先生们，我刚才所讲的听清楚了没有？"就在听众点头或小声回答的一瞬间，他很快就想起了下面的词句。显然，这位演讲家是运用提问法以赢得回忆时间。一般来说，在情绪波动不大和讲稿纯系自己所写的情况下，只要有一定的回忆时间，大多数演讲者能很快理顺思路，使演讲比较自然地进行下去，而随机提问就是争取回忆时间的一种有效之法。

2．重复

一旦忘词，就用不同的语速和问题把刚刚说过的几句话或一段话复述一遍，或根据其大意用新的话语再说明一番，这就是重复法。这种有意重复，不仅在客观上可以起到提醒和强调的作用，而且可以使演讲者获得比较充分的回忆时间。在重复的同时，反应敏捷的演讲者往往能在较短的时间内迅速想起下文来。

3．掩饰

此法与上述两法有异曲同工之妙。当忘词时可以做一些掩饰性动作，如扶扶话筒、提提眼镜、喝口水、摆弄一下讲桌边角上的书籍等。这样可以赢得必要的思考时间，尽快想起演讲内容。只要运用得机智巧妙，装饰法也可收到较好的效果。

4．跳跃

自己写的演讲词，即使不会忘得一干二净，总会有记不起的地方。如果陷入了忘词的困境，不妨就想到哪里便从哪里接着讲吧。这种处理方法，可能会使演讲的某些部分显得不太连贯、不太严谨甚至支离破碎，但总不至于因中断而影响整个演讲的效果。假如忘记的句子或段落是比较重要的而且以后又想起来了的话，还可以这样巧妙地加以重述："我要特别强调的是"，"这里需要着重提到的是"。如能如此补救，整个演讲恐怕就不会有多少破绽和漏洞了。

5. 即兴

如果以上诸法都不见效，那最好的办法就只有即兴编造了。当然，即兴编造不是信口开河、东拉西扯，而是要紧扣主题，根据上文意思临时遣词造句。这是最值得提倡也是最困难的一种补救方法。说它最值得提倡，是因为它比较灵活、自然，可靠性大；说它最困难，是因为如果没有丰富的经验和娴熟的技巧，很容易给听众造成强烈的反差，甚至导致失败。正因为如此，在背稿演讲时，即兴演讲能力强的人就比较主动，占有不可比拟的优势。

6. 速决

在一次演讲比赛会上，一位青年朋友演讲的前半部分相当不错，不料讲到后半部分时老是卡壳停顿。这位青年后来干脆将结尾部分提前讲完后便退台。这种做法虽然给听众留下了虎头蛇尾或时讲时停的印象，但演讲者总还能够比较体面地走下讲台。因此，在演讲者还不能熟练运用上述诸法的情况下，速决法就是最后的招数，尽管是不太理想的招数。

不难看出，能否在忘词的困境中成功地摆脱出来，事实上是检验演讲者是否具有演讲才能的一个重要标志，是衡量演讲者才思敏捷的一条基本标准。对此，演讲者断不可简单处理，更不可掉以轻心。尚需特别强调的是，以上诸法只不过是在忘词已是既成事实情况下所采取的权宜之计。其实，要真正解决忘词问题，关键还在于必须少用甚至不用背诵这种演讲方式。中外演说教育家一向主张提纲演讲和即兴演讲作为演讲方式教育的重点，其旨就在于此。

（五）难堪局面，处置自如

当演讲者进行演讲时，有时会遇到一些令人棘手的情况，使演讲者尴尬难堪，不好应付。这里介绍几种应急处置经验。

1. 听众甚少

搞演讲，从演讲者的心理来看是希望到场的人多一些，但常常事与愿违。现在有些地方的群众，不愿意去大会场听报告、听演讲。本来计划可以到几百人，结果只来了几十人；或者开始还多，中间一休息就变少了。面对这种情况，如果演讲者产生一种"凑付过去"的想法，那是品德修养低下的表现。一个对听众负责的演讲者，应该运用良好的理智来控制自己的感情。那些具有高度涵养的演讲者，不但具有吃苦的精神、任劳任怨的态度，而且具有博大的胸怀。我们敬爱的周总理，在一次集会上宣传马列主义时，由于一些反动分子的挑拨、捣乱，台下的听众渐渐少了起来。他看到这种情况，不是泄气埋怨，而是从内容到声调、从仪表到姿态进行充分的调整和加强，充分地体现出无产阶级革命家的风度美。结果，听他演讲的人越来越多起来。

所以，我们在进行演讲时，应该做到人多人少一个样。特别是当听讲人少时，应做到内容不减，感情不抑，情绪不低。有时只有几个人到场，也要认真地讲下去！这才是高尚的情操。

2. 尴尬问题

演讲中的答问就是利用演讲的形式回答听众现场提出的问题。这种演讲不同于一般的专题演讲，因为听众提出的问题许多是你意料不到的，甚至是令你难堪的，所以临场应变十分重要。

（1）以不光彩问题施压

有时听众以演讲者说过的某句话导出一个不光彩论题并强加于演讲者。这时，演讲者要泰然自若地把问题说得明明白白，让听众心服。例如，某个人在西北政法学院做问答演讲时，曾有人提出："你说你自己只读过初中，那你有什么资格在此面对几百名大学生夸夸其谈，你不感到是一种自欺欺人吗？"演讲者答："正因为我在学校只读到初中，高中、大学都是自学的，才说明我走的不是一条平常的路，和你们取得同样的成绩，我要比你们多付出几倍乃至几十倍的辛劳。也正是因为我经历了常人没有经历的世事，才丰富了我的人生阅历，所以我具有你们不具有的一笔财富——我的特殊经历，所以我才有资格在台上面对几百个人侃侃而谈。（这时，掌声四起）又因为你们已经接纳了我，所以不仅不是自欺欺人，而是彼此真诚的流露。"

（2）以言行不一将军

有时听众以演讲者的言行不一将演讲者的军，演讲者要不卑不亢地将自己的行为解释得合情合理，令听众满意。如某人在某师范专科学校做答问演讲时，一位同学问："您一开口就说教师是天下最伟大的两种职业之一，您也一直渴望能成为一名教师，可您为什么不去教学呢？而且您有这个能力教学呀！再一点我想顺便问一下：您曾流露出这里的人素质低，还很落后。既然这样，您还来这里干什么？还有金可淘吗？"讲演者答："请允许我先来回答你最后一个问题。可以肯定地说，我来这里不是为了淘金，而是为了探寻自身的价值，或是为了换一种生活空间，感受一种全新的生活。我说的素质低和落后，是指与全国平均水平相比，而不是最低、最落后。正基于此，我们才来这里开发和建设。是的，我具备当老师的能力，我还相信如果我当教师会是一个合格的教师。但是，每个人都有一个价值取向的问题，我当教师只能服务于一个学校的几十人、几百人或几千人，而我现在服务的不是一个学校，而是一个省乃至几个省的几万、几十万、甚至上百万的人，那么哪一种方式发挥的价值大呢？人的一生都在寻求最大值，希望能最大限度地发挥自身的潜能。如果有潜能不能发挥，那么这不仅是个人的不幸，也是国家和社会的损失。"

（3）以"假设"发难

有时听众会以"假设……"向演讲者发难，演讲者要充满自信地说明"假设"的事不可能发生，并令其心服。如某人在某大学做问答演讲时，一位听众问："您说您很自信，但如果这次演讲在现场跌倒了，您会怎么办？"演讲者答："是的，我很自信，一个连自己都不相信的人，我想是不会有什么大成就的。人的一生中不可能不一跤不跌，包括我自己。但每次跌倒后，我都能痛定思痛，迅速地站起来。遗憾的是在演讲现场我还从未跌倒过，所以您不必担心。我今天也绝不会跌倒，因为我站得很稳。"

由于问题都是即席的，漏嘴的事是难免的。此类事情一旦发生，应该立即补漏，当然也要讲究艺术。如某人在西北大学的一次问答演讲中，在谈及男人与女人时说："男人首先应该是顶天立地的。"话音刚落，男同学热烈鼓掌，而女同学却为数寥寥，甚至有的还很不友好地瞪他。他知道这句话冒犯了女同学，她们是在无声抗议。为了使她们心理平衡，他又补上一句："男同胞也不要高兴得太早，你要想顶天立地，没有女的是绝对办不到的。"霎时，女生的鼓掌声和欢呼声响彻大厅。

3．时间改变

所谓临时改变时间，主要表现在演讲时间提前了、演讲时间推后了、演讲时间缩短了、演讲期间被其他事件如断电、暴风雨打坏了窗户等干扰了……所有这些都需要演讲者随机应变、临机处置。

应付这种情况的最好办法是：演讲者自己演讲内容能达到"滚瓜烂熟"的程度，并养成良好的处事心理品质。要做到：提前演讲不心慌意乱；推后演讲不心灰意懒；演讲时间长不失恢弘；演讲时间短不丢精妙。

一次，某单位邀请三位演讲员同台讲三个专题，每人讲 1 小时，演讲员刘某排在第三位。由于前两位时间把握得不好，等到刘某登台时只差 40 分钟就下班了，原计划讲 60 分钟的内容必须压缩 1/3。他心里很着急——内容该压哪一部分？讲不完怎么办？听众心里也很着急。——不能按时下班，幼儿园的孩子谁去接？但是，刘某应变能力比较强。当他从容不迫走上讲台时，第一句话便是："同志们，现在是 5 点 22 分，我讲到 5 点 50 分准时结束。"就这么一句预告性的话，就像给听众吃了"定心丸"，会场一下子安静了下来。当他在预告的时间内讲完了紧凑而充足的内容走下讲台时，听众长时间热烈鼓掌，并向他投去钦佩的目光。

4. 收到条子

到一些单位做报告、演讲，台下往上递条子是司空见惯的事。特别是讲形势、政策，讲大家关心的一些内容，有时条子一收一大把。

递条子和面对面地提问题，性质是一样的。但递条子是"半秘密"的，听众和听众之间是"背靠背"的，因此扩散面小，演讲者不必逐条地马上作答，这就给了演讲者思考对策的时间。

当演讲者接到条子时，最好潇洒自如地把条子打开，板板正正地放在讲桌的一边，不要中断讲话去专门看条子，要利用讲话的间隙瞭视。这样做，不仅可避免打扰自己的讲话思路，引起多数人的不满，分散听众的注意力，而且可给写条子者一种"被重视"的感觉。

对条子上提出的问题怎么办？如果这些问题在下面的演讲内容中有，待讲到这些内容时，联系起来讲就可以了，当然需要加重语气，针对性更强一些；如果条子上的问题刚才已经讲过了，但没有讲清讲透彻，就可以把它放在小结时或其他适当的时候，进一步讲清讲透；如果条子上提的问题事先有准备，这时能够现场作答，那就可以巧妙地"加塞"，把它加到某个地方去；如果是属于不同意见或自己一时还没想明白，就放到会后处置。实践证明，有时有些内容讲得很艰难，但因为某些波折的衬托，反而能使这次演讲获得更大的成功。

（六）产生倒掌，冷静处理

无论是生活中的演讲还是在演讲比赛中，常常有这样一种现象：演讲者讲得口干舌燥、汗流浃背，得到的却是一片别别扭扭、极不友好的掌声——倒掌。它是听众对演讲者及其所传播信息的不满、对抗情绪的外露，是一个形式上与赞赏性的掌声无异而含义却完全相反的"怪胎"。演讲者在追求赞赏性掌声的时候，不能不予以提防。

1. 倒掌的成因

倒掌不是平白无故产生的，通常在演讲者发生下列情况时才被触发。

（1）失准

引用数字不准确、举例张冠李戴、讲的道理站不住脚、介绍的情况出入很大、知识有误、错漏百出等情况下都有可能导致倒掌。

（2）失词

背熟了的讲词突然遗忘，想好了的语流出现断裂，上句不接下句，前言不搭后语，倒掌便乘隙而入。

（3）失态

上台绊了个趔趄，扶话筒打翻了茶杯，喝水呛了一口，敬礼碰掉帽子，清嗓子放出了怪声。一位"邋遢大王"演讲当中，掏手帕掏出一只袜子。诸如此类，自然是鼓倒掌的"大好时机"。

（4）失真

若以虚情假意哗众取宠，听众肉麻得受不了了，也可能鼓倒掌。有位女演讲者介绍她的集体如何抗洪抢险，本来挺感人的事迹，她却拿腔拿调，扭捏作态，左一个"队长流泪了"，右一个"男子汉们哽咽了"，那眼泪流得压根儿就不是地方，所以台上一"哭"台下就笑。当她第七次说"哭了"的时候，倒掌终于喷薄而出。

（5）失时

一开始声明只说几句，谁知讲上了瘾便一发不可收。若是生动有趣、见解独到还罢，偏有些是陈谷子烂芝麻，干巴枯燥，索然无味，只顾自己眉飞色舞，哪管听众早已坐不住。当这种状况持续到听众忍无可忍时，听众也就顾不了情面，抗议的倒掌就一泻而快。

倒掌虽然要受到某种触发方可兴起，但并不是只要失准、失词、失态、失真、失时就一定会出现倒掌，它还有更深层的原因，主要表现在以下几个方面：一是演讲者的威信。威信主要是由演讲者的受教育程度、工作能力、社会经验、道德品质、与听众的关系等所决定的。倒掌易于发生在威信不高的演讲者身上。二是听众的涵养。倒掌在本质上是情绪性的，如果听众的涵养差，情绪不能自控，遇上威信不高的演讲者的失误，鼓倒掌的可能性就很大。三是演讲的内容。听众对演讲者发表的见解、阐述的事理、抒发的情感在接受上存在心理障碍，也是鼓倒掌的一个重要原因。上面三个原因与倒掌并非彼此孤立的"单线联系"，一次倒掌的出现，往往是两个以上的原因共同作用的结果，它们错综复杂地交织在一起，互相影响，互相制约，极其微妙地制造出倒掌来。

2. 倒掌的处理

倒掌从总体上说是不文明的，但演讲者不能因此而一味埋怨听众缺乏涵养。杜绝倒掌最根本的办法是加强自身修养，树立良好的公众形象。只有平时威信高，演讲时才能镇得住场。同时，每次演讲前都应做充分准备，切勿过分依赖自己的临场发挥能力。演讲中万一出现倒掌，需掌握三点。

（1）控制情绪

当听众情绪激烈、头脑发热而鼓倒掌时，演讲者要冷静处理，不能以热对热。某单位有一次传达上级文件，用了两个多小时，传达完毕，听众已经坐不住了，领导又要接着讲话，大家便鼓起倒掌来。这位领导没有责怪大家，而是不动声色地按预定计划往下讲。由于要讲的事情紧急，非讲不可，且与听众的切身利益有关，听众中一阵躁动后便安静了下来。演讲者能沉得住气，就是平息倒掌的一种无形的力量。

（2）及时补救

对失误带来的倒掌，可在后面的演讲中做适当的纠正和解释，尽量消除对立情绪。有位教师在本单位介绍经验时，说几年来自费买了很多专业书，"感到自己的书比图书馆的书管用"。刚讲到这里，台下响起了一片倒掌声，他立即意识到此话有批评图书馆的书不管用之嫌，图书馆的工作人员表示不满了。他稍作停顿，补充了几句："因为自己的书可以随便圈圈点点、勾勾画画，想什么时候翻就什么时候翻，而借图书馆的书是做不到的。"对"管用"一词作了巧妙的解释，听众不由得笑了起来，紧张情绪随之烟消云散。需要注意的是：进行补救只要抓住要害，三言两语即可。要防止词不达意，越描越黑。

（3）善意制止

对怀有恶意、故意起哄的倒掌，可通过目光注视、手势指点、停顿示意等方法予以制止，必要时也可直接制止，但不宜抹下脸来大发雷霆。特别是领导者在演讲时，更要讲究风范，防止简单训斥，以势压人。触犯了众怒，非但压而不服，还会强化听众的逆反心理。

当然，演讲中临场出现的问题是千变万化的，调控的技巧不仅限于上述几种。一个高明的演讲者应"眼观六路，耳听八方"，善于根据听众对演讲信息的反馈情况，有针对性地采用不同的调控技巧，从而实现对演讲现场的有效调控，取得最佳的演讲效果。

十、利用空间增强效果

空间是有语言性的，这是一个基本观点。那么，演讲活动是语言的艺术，在演讲活动中应该怎样巧妙地利用空间语言呢？

1. 满足空间需要

社会心理学和体态语言学的研究均已表明：无论是单独交往中，还是群体交往中，每个人都有一种来自本能的对空间的需求。不论我们所生活的地方怎样改变，我们每个人都在自己的周围保持着一个范围或一方领土——一片我们力图自己占有而不容侵犯的空间。一旦这种空间需要的平衡遭到破坏，我们就会不由自主地做出各种不同的反应。这就是当我们突然来到一片密集的人群中的时候，便会莫名其妙地感到不自在、甚至很难待下去的社会心理原因。所以，一次演讲活动能否取得圆满成功，首先就要看演讲活动的组织者能否把众多的听众巧妙地组织和安排在特定的空间里，而不至于使大家感到不愉快。

首先是要满足听众个体的空间需要。演讲的组织者事先要对参加演讲活动的人员有所了解，尽可能地把同一个单位来的听众安排在同一个座位区间，满足他们基于亲近心理而产生的对空间的群体需求。

另一个很重要的问题是要安排适中的演讲场地，使演讲者与绝大部分听众保持适度的个人距离，从而使所有的演讲活动的参加者共处一个密度适中的空间之中，以防止由于听众过于拥挤而造成的烦躁情绪相互传染导致"全场浮动"，同时也防止听众一体化心理的形成。在密集群体中，每个人需要 0.2～0.25m² 空间。而在疏松的群体中，每个人需要大约 0.3m² 的空间。在大型的集会中，组织者若考虑人们对个人空间的需要量，并据此来安排活动场地，一般来说就可以维持群体情绪的正常稳定。

2. 保持空间距离

在一定情境下，小型的演讲会与多人座谈会的区别，就在于演讲者与听众之间的距离。正式的演讲，不论规模大小，演讲者总是与听众隔开一定的空间距离。人与人之间的空间距离有时是人的社会地位、社会角色、社会关系的集中表现。演讲者与听众、教师与学生、政治家与平民百姓之间的特定条件下的空间距离，就在于表明各自的"角色"和由这种角色所隐含的社会地位。在今天我国的社会关系中，我们虽不能说演讲者与听众的社会地位有高下之分，但至少可以肯定，在演讲活动这一过程中，演讲者与听众在某一方面的知识地位是不同的。站在讲台上讲的人为师，这种观念无论如何是消除不了的。正因为如此，直到目前，还没有哪个人说要取消演讲者与听众之间的空间距离，让演讲者下台到听众中坐着说。

演讲者与听众之间保持多大的距离为宜，要根据具体情况来确定。一般来说，演讲者与前排听众要保持公共距离的近状态（3.5m 左右），与后排听众要保持在公共距离的远状态（7.5m 或更远）。在这个距离的范围内，演讲者与听众之间的关系是合乎社会常规的，一般演讲的效果是有保证的。演讲者如果离前排听众太近，双方都会出现"慌乱不安"的"惧怕心理"。这种现象是因为演讲者侵入了听众的空间所引起的不安。只要回想一下我们在学校上课时，教师如果离开讲台站在你的桌子前面，你的心情是什么样子，对演讲者与听众之间的"距离"问题的理解就会迎刃而解了。

3．占据有利地位

"三尺讲台，一方世界"。演讲者能不能占据讲台上的有利地位，直接影响演讲者自己的形象以及与听众的（心理）联系。一般来说，演讲者登台演讲之前，讲台已经搭好，演讲者没有多少选择的余地。也正因为如此，演讲者要注意自己在讲台上的位置。如果讲台高大，演讲者最好不要站在讲台的前沿，以免造成居高临下的错觉。演讲者在这种情境下，调整位置，与前排听众的距离稍大一些，就会使全场听众与演讲者之间的视觉距离趋于平缓，尤其是前排听众就不再受"仰训"之苦。如果讲台矮小，与听众距离太近，不妨在演讲者与听众之间放一张讲桌，使演讲者"执案而立"，形象突出一些。演讲者还可以根据讲台上的灯光调整自己的位置，使自己处在光亮中心，缩小与听众的光线距离。总之，演讲者要利用讲台，塑造自己在听众中的中心地位和高大形象，建立与听众之间平易随和的亲密关系，在最短的时间里，最快地沟通与听众的心理联系，提高演讲的说服力。

4．创造空间联想

人的思维是可以超越时空限制的。有时候，用演讲者的语言、表情、手势、眼神可以创造一种空间的联想，使演讲者脚下的讲台成为风云变幻、世事更迭的广大无边的千年"空间"，给广大听众幻化出思想驰骋的疆场和情感遨游的海洋。西方体态语言家们说得很明白："舞台上的政治家和党员的公共距离就包含了体态语言的声明，它们是用来感动观众的，但不一定要告诉观众真相。""正是在这一远的公共距离上，难于说出真相；或者反过来说，这一远的公共距离上，极容易用身体动作来说话。演员们精于此道，多少世纪以来，他们一直利用舞台与观众之间的距离来创造出种种幻想。"

许多读者看过《列宁在一九一八》这部电影，无产阶级革命导师列宁的讲演，给人们留下了很深的印象。这一印象中最为典型的、说服力与感染力最强的可能要数列宁在讲演舞台上时而挥动手臂，时而把双手插入夹克或裤子口袋里的动作以及他在舞台上来回走动的姿态。正是这一套"近于程式化"的动作有力地刻画了列宁的性格，展露了列宁的胸怀，从而给观众留下了无穷无尽的退想。作为一个演说家，在讲台上的说与演一定要与场地结合起来，演得巧妙自然，其中就要调度听众的空间思维、空间形象和空间感受，用空间信息增强说理的效果。因此，我们不能只是被动地利用空间，而应当能动地通过体态语言创造空间的幻想，为演讲增色，为演讲者自身增加光彩。

技 能 训 练

一、自我测试

（1）怎样增强演讲的震撼力？

（2）演讲中如何以真话动人？

（3）演讲中如何拉近与听众之间的心理距离？

（4）如何使听众接受你演讲的观点？

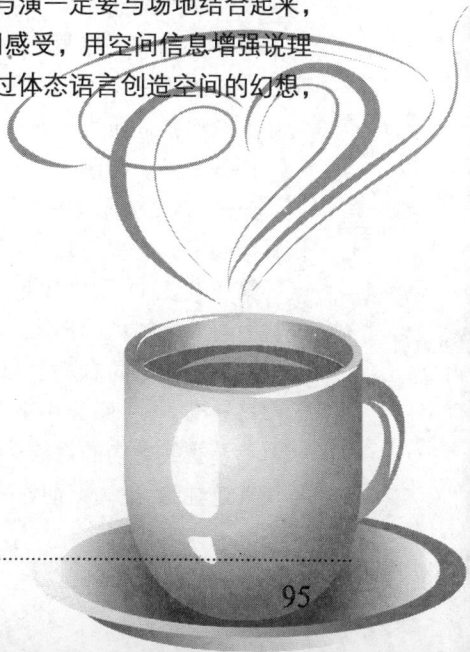

（5）在演讲中如何以真情打动听众？

（6）演讲角度的选择与确立应坚持哪些原则？

（7）如何在演讲中表达出新颖而富有吸引力的观点？

（8）演讲中如何设置兴奋点？

（9）演讲现场可能遇到哪些不利局面？应怎样处置？

（10）演讲活动中怎样利用空间语言？

二、小组活动体验

1. 身姿训练

身姿主要指躯干的形态。一个优秀的演讲者，他演讲的每一个时刻，无论动与不动，都应当像一尊优美的雕像，给人健康、有力、丰神秀逸、端庄潇洒的感觉。

身姿训练主要是练习"站"。站的时候，肢体要端正，略前倾，目视正前方。站姿主要有两种：一种是"丁"字步。一只脚在前，一只脚在后，两脚之间呈九十度垂直的"丁"字形，两腿前后交叉距离以不超过一只脚板的长度为宜，全身的力量集中在前脚上，后脚足跟略微提起（这种站姿多用于表达强烈感情的典型的演讲，有利于激发听众的兴趣和感情）。另一种是"稍息式"，两脚之中任何一脚略向前跨步、两脚之间成 75° 角，脚跟距离在五市寸左右。两脚均直立，全身力量多集中在后脚。（这种站姿运用广泛，说理、达意、传知性的演讲一般都用此势）

演讲要有一个基本的立足点，但也可根据演讲内容的需要小幅度移步。一般来说，向前移步表示积极性的意义，如支持、肯定、坚信、进取等；向后移步则表示消极性的意义，如疑虑、否定、颓丧、退让等；向左右移动则表示对某一侧听众特别的传情致意等。

总之，站如松，要挺拔、坚定。肢体要协调一致，由一边转向另一边时，不能单扭脖子，腰部也要随着转动。

2. 表情训练

表情是指面部的颜色、光泽、肌肉的收缩舒展以及纹路的变化。表情也是一种重要态势语言。它如同一面心灵的镜子，以最灵敏的特点，把人复杂的内心世界，如幸福、痛苦、悲哀、失望、忧虑、愤怒等，都充分地展示出来，使听众在"察言观色"之中了解到演讲者丰富而微妙的内心世界，并因此而受到感染。

3. 眼神训练

眼神是指演讲者眼睛的神态，是通过眼睛来传递信息的一种态势语言。人们常说："眼睛是心灵的窗户"，演讲者可通过丰富巧妙的眼神"眉目传情"，以此影响听众的情绪，调整会场的气氛，进而达到理想的演讲效果。眼神训练可按如下步骤做眼部"体操"。

预备姿势：自然站立，头正直、下颌微收。练习中，头的位置始终不变。

第一节：① 眼睑抬起，瞪大眼睛，正视前方某一物体，努力将其看清；② 眼睑渐渐放松眼球回缩，虚视前方；③ 反复重复上述动作。

第二节：① 眼睑抬起，眼光自左向右缓慢扫视，直至看到最侧面的东西，目光所到之处努力看清视线内的物象；② 目光由右向左扫视，方法同上；③ 动作同上，只是速度加快，一拍向左，一拍向右。

第三节：① 眼光由下向上缓慢扫视，眼睑尽量向上抬，直至看见最上方，眼过之处，努力看清视线之内的物象；② 由上向下扫视，直至看见自己的前胸，但应控制眼睑的下落，不使其遮住瞳孔；③ 动作同上，速度加快，一拍向上，一拍向下。

第四节：① 眼光缓慢向左斜上方斜视，左眼睑比右眼睑抬得更高；② 眼光缓慢向右斜下方斜视，右眼比左眼用力稍大；③ 动作同上，速度加快。

第五节：动作与第四节相同，只是改变方向，成为右斜上方到左斜下方的动作。

第六节：① 双眼从左侧视起，经由上—右—下方向，按顺时针转动一周，环视幅度尽可能大，速度均匀；② 重复一次；③ 方法同上，向相反方向，按逆时针方向转动一周。

眼神的操练，可提高眼球、眼睑运动的幅度、灵活性和可控能力。

4．手势训练

手势指能够传情达意的手各个部分的姿势动作，它也是态势语言的重要组成部分。手势可以抒发感情、指示对象、模拟事物，还能够体现个人风格，在演讲中有着不可低估的作用。从手势在演讲中的活动范围来看，可以分为以下三个区域。

（1）上区（肩部以上）：手在这一区域活动，多用来表示思想、宏大、张扬、向上的内容的感情，如表示坚定的信念、殷切的希望、胜利的喜悦、美好的憧憬等。

（2）中区（肩部至腹部）：手在这一区域活动多表示叙述事物和说明事理，演讲者心情较平静。

（3）下区（腹部以下）：手势在这一区域活动多表示憎恶、鄙夷、不屑、厌烦等内容和感情。

按照这三个区域的手势活动范围，可做以下五种常用手势的训练：

一是号召手势：配合口语，"让我们团结一致，为实现四化这一宏伟的目标而奋斗！"右臂向斜上方推出，掌心向外，以表示实现奋斗目标的决心。

二是象征手势：口中说："请相信我这一颗忠于祖国的赤子之心吧！"右臂抬起，手抚心区，表示忠诚。

三是摹状手势：口中说："生命的意义不在于索取，而在于奉献！"双臂从胸前平伸向外，臂微弯，手心向上，模拟奉献状。

四是情感手势："贪污、受贿这些社会上的不正之风，必须彻底清除！"右臂先收回胸前，然后迅速向右斜下方劈出，表示痛恨和厌恶。

五是指示手势，口中说："抗战胜利后，在中国人面前摆着两个前途：一个是光明的中国，一个是黑暗的中国。"右手在胸前成微握状，然后伸出食指，再伸出中指，以引起听众对这两种前途，两种命运的关注。

三、小组讨论

表单1 "态势语言"训练活动记录表

日期：

项　目	记　录
讨论会记录	

续表

项　目	记　录
个人收获	
存在问题	
学习评价	

学生签名		教师签名	

表单2 项目活动评价表

项目活动名称_____ 活动日期_____

班级_____ 姓名_____ 学号_____ 教师_____

项目过程评价					项目展示评价				
100分		配分	自评	互评	主持	100分	配分	自评	互评	主持
个人	工作态度	10				个人	项目说明	10			
	协调能力	10					项目展示	10			
	工作质量	10					效果	10			
	复杂程度	10					工作主动	10			
	改革创新	10					交流沟通	10			
小组	计划合理	10				小组	规划周密	10			
	项目创意	10					分工合理	10			
	过程有序	10					特色	10			
	完成情况	10					接受批评	10			
	协作情况	10					提出建议	10			

任务五　即 兴 演 讲

男主持："今天我们在一起,见证我们共同的好朋友,芒果和香山,结束他们维持5年的婚姻,从夫妻变为熟人,请你们对钱发誓,你们下面做出的承诺,是诚实可信、深思熟虑、义无反顾的。芒果,你诚实的回答我,把手放在钱上,你能对着钱发誓,无论对方将来多么富有,多么健康,多么爱你,都不再和他在一起吗?"

芒果："不愿意!"

主持人："香山,你诚实的回答我,从今往后,无论芒果多么漂亮、多么动人,多么爱你,你都不再和她在一起吗?"

香山："不愿意!"

主持人："下面请两位交回戒指……我替你们挖坑埋了……要最后一吻吗?"

众人："要!"

芒果："不必了!"

香山："那就不必了!"

主持人："他们说不必了,那就像熟人一样握个手……再像熟人一样拥抱一下吧……离了也是好朋友,散买卖不散交情……放鸽子。"

知识点导航

一、即兴演讲概述

即兴演讲是指演讲者在事先无准备的情况下就眼前场面、情境、事物、人物等临时起兴发表的演讲,如婚礼祝词、欢迎致词、丧事悼念、聚会演讲等,它要求演讲者要紧扣主题、

抓住由头、迅速组合、言简意赅。

二、即兴演讲开场艺术

即兴演讲是一种最能反映人思维敏捷程度和语言组织能力的口头表达方式。而在极短的时间里构思出一次成功的演讲，开场白就显得尤为重要了。下面介绍的即兴演讲开场艺术对演讲者的快速构思是大有裨益的。

（一）自我介绍

自我介绍适合于演讲者与听众初次相交，后者对前者的身份、工作和生活经历不很熟悉的情况。演讲者介绍的情况应是听众想了解的或是与演讲主题内容相关的。某乡党委书记一到任就深入某村搞调研，正值村召开青年大会，进行形势教育，于是他就做即兴讲话。他是这样开头的："大家可能不很熟悉我，因为我到这里工作的时间不长。我姓余，当然我不希望我今天的讲话对大家是多余的。我参加工作五年，一直在农村度过，打交道的对象主要是像你们一样的农村青年。我的老家距这里只有几十华里之远，在座的大多数同志可能到过那里，因为驰名中外的屈子祠就坐落在我家的门前。"接着，他便从屈子祠讲起，转入了爱国主义教育的正题。

（二）综合归纳

综合归纳是指演讲者对其他人已经发言的内容进行综合，分析其特点，进而表明自己的观点或态度的一种演讲方法。一位领导者应邀去参加一个"领导干部与市场经济"的研讨会，在听取大多数同志的发言之后，他这样开始他的讲话："以上很多同志做了发言，有的从宏观的角度谈了领导干部怎样去适应市场经济，有的结合工作实际从微观的角度论证了领导干部在市场经济中如何去搞好服务。前者具有较强的理论性，后者具有较强的针对性和操作性。我认为都讲得很好，至少可以说明，在'领导干部与市场经济'这个新的课题中，确实有很多新问题值得我们去思考、去探讨。今天我要讲的是……"

（三）提出问题

演讲者根据活动的主题思想有针对性地提出一些问题，进而进行解答。使用这种方法关键在于所提出的问题是否与主题思想相关，是否带有倾向性或争议性，解答问题时有明确的立场观点和充分的理由。在一次对青年人进行就业观教育的会议上，一位演讲者是这样发言的："为什么一些年轻人总想着进大城市、进大机关，而不愿去企业工作？为什么一些年轻人不发挥自己的一技之长去创业，而甘愿闲居家中，眼睁睁地盯着父母那几个血汗钱？我认为，这主要是我们的年轻人，包括一些年轻人的父母们还没有破除旧的就业观念。"

（四）故事启发

演讲者首先讲一个故事，然后从中启发性地提出问题，进而亮出自己的观点。使用这种方法应注意两个问题：一是讲的故事要短小精悍，并且具有趣味性或新闻性；二是这个故事的内容与会议主题相吻合，提出的问题应与会议的目的相吻合。在一次反腐倡廉的座谈会上，某与会者的发言是从一个古代故事讲起的。故事讲的是："春秋时代，孙子带着兵书去晋见吴王，吴王看后要孙子演习他的带兵方法。于是孙子挑选若干宫女分为两队，并挑选两名吴王的宠妃为队长。演习中尽管孙子三令五申，宫女们仍不听指挥，结果孙子置吴王命令于不顾，认为'臣既已受命为将，将在外，君命有所不受'，硬是将吴王的两名宠妃杀了。之后，宫女个个乖乖听话，无人抗命……"从这个故事引出了其发言的主题：要取得反腐的阶段性成果，关键在于不畏权势，敢于碰硬。

（五）借物寓意

借物寓意，即在事物寓于象征的意义上借"兴"而发。有的演讲者在开场白中采用以物证事的方法，借用某种具体事物，达到暗示事理的目的。在上海市"钻石表杯"业余书评授奖会上，在众人的即兴演讲中，《书讯报》主编贲伟同志的演讲独具一格，他的开场白尤为精彩："今天，我参加'钻石表杯'业余书评授奖会，我想说的是一句话：钻石代表坚韧，手表意味着时间，时间显示效率。坚韧与效率的结合，这是一个人读书的成功所在、一个人的希望所在。"贲伟同志的开场白超脱了恭维话的俗套，以"钻石"象征"坚韧"，"手表"象征"时间"的修辞手法，给人的是力量、启迪与深思，语义深刻，言简意赅地提示了读书求知、读书成才的道理，令人回味无穷。

（六）话题承转

话题转承，即在演讲主旨上借"兴"而发。演讲者巧借会议司仪的某个话题，转入演讲的主旨，提出自己的观点。

抗日战争时期，陈毅率领抗日游击队打日寇。有一次，部队在浙江开化县华埠镇休整，有一抗日组织请陈毅讲话，司仪主持会议时说："今天请一位将军给大家讲话。"陈毅同志这样开场："我姓陈，耳东陈的陈；名毅，毅力的毅。称我将军，我不敢当，现在我还不是将军。但称我将军也可以，我是受全国老百姓的委托去将日本鬼子的军。这一将，一直到把它们将死为止。"话音刚落，爆发出雷鸣般的掌声。陈毅同志这段十分精彩的开场白，在演讲主旨上做了发挥，洋洋洒洒，气势磅礴，为深化演讲主旨做了铺垫，有力地鼓舞了抗日群众的斗志。

（七）借题发挥

群众性演讲有特定的地点、特定的内容以及各不相同的气氛。演讲者即兴演讲的开头可以当场捕捉住这特殊的气氛，借题发挥，烘托气氛。

上海市新闻工作者协会主席、原《解放日报》总编辑王维有一次出席上海市企业报新闻工作者协会成立大会。这次会议是在上钢三厂新建的俱乐部会议厅召开的。他即兴演讲的开头说："我来参加会议，没有想到有这么好的会场，这个会场不要说是市企业报记者协会成立大会，就是市记协成立大会也可以在这里召开。没想到有这么多的企业报的记者、编辑参加这个大会，它说明企业报的同仁是热爱自己的组织、支持这个组织的。没有想到今天摆在主席台上的杜鹃花这么美丽。鲜花盛开，这标志着企业报记者协会也会像杜鹃花一样兴旺、发达……"他的演讲激起阵阵掌声。这一开场白在会场、工作人员和鲜花上做文章，把三者巧妙地联系起来，提示了企业报的齐心协力和雄厚的经济实力，表达了对齐心协力的美好祝愿。

三、即兴演讲出错补救

即兴演讲中语言出错是一种常见现象。解决这个问题的途径是：一方面，通过长期的实

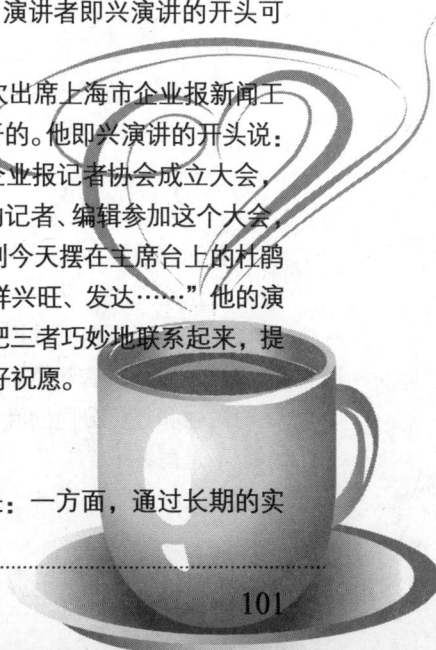

践锻炼，不断提高自己即兴演讲的心理素质和表达水平，尽可能减少这种失误；另一方面，要掌握和运用一些必要的应变方法，以及时避免或消除因语言出错而可能造成的消极影响。

（一）将错就错

即兴演讲是在某种特定的现实场景中进行的，现场效果要受演讲者和听众两个方面的制约。无论是主观因素还是客观条件，一旦发生干扰，就可能造成演讲者无法预料的语言差错，而使自己陷入尴尬的境地。倘若出现这种情况，演讲者不妨将错就错，来一番即兴发挥，就会消除窘困，获得意想不到的现场效果。例如，一位节目主持人参加海南省狮子楼京剧团建团庆典，当她用充满激情的语言介绍京剧、介绍剧团、介绍来宾的时候，由于事先不了解情况，错把原本是花白头发的老汉——海南师范学院党委书记南新燕介绍成"小姐"，面对"全场哗然"的意外，她先向被介绍人真诚地道歉，然后侃侃而谈："您的名字实在是太有诗意了。我一见这三个字，立即想起了两句古诗：'旧时王谢堂前燕，飞入寻常百姓家。'这是一幅多么美丽的图画。今天，这里出现了类似的情景，京剧一度是流行在北方的戏曲，而现在，京剧从北到南，跨过琼州海峡，飞到了海南，而且在这里安家落户，这又是一幅多么美好的图画啊！"这位主持人的应变能力实在让人叹服。她在表示"对不起，我是望文生义了"的歉意之后，语意一转，就即兴发挥起来，由自己的语言失误引出活动的话题，并进行了富有诗意的生动描述。这一将错就错的补救方式，赢得了全场观众异乎寻常的热烈喝彩。

（二）巧妙辨析

实践表明，在即兴演讲中，演讲者有时会因为过于紧张或过于激动而造成一时的口误。在这种情况下，演讲者既不可能为了面子而置之不理，也不可能因为自尊而掩饰错误。"最好的办法是按正确的讲法再讲一遍"（邵守义语），也就是把错误改正过来。倘若能够根据现场的实际情况，有针对性地将正误对照起来巧作辨析，给听众的印象反而会更加深刻。例如，一位师范学校的班主任在新生入学后的第一次班会上即兴演讲。他说："同学们，大家好！你们从四面八方来到这所师范学校，开始了新的学习生活。我相信同学们一定会刻苦学习，不断进步。将来希望每一位同学都能成为合格的小学教师。不，应当这样说——希望将来每一位同学都能成为合格的小学教师。因为这希望是现实的，它表达的是我此刻的真实心情；而你们将来才会真正走上讲台，开始从事太阳底下最光辉的职业……"这位老师在即兴演讲中凭敏锐的语感发觉了一句话的语序错误，并在迅速改正过来之后，进行了巧妙的辨析。这样，既表明了语言的毛病，又解释了改正的原因。不仅没有造成语言失误的尴尬，反而强化了表达效果，实在是一种高明的补救方法。

（三）自圆其说

在即席讲话中，演讲者一旦察觉自己的语言错误，往往会因为心理紧张而产生思维障碍，以至无法讲下去。倘若出现这种情况，演讲者应立即针对自己的失误，进行一番合乎情理的阐释，只要能够自圆其说，也不失为一种化错为正的补救方法。例如，在一次婚礼上，主持人热情地邀请来宾讲话，一位职业中学的教师上台即兴致词。他说："今天，是职业中学的夏明先生和经贸公司的叶红小姐喜结良缘的好日子……也许有人以为我说错了，夏先生和叶小姐不是同在一个公司上班吗？是的，夏明从商了，但一个月前，他还是职中的一名优秀青年教师。在我们心目中，他永远是我们的好同事。我愿借此机会，代表职中全体教职工，向一对新人表示最真挚的祝福!"显然,这位来宾由于一时激动,把新郎现在供职的单位介绍错了。也许他从听众异样的表情上察觉了自己的口误,于是稍稍停顿之后,巧妙地进行了阐释。听了此番入情入理的言词,谁还会责备他语言上的差错?演讲者这一化错为正的表白,不仅可以自圆其说,而且增强了抒情的真切感,产生了独特的现场表达效果。

(四)随机应变

进行即兴演讲,有时会出现这样的情况:演讲者自己不知为什么,竟说出一句错话,而且马上意识到了。怎么办呢?倘若遇上这种失误,演讲者不妨采用调整语意、改换语气等接续方式予以补救。只要反应敏捷,应变及时,就可以收到不露痕迹的纠错效果。例如,一位公司经理在开业庆典上发表即兴演讲,这样强调纪律的重要性:"公司是统一的整体,它有严格的规章制度,这是铁的纪律,每一个员工都必须自觉遵守。上班迟到、早退、闲聊、乱逛、办事推诿、拖沓、消极、懈怠,都是违反纪律的行为。我们允许这种现象的存在——就等于允许有人拆公司的台,我们能够这样做吗?"这位经理的反应力和应变能力是很强的。当他意识到自己把本来想说的"我们决不允许这些现象的存在"一句话中的"决不"二字漏掉之后,马上循着语言表达的逻辑思路,续补了一句揭示其后果的话,同时用一个反问句结束,增强了演讲的启发性和警示力。这样的续接补救,真可谓顺理成章,天衣无缝。

四、即兴演讲成功要诀

即兴演讲是事先无准备、临场发挥的演讲,它要求演讲人既能快速构思,又要流利表达。怎样才能达到这样的境界,取得即兴演讲的成功呢?这必须从以下三个方面入手。

(一)储备材料

作为即兴演讲,临时构思必须有素材,现场表达必须有内容。倘若脑袋空洞无物,即使嘴皮子再灵,也免不了犯"无米之炊"之难,受"思路枯竭"之苦。可见,准备材料是关键所在。材料不是天上掉下来的,而是从平时的学习(也包括看书学习、向社会学习)中积累起来的。一个人的知识面越宽、阅历越广,他的素材越丰富,思路也就越开阔。当然,"积累"必须以"观察"、"多思"为基础。如果看书走马观花,听广播看电视过而不留,对生活现象熟视无睹,对社会新闻充耳不闻,讲话构思还是免不了"搜索枯肠"。积累,就是把所察所思储存起来。积累东西方方面面,但归结起来不外乎两大类:一是典型事例;二是理性思辨。前者使我们说话有"凭据",后者使我们分析有"道理"。需要时,可信手拈来,使其为某一论题服务。当你用一根思想的红线把材料的珍珠串起来时,一篇有理有据的"腹稿"就形成了。例如下列材料:

(1)我国赴美进修、研究乙型肝炎疫苗取得重大突破的年轻女科学家何葆光,拒绝美国某研究机关高薪的聘请,毅然回国,将知识献给祖国人民。

(2)产品有规格,商品有价格,为人有"人格"。产品规格有优劣,商品价格有高低,为人之格也分高下。

上面材料(1)社会新闻是关于"人格"这一论题的典型事例,材料(2)是关于"人格"论题的理性思辨,它们都可以拿来为"为人应该有高格"这一中心(主题)服务。由此看来,我们平时就要留意观察人生百态,潜心分析社会经纬,将头脑这个"材料仓库"丰富充实起来。这样,即兴讲话就不会思路枯竭了。

（二）构筑框架

材料有了，怎样迅速构筑起演讲的框架呢？请熟练掌握以下一些构架方式。

1．开头部分

"好的开头往往是成功的一半。"即兴演讲一般时间都不会太长，精彩而有力的开头就显得更为重要。以下两种基本开头方式入题快、吸引人，可供采用。

（1）直入

演讲开头直接进入论题，亮出观点。这样的开头干净利落，醒人耳目，而且无须费时费心去找寻其他的"引子"。使用这种方法切忌含含糊糊，要求观点明确，态度明朗。例如，列宁同志于1918年8月23日在《阿列克谢也夫民众文化馆群众大会上的讲话》是这样开头的："今天我们党召开群众大会来谈谈这样一个题目：我们共产党人为什么而奋斗。对于这个问题，可以作一个最简短的回答：为了停止帝国主义战争，为了社会主义。"

（2）借境

这是指演讲者利用当时当地的环境特点来调节气氛、激发听众热情的一种演讲方法。这种方法灵活生动，富于情感。但是，描绘的环境特点必须与主题思想相吻合，切不可牵强附会、卖弄风骚。

2．主体部分

主体部分是用来展开演讲内容、充分阐释自己的观点和见解的部分。它的构架方式多种多样，最基本的有如下几种。

（1）并列式

把讲话的主体分为几个部分分别阐述，这几部分的关系是等式的。例如，指导教师在"儿童口才培训班"结业汇报会上的讲话就采用了这种方式：① 领导的支持坚定了我们搞儿童口才培训事业的决心——向领导致意；② 家长的信赖与配合给予我们无穷的精神力量——向家长致谢；③ 小朋友们在培训班这个集体中刻苦练习、切磋琢磨，充分展示了自己的——向小朋友祝贺；④ 希望大家随时随地练口才，将来做一个口才棒棒的栋梁之材——喜候小朋友进步佳音。

（2）连贯式

按事情发展经过和时空顺序来安排讲话的层次，各层次间的关系是连贯的。例如，以"家乡变奏曲"为题做即兴演讲就可采用这种构架方式：① 昨天，这里是一片荒凉；② 今天，一片新绿在眼前；③ 明天，从这里走向辉煌。

（3）递进式

把讲话主体分为几个层次，层次与层次之间是层层深入的关系。例如，对"三陪"问题发表意见就可以这样构架：① "三陪"的现状；② "三陪"的实质与危害；③ "三陪"问题的根本治理。

（4）正反式

主体部分是由正、反两方面的内容构成的，即一方面围绕着正面阐述，另一方面围绕着反面论述。例如，论证必须给企业"放权"的问题：① 企业没有自主权时，举步维艰；② 企业有了自主权时，效益可观。以上介绍的是几种最基本的组合方式，实际运用时，可综合交错使用。

3．结尾部分

好的结尾犹如撞钟，响亮而有余音。以下几种方式可根据需要选择。

（1）祈愿式

表达（可用借境、作比等方法）良好的祝愿。如："祝中、尼（尼泊尔）两国人民的友谊像联结我们两国的喜马拉雅山那样巍峨永存。"

（2）感召式

或抒发真挚、激越的情感，或展望光明美好的前景，或发出鼓动性的号召。如："让我们用创造性的劳动去迎接新世纪的到来吧！"

（3）理喻式

用寓意深刻的道理（可引用哲言、警句等）启发听众去深思、探索。如："'世有伯乐，然后有千里马'。人才辈出的时代首先应该是'伯乐'辈出的时代。"

（4）总结式

用简洁的语句总结全篇、点明题意。如："说一千道一万，归根结底还是这句话：扭转社会风气，要从'我'做起。"切忌"泄劲"式的结尾。如："我讲得不好，耽误大家时间了，请原谅。"

五、完美展说

对即兴演讲来说，选材料、立框架是在瞬间完成的，因而只是以一些片断的、轮廓式的、提纲大意的内部语言形式储存在头脑里。要把这样的内部语言转化为连贯的、具体的、有血有肉的外部语言，演讲者还必须具备一种"展说"能力，即把提纲大意"展说"成一篇内容具体、前后连贯的演讲词的能力。怎样来"展说"呢？

首先，要把"框架"中的每一个层次都看作是一个"意核"或一个"中心句"，心中把握住几个意核的顺序及内在联系。然后，不慌不忙地从第一个意核开始，围绕着它，或举例、引用，或回忆、联想，或比兴、引申，或补充、发挥……把意核这个"中心句"扩展为"句群"。待这个意核充分发挥后，再进入第二个意核，也把它扩展为句群。这样仿效"扩展"下去，一篇内容具体、逻辑严密的即兴演讲就顺理成章地完成了。如果某个意核的含量太大，还可以把它分解为几个"小意核"，按顺序把它们逐个展开。这种"扩句成群"的"展说"能力是即兴演讲者的必备能力。很多人在心中打好了"腹稿"的前提下，说出来却吭吭哧哧，前言搭不上后语，就是因为缺乏这种"展说"能力。没有或缺乏这种能力，内部语言就很难顺利、迅速地转化为外部语言。因此，我们平时就应有意培养这种"展说"能力。

以上三个方面，前两步立足于"快速构思"，第三步着眼于"流利表达"。既能快速构思，又能流利表达，你就是一位成功的演讲家了。

技 能 训 练

一、自我测试

（1）"舍得"是一个常用词，细细推敲，内涵颇丰。"舍"与"得"之间存在着一定的关联。请你就"舍与得"谈谈你的看法。

（2）有一老师与学校创始人、第一任校长陈难先先生一起开会，休息时听他讲起当年筹建学校的一件趣闻。那年他找来一位擅长植树的家长，要求帮助学校种植两棵榕树。那位家长挖了好深好深的坑，先铺上两层煤渣，然后铺上泥土，再放上榕树苗……问那位家长为什

么要铺煤渣，家长说，榕树的根生长很快，又很能"扩张"，铺了煤渣后，便于根基往深处发展。现在这两棵榕树郁郁葱葱，根深叶茂，为我们后来者带来了福祉……听了这样一段故事，使你产生了哪些联想？

（3）将自己的脚印或手印印在学校的石板上，成为一个永不磨灭的印记。一条类似"星光大道"、刻有历届优秀学生手印或脚印的"成才之路"，将出现在佛山汾江中学校园内，你觉得校园建"星光大道"合适吗？（原文出处《广州日报》，2005.4.7《新民晚报》转载）

（4）高中时品学兼优的浙江省化学竞赛某状元，考入我国一所重点大学后，因为沉湎于网络，弄得十门功课不及格，整个人也木讷起来。远在金华的农民父亲接到了校方的《退学警告通知书》几乎变卖了全部家产前往学校所在地。他艰难地在街上流浪了一个多月，才找到了儿子。他跪在儿子的面前号啕大哭，儿子几乎什么表情也没有，继续上网。有的人认为这全部是儿子的错，有的人认为学校也有错，你怎么看？（原文出处《新民晚报》2005.3）

（5）有这样一则宠物医院的广告：本院面积 1000 余平方米，设有专家门诊、中西医结合门诊、急诊室、外科手术室、牙科手术室、X 光室、B 超室、美容中心……再看一条消息：某医学教授在某省调查时发现，那里的乡卫生院有 21%不能开展"三大常规"（大小便、血）检查，有 34%没有 X 光机，即使住院一天只收 7 角钱也没有人来，有的农民看病只拿 1 元钱来……请谈谈你听了这两则消息后的看法。（原文出处《检查日报》，节选自《新民晚报》）

（6）"我爱你，爱着你，就像老鼠爱大米。"这首风靡大街小巷的网络"金曲"却在北京一所小学吃了"闭门羹"，因为该校校长担心其中歌词低俗，不适合学生传唱。你认为这校长的担心是多余的吗？（原文出处《北京晨报》，节选自《新民晚报》2005.3.27）

（7）"郁闷"一词已成为当今大学生口头禅。一项高校流行语调查表明，"郁闷"以 55.2%的投票率高居榜首，回看我们中学生，这个词的重复率也一定不低，你觉得中学生是真"郁闷"吗？如果不是，那么说说你的看法。

（8）中央芭蕾舞团团长近日在谈到北京观众的欣赏习惯与国际化大都市之间的差距时，举了这样一个例子：不少北京观众一看《天鹅湖》就等着四小天鹅出场，或是数天鹅是 24 只，还是 25 只。黑天鹅的旋转是不是 32 圈。不去注意艺术的人文内涵……有专家认为，现实中有不少人学习艺术都带有强烈的功利色彩，你认为是谁偷走了我们的美感？（节选2005.3.16《文汇报》一则消息）

（9）在不久前结束的"2004 年中国体育最具影响力人物"评选中，姚明排在第一位。有专家对此表示质疑，认为是媒体的导向影响了评选。但更多的人认为姚明代表着一种希望，一种上进、坚忍不拔、谦逊和幽默的美德。他不是一个运动员那么简单，他是一个符号，一个象征。这种说法你认可吗？

（10）最近杭州西点男孩训练中心由于独特的教育方式引起了人们的关注：它成立一年来有 25 个男孩挨过鞭子。每天早上要溜冰训练（下雨爬楼梯），下午放学要做半个小时的俯卧撑，晚上跆拳道，周末的课程更满。"在我们这里所有的命令都是先执行，后'抗议'，没有任何借口！"他们的创办者这样说。你是赞同者还是反对者，你认为男子汉应该怎样培养？（2005.5.13《新民晚报》）

（11）广州市 2005 年普通高校招生咨询会上，宿舍、伙食条件成了学生择校的参考要素。有几个学生得知学校附近没有麦当劳，连资料也不拿就走了，你也认为没有麦当劳就不是好学校了吗？（2005.5.16《南方都市报》）

（12）2001 年，初中一年级还没有读完的丁俊晖被他的父亲从教室里拽了出来，"你别读书了，就专心打台球吧"。2005 年 4 月 3 日，这位仅 18 岁零 2 天的青年终于获得了其职业生涯的首个斯诺克台球排名赛世界冠军，这也是中国在该项目上获得的第一个世界冠军。只此一役，就让他获得了不少直接收益，同时获得了一个"含金量"极高的世界冠军名号。"丁俊晖杆中自有黄金屋"，"丁俊晖一根球杆挣回一个新家"，"丁俊晖将来的收入直追姚明"……媒体一系列艳美的赞誉，把丁俊晖捧上了天，也让有些家长蠢蠢欲动，"磨刀霍霍"……你认为丁俊晖的成才之路具有普遍性吗？（2005.4.6《新民晚报》）

（13）在《学习语文》的封面上，曾经印着这样一句话：语文学习的外延与生活的外延相等。请以此话为话题说说你的看法。

（14）根据下面材料，谈你听后的感想。

一个瘦弱的中年人，背着老母亲到医院急诊。医生说病人需要输血，但她是特殊血型，我们血库里没有。中年人说，我和我妈妈是同一血型，抽我的吧！医生看了看他说："你的身体……"中年人说："我身上的一切都是我妈妈给的……"

（15）从"99＋1＝0"说起。

（16）"打破一个偏见比毁坏原子弹还要困难"（爱因斯坦），请你谈谈同学相处中的偏见。

（17）有一个学生问老师，什么叫做"有修养"，教师说："看见有人摔倒在地不笑，看见别人受苦心中不忍，这就行了。"学生问："这岂不是很容易做到吗？"老师说："你去试试看。"请说说你对"有修养"的认同。

（18）孟子说："恻隐之心，仁之端也"。在我们的日常生活中对哪些事情应该抱有恻隐之心。

（19）有人曾经问三个砌砖的工人："你们在做什么？"第一个说："砌砖。"第二个回答："挣钱。"第三个回答："建造世界上最有特点的房子。"后来第三个工人成了有名的建筑师。就这段对话发表你自己的看法。

（20）清朝郑板桥曾经给儿子写下如下的遗言："淌自己的汗，吃自己的饭，自己的事情靠自己干，靠天、靠人、靠祖宗，不算是英雄好汉！"要求：根据以上材料，结合现实，说一下你的看法。

（21）一个城市因细节而美丽，一个学校因细节而成功，一个人也因细节而得以成长和发展。细节，不可不察，不可不重视。请你说说学校或老师、同学中哪些细节让你可圈可点。

（22）某报记者在暑假中就"中学生为何不读名著"的问题，随机采访了一些学生和家长。他们提出的理由是：名著属于"闲书"；名著太长、太厚，令人望而生畏；名著与生活没有多大关系……请实事求是说说你对此的心里话。

（23）广东多榕。在我们身边不乏古榕，你可以静静地在榕树下坐一会儿，哪怕一分钟。你听见什么？你看到什么？你听得见榕树的声音吗？你看见了榕树的神情了吗？你知道在这样的季节里它在思考什么吗？假如它会倾诉的话，它会向你倾诉什么？

（24）周杰伦唱的《蜗牛》是一首普普通通的流行歌曲，但不久前它被上海收入中学生爱国主义歌曲推荐目录，在社会上引起了争议（见《新民晚报》2005.3.16）。请说说你的看法。

（25）不久前，上海某学校副校长说了这样一件事情：几年前，他们学校将 5 名学业颇为优秀的学生选送到一家跻身世界 500 强的跨国企业。然而，在流水线上，由于青年人不经意间 2 分钟的说笑，立刻被宣布淘汰出局……从那时起，这个学校就把"细节"作为训练学生、塑造学生的大事来抓。你认为在现实生活中细节有那么重要吗？

（26）广州越秀区有一个老伯为缺盖的窨井插上一枝桃花，让其变身为危险警告标志，也算作了自己力所能及的事情，它使我们灵魂深处最为柔弱的地方升起一丝暖意（消息来源《南方都市报》2005.2.22）。我们可以为学校的哪些地方也"插上一枝桃花"。

（27）2005年是安徒生诞辰200周年纪念日，世界各国的读者以各种各样的方式怀念这位给无数儿童带来感动和快乐的童话巨人。对今天的中国儿童来说安徒生过时了吗？我们想倾听你的心里话。

（28）有个学校重组，决定重新启用校训，新校训为"诚信、善良、超越、创新"。学校将新校训下发征求意见，教师代表对"诚信、超越、创新"无可厚非，唯独不同意将"善良"作为校训，他们认为在这样一个充满挑战的社会，无谓地教育学生善良会降低学生的适应能力，还有可能导致学生成人后的软弱。校长无奈，将"善良"换成了"求真"，新的校训才得以通过。如果你是校长会不会改动校训？（《新民晚报》2004.9.3转载《人民日报》）

（29）西方谚语说："把幸运的人丢在河里，他都能口衔宝物而归。"我大概也是幸运的人，生活在这座城里，虽也有种种倒霉的事情，但奇怪的是，我记得住而且在心中把玩不已的，全是这些可爱的片段，这些从生活的渊泽里捞起来的种种不尽的可爱——摘自台湾女作家张晓风《晓风吹起》中的《种种可爱》，请说说你对这段话的理解。

（30）《大智度论》中有这样一个故事：狮子和猕猴成了朋友。有一天猕猴托付狮子照料自己的孩子。一只饥饿的秃鹫乘着狮子睡着了，抓走了小猕猴。狮子百求，秃鹫不肯。狮子毅然割下自己肋上的肉，向秃鹫换下了小猕猴。这个故事给你什么启示？能不能从你看过的书听过的事读过的材料中选事例来阐明你的看法。

（31）天鹅是一种候鸟，有着长途迁徙的习性，每年都要飞越千山万水，往返千万里。可野生动物园里的天鹅只能在狭小的水面追逐嬉闹，无法飞翔。什么原因呢？原来，天鹅在展翅高飞之前，必须有一段足够长的水面可供其滑翔；如果滑翔的助跑线长度过短，天鹅就难以实现它拥抱蓝天的理想。久而久之，动物园里的天鹅便会丧失飞翔的信念，甚至丧失飞翔的本领。说说你对这个故事的深层理解。

（32）一位自以为有才华的青年因得不到重用，非常苦恼，他质问上帝，命运为何对他如此不公。

上帝从路边随便捡起一块小石子，又随便扔了出去，问青年："你能找到刚才扔出去的那块石子吗？"

"不能。"青年摇了摇头。

上帝把手指上的金戒指取下来，扔到石子堆中去，又问青年："你能找到刚才扔出去的金戒指吗？"

"能。"果然，青年没多久就找到了金戒指。"你现在明白了吗？"

青年犹豫了一阵子兴奋地回答："明白了。"

这个青年真的明白了吗？如果你是那个青年，你明白了什么？

（33）一位先哲曾经说过，使我们疲惫的，往往不是远方的高山，而是鞋里的一粒沙子，我们要随时倒掉鞋里的每一粒沙子。进中学已经快两年了，你觉得在我们同学的前进路上，哪些沙子是目前应该迅速倒掉的。

（34）窗内读书，窗外看景，每天世间轮番上演各式各样的人间悲喜剧，我们为此或落泪，或额首，或震撼，或哭泣，或感动，请说说你最近被感动的人或事。

（35）一条鱼从渤海口逆流而上向高原游去。它越过浅滩，穿过激流，躲过了江河中数不清的渔网，也躲过了无数水鸟的围追堵截。它穿过了著名的壶口瀑布，又穿过了激流奔涌的青铜峡谷。它不停地游，最后穿过山涧，挤过石罅，游上了高原。然而，它还没来得及发出一声欢呼，就被冻成了冰。若干年后，一群登山者在唐古拉山的冰块中发现了它，它还保持着奋力上游的姿势。有人认出这是渤海口的鱼。一位年轻人感叹道：这是一条勇敢的鱼，它朝着高原逆行了，穿得过远，穿得过长，穿得过久。一位老者却为之叹息，说它只有伟大的精神却没有伟大的方向，最后得到的只有死亡。请说说你听了这个故事后的想法。（选自《中学生阅读》2003.6 期）

（36）某国新当选总统上任不久，有位客人拜访其母，说："有这样的儿子，了不起，您一定感到十分的自豪。""是这样。"那位母亲赞同道，"不过，我还有一个儿子，也同样使我感到自豪，他现在正在地里种土豆。"请根据此材料说说你的见解。

（37）最近有位同学写了篇"滥竽充数新解"的随笔，他认为南郭先生冒着掉脑袋的危险，混在齐宣王吹竽的队伍里，没有一点破绽，说明他有勇有谋，处险不惊，而在齐湣王即位后，毅然出走，又足以证明他是个当机立断，拿得起，放得下的人。有的同学认为这是个创新的作文，也有的同学认为这是胡编乱造，根本不是创新。你同意谁的说法。

（38）弯腰是每个人常有的劳动。农民弯腰耕作，换来丰收的喜悦；环卫工人弯腰，换来环境的清洁……弯腰是劳动，弯腰是勤勉，弯腰是吃苦，弯腰是学习……谈你的看法。

（39）有一次，一只鼬鼠向狮子挑战，要同它决一雌雄，狮子果断拒绝。"怎么，"鼬鼠说，"你害怕吗？""非常害怕，"狮子说，"如果答应你，你就可以得到曾经跟狮子比武的殊荣，而我呢，以后所有的动物都会耻笑我竟然和鼬鼠打架。"你认为狮子应该接受鼬鼠的挑战吗？为什么？

（40）坐车夜行，一个急刹车，车内的人前仰后合，忙问什么事情，驾驶员说，前面有个癞蛤蟆。这个答案使大家哭笑不得，驾驶员却说开车不能杀生，车子沾了血以后容易撞人。你对驾驶员这句话是怎样理解的？

（41）"我的未来不是梦，我认真地过每一分钟；我的心跟着希望在动，跟着希望在动……""未来"，多么美妙的字眼，我，为什么要沉迷于对当今的抱怨呢？说说你为自己设想的未来。

（42）有人说，一个不懂得欣赏自己的人是很难快乐的，只会使自己陷入自卑的泥潭，只有充满自信的心才能扬帆远航。请结合你自身的经历，以"我为自己喝彩"为题，夸夸自己。

（43）一位老人拿一只古董碗给小孩子盛饭，人们不理解这种做法。老人说："正因为这只碗价值连城，才让孩子用，连这样的碗都会打破的孩子，正说明他长大后会有不一般的眼界与勇气，至少不会斤斤计较于眼前利益。"你同意老人的观点吗？

（44）赵襄子向王子期学习驾车技术，不久与王子期赛车，均告失败，便抱怨王子期未将驾车技术传给他，王回答说："驾车的要点在于让马安心于车，人的力量集中于马，这样才能快跑。你落后了，一心想追我，你领先了，又担心被我追上，把心思都用在了输赢上，这就是你不胜的原因。"故事讲的是赛车的道理，可对我们的学习也有启发，请说说听了这个故事后，给你在学习上的启示。

（45）某学校组织学生进行一次"如何保护一只鸡蛋在一天之中不破碎"的活动。有的学生将鸡蛋藏在书桌之中，却因桌椅碰撞而碎；有的拿在手中，不慎磕破……一天下来，完好无损的没有几个。于是老师说：请同学们体会一下，父母呵护你们成长是多么艰辛。有人不同意这样的教育，你的看法如何？

（46）炎炎夏日，伞顶住暴晒，把阴凉留给人们；暴风骤雨，伞使人们免受淋雨之苦。"伞"具有把困难留给自己，把方便让给别人的高尚风格。除此以外，"伞"还给你哪些启示？

（47）有歌唱道："好大一棵树……"当你从路边、校园、屋后、村边看到一棵棵参天大树时你联想到了什么？

（48）一只蝴蝶在茧中挣扎了许久，一位好心人以其太累，出于好心，轻轻地将茧剪掉了一些，以让其轻易地爬出来，然而爬出来后的幼蝶不久便死去。原来幼蝶的挣扎正是为了锻炼自己，让躯体更结实，让翅膀更有力，从而使自己得以生存和飞翔。可见"替蝶破茧"恰恰害死了这只本可以翩翩起舞的蝴蝶。请以"生活中的'替蝶破茧'"为题，说说你的看法。

（49）流行歌坛近年流行了一批以"大"为名的歌曲《大中国》《大中华》《大黄河》《大昆仑》《大西北》……真是全国"大"歌漫天飞，语言真的贫乏到这样的地步了吗？生活中这样类似的例子还有很多。汉语是世界上最美的语言，请谈谈对当今语言使用现状的认识和思考。

（50）赵钱孙李四人外出野游，赵发现一只野鸭，钱立即举枪打死野鸭，孙飞快地跑去把野鸭从草滩中找回来，李主动把鸭弄干净并烧成美味佳肴。最后四人分享成果。请问如果重奖贡献最大的，应当重奖谁？

（51）亲爱的同学们，你可曾想过：因为你的存在，父母的额头过早地爬上了皱纹；因为你的存在，老师的头上增添了不少操劳的白发……当然，也可能因为你，痛苦的小伙伴感受到了温暖的阳光。他人因为有你而幸福，集体因为有了你而充满欢乐……请以《因为有了我》为题，说点感触最深的事情或片断，说一段感情真挚的话语。

（52）沙

世上好像——

只有沙最不值钱

然而，最宝贵的东西——金

就在它的里面。

请以此为材料说说你对这小诗的鉴赏。

（53）每次高考或中考或其他考试一结束，为数不少的考生就将自己用过的教科书撕得粉碎，丢得一地，有的回家付之一炬，有的还高声呼叫"解放了"，满腹愤懑似乎在这一撕一烧中得到了释放。你赞同这样的做法吗？

（54）被称为"才女"的南京金陵中学学生费滢滢多次在作文大赛中获奖，她的竞赛作文还被选入了中学的教材，然而在 2002 年高考中，她的作文仅仅得了 25 分，此事成了一时的新闻，你是如何看待这种现象的？

二、小组活动体验

（1）四字词语或成语快速接龙，首字拈、末字拈均可。例如，文不加点——文不对题，前程似锦——锦上添花。前后递接时间不超过 5 秒，谁卡壳谁表演节目。

（2）一口气快速、准确地说出 2008 年奥运会比赛项目的名称，说得越多越好。

（3）对偶句快速抢答。例如，良言一句三冬暖，恶语——，书山有路勤为径，学海——。感时花溅泪，恨别——。前后递接时间不超过 10 秒，谁卡壳谁表演节目。

（4）以小组为单位进行故事连缀。一位同学先说故事开头，其他同学接着讲发展、高潮、结尾。

（5）随意找出身边的几件实物（钢笔、圆规、尺子、笔记本），展开联想，说说自己对这些实物的想法。

（6）运用发散思维，连缀几个不相关事物（女性、窗户、渔网、汽车），自拟讲题，说一段话。

（7）以小组为单位，围绕"电脑"每人先说一个观点，然后再对他人观点进行评说，时间不少于2分钟。

（8）4人一组，就目前某一热门话题进行交谈，时间不少于3分钟。

（9）观摩他人即兴演讲，并对其主题、内容、结构、语言等进行综合评价，时间不少于5分钟。

（10）从下列命题中抽取一题，迅速构思演讲主题，并结合现场情景，发表3分钟即兴演讲。要求：主题鲜明、内容新颖、语言清楚、态势得体、感情真诚。

① 一分付出，一分收获

② 成人与成才的关系

③ 同学之间该如何相处

④ 怎样面对学习、生活中遇到的挫折

⑤ 我心中的偶像

⑥ 我们是否应有感恩之心，感恩于谁

⑦ 梦想和现实

⑧ "言行、仪表"与个人发展

⑨ "勤俭、节约"的作风是否已经过时

⑩ 我们该张扬什么样的个性

⑪ 如何维护班集体荣誉

⑫ 保护环境是每个人的责任

⑬ 世界需要热心肠

⑭ 书中那段话，我至今还在咀嚼

⑮ 我的母亲

⑯ 尊重是孩子成长的基石

⑰ 如何培养好奇心

⑱ 恶语伤人六月寒

⑲ 童年趣事

⑳ 珍惜现在

㉑ 我最爱看的电视节目

㉒ 我读的第一本书

㉓ 我最想读的一本书

㉔ 我未来的书房

㉕ 今年我18岁

㉖ 我的学习生活

㉗ 我的成长之路

㉘ 购物消费的感受

㉙ 时尚与个性

㉚ 我的座右铭

三、小组讨论

表单1   "态势语言"训练活动记录表

日期：

项　　目	记　　录
讨论会 记录	
个人收获	
存在问题	
学习评价	

学生签名		教师签名	

表单 2   项目活动评价表

项目活动名称＿＿＿＿＿＿＿＿＿＿   活动日期＿＿＿＿＿＿＿＿＿

班级＿＿＿＿＿＿ 姓名＿＿＿＿＿＿ 学号＿＿＿＿＿＿＿＿＿ 教师＿＿＿＿＿＿

	项目过程评价						项目展示评价				
	100 分	配分	自评	互评	主持		100 分	配分	自评	互评	主持
个人	工作态度	10				个人	项目说明	10			
	协调能力	10					项目展示	10			
	工作质量	10					效果	10			
	复杂程度	10					工作主动	10			
	改革创新	10					交流沟通	10			
小组	计划合理	10				小组	规划周密	10			
	项目创意	10					分工合理	10			
	过程有序	10					特色	10			
	完成情况	10					接受批评	10			
	协作情况	10					提出建议	10			

项目三　应用口才训练

项目情境创设

一位已近暮年的商人，为了在四个儿子中挑选出自己事业的继承人而决定做一个测试：让他们在一天的时间内向寺庙里的和尚们推销梳子。

早晨，四个儿子身背梳子分头而去。

不一会的工夫老大便悻悻而归："这不是明摆着折腾人吗？和尚们根本就没有头发，谁买梳子？"

中午老二沮丧而回："我到处跟和尚讲我的梳子是如何如何的好，对头发护理是多么多么的重要，结果那些和尚都骂我是神经病，笑话他们没有头发，赶我走甚至要打我。这时候我看到一个小和尚头上生了很多虱子，很痒，正在那里用手抓。我灵机一动，劝他买把梳子挠痒，还真管用，结果就卖出了一把。"

下午老三得意的回来："我想了很多办法，后来我到了一座高山上的寺庙里，我问和尚，这里是不是有很多人拜佛？和尚说是的，我又问他，如果礼佛的人头发被山风吹乱了，或者叩头时头发散乱了，于佛尊敬不尊敬？和尚说当然不尊敬。我说你知道了又不提醒他，是不是一种罪过？他说当然是一种罪过。于是我建议他在每个佛像前摆一把梳子，香客来了梳完头再拜佛。一共12座佛像我便卖出去一打！"

晚上老四才满身疲惫的归来，不仅所带梳子悉数卖光，还带回了与寺庙签署的厚厚订单以及与寺庙合资成立梳子厂的协议，看到大家惊诧不已，老四解释说："我找到当地香火最旺的寺庙，直接跟方丈讲，你想不想给寺庙增加收入？方丈说当然想啦。于是我就给他出主意说，在寺庙最显眼的位置贴上告示，只要给寺庙捐钱捐物就有礼物可拿。什么礼物呢，一把经得道高僧开光并刻有寺名的功德梳。这个梳子有个特点，一定要在人多的地方梳头，这样就能梳去晦气梳来运气。于是很多人捐钱后就拿走梳头又使很多人去捐钱，这样所有的梳子都卖出去了还不够。"

任务一　社　交

有一天，一只老青蛙遇见一只老蜘蛛，大吐苦水道："我一辈子都在辛勤工作，但只能勉强糊口。现我年老力衰，等待我的命运却是要饥饿而死。而你，我从没见你劳动过，却衣食丰足，即使现在老了，仍不愁吃喝，自有投网者，送来美味佳肴，这世道真不公平啊！"

老蜘蛛回答说："你说得不对，想当年，我每天操劳，日复一日地织我这张网，好不容易生活才有了依靠。就是现在，我还随时要修复经常出现的破洞。你之所以生活艰辛、老而无靠，那是因为你是靠四条腿在生活，而我是靠一张网在生活，网不会因我年老而衰，所以我虽然年事已高，而生活不愁。如果我也像你一样靠我这几条纤细的腿来生活，我会过得比你还惨百倍。"

人又何尝不是如此？靠个人能量，搏不过狮子，但倚仗外来的能量，却可以把狮子关在笼子里供人观赏。

所以，个人的能量大小和成功与否，来自于人际关系，良好的人际关系，则来自于良好的社交。

人的一生就是社交的一生，如果你注意观察，人与人之间的交往举目皆是，并且都体现着社交的真谛。

当你遇到困难，朋友就会来帮助；当你为对方打开了房门，对方给了你一个友好的微笑；当你走进学校，步入工厂和单位，回到家里，甚至走在大街上，总是要以一定的行为方式和他人打交道。

一个伟人曾经说过："孤立的一个人在社会之外进行活动、生产就像许多个人不在一起生活和彼此交谈竟有共同语言一样，是不可思议的。"

社交是事业的前提，事业成功的几率与社交圈的大小体系相关。

知识点导航

随着全球经济的一体化，人们之间的交往越来越频繁、紧密，各种各样社交活动成了人们日常生活的主题。作为社交活动主要交往手段的社交口才也就显得十分重要。拥有好的口才可以在社交活动中"游刃有余"、维护尊严，让自己的事业"如虎添翼"，极大地提升自身的个性魅力。纵观历史，我国拥有好口才的政治家、雄辩家举不胜举：盘庚巧舌说服臣民们拥护迁都，挽救国家政治危机；苏秦凭雄辩之才，挂起六国相印；三国时期的诸葛亮机智善变、舌战群儒；晏子使楚、名垂青史；近代的一些国内外著名人物的口才更是无可比拟。因此，社交口才能力，有助于事业成功和人生幸福，它是社交场合上立足制胜的最有力法宝。

一、社交口才概述

社交中受人欢迎、具有魅力的人，一定是掌握社交口才技巧的人。社交口才的基本技巧表现在适时、适量、适度三个方面。

一要适时。说在该说时，止在该止处，这才叫适时。可有的人在社交场上该说时不说，他们见面时不及时问候；分手时不及时告别；失礼时不及时道歉；对请教不及时解答；对求助不及时答复……反之，有的人该止时不止。他们在热闹喜庆的气氛中唠唠叨叨诉说自己的不幸；在别人悲伤忧愁时嘻嘻哈哈开玩笑；在主人心绪不安时仍滔滔不绝发表宏论；在长辈家里乐不可支地详谈"马路新闻"。请设想一下，假如你在社交中遇见了上面这种人，你会对他产生什么样的印象呢？

二要适量。捷克讽刺作家哈谢克的名著《好兵帅克》里有一个克劳斯上校。此人以说话啰嗦闻名。他有一段对军官的"精彩"讲话："诸位，我刚才提到那里有一个窗户。你们知道窗户是个什么东西，对吗？一条夹在两道沟之间的路叫公路。对了，诸位，那么你们知道什么叫沟吗？沟就是一批工人所挖的一种凹而长的坑，对，那就叫沟。沟就是用铁锹挖成的。你知道铁锹是什么吗？铁做的工具，诸位，不错吧，你们都知道吗？"克劳斯上校的这番话，虽然是作家加工过的，但生活中、社交场上说话啰嗦者不乏其人。因此说话适量也是社交口才的基本技巧之一。

适量既指说话的多少适当，也包括说话的音量适宜。应该指出的是，适量并不都是少说为佳，更不是指那种语量没有变化的老和尚念经，适量与否应以是否达到了说话目的为衡量的标准。

请看下面几段话：

（1）您看，这么晚了还来打搅您，真过意不去。您要休息了吧？真对不起，对不起……

（2）我不同意这个意见！我明确表示不同意。不管你们怎么看，我就是不同意。

（3）那不是我说的，我怎么会那么说呢？您想，我能说那种话吗？那确实不是我说的。我怎么会那么说呢？您想，我能说那种话吗？那确实不是我说的。

上面的几段话，初听起来似乎有些"废话"，但都是为了增强表达效果不得不说的"废话"，是必要保留的语言的"冗余度"。

第一段是表示道歉的话，重复几句显示了态度的诚恳；第二段话中的重复是为了表示说话人态度坚决和不容置疑；第三段则是说话人急于表白自己心情而采取的必要的重复。这种语言现象在社交场合经常出现。

由此看来，社交口才的多少适量，并不排除为达到说话目的的必要重复，而是指根据对象、环境、时间的不同，该多说时不少说，该少说时不多说。有的人自我介绍啰啰嗦嗦，祝酒时说上半个钟头还不停，批评起来没完没了……这样既影响说话效果，又影响自己的社交形象。

适量的社交口才还包括声音大小适量。大庭广众之中说话音量宜大一点，私人拜访交谈音量宜适中，如果是密友、情人间交谈，小声则可以表现亲密无间、情意绵绵的特殊关系，给人一种亲切感。这些都是在社交场合与人交谈应该掌握好的。

三要适度。1988 年美国总统竞选，民主党在选民中造成了布什是毫无独立主张的这一印象，他们甚至称"布什是里根的影子"。在交谈时，民主党人总爱用挖苦的口气问："布什在哪里？"这个问题该如何回答才恰到好处呢？布什的竞选顾问、老资格政治公关专家艾尔斯，为布什设计了一个回答："布什在家里，同夫人巴巴拉在一起，这有错吗？"

这一回答，体现了强烈的针对性和恰如其分的分寸感的结合，有很高的艺术性。试想，如果你在社交场上遭到别人挖苦时，就马上抓住对方弱点，给以迎头痛击，那将产生什么效果呢？也许你自认为是胜利者，可在别人眼里，你却是一个心胸狭窄不善言辞的人。而艾尔斯为布什设计的回答，却为布什的政治家风度增添了不少光彩。

社交口才的适度，主要是指根据不同对象把握言谈的深浅度，根据不同场合把握言谈的得体度，根据自己的身份把握言谈的分寸度。其次，体态语也要恰到好处。

（一）社交口才的含义

社交口才指的是人与人之间在社会交往活动中所表现的语言艺术或才能，即善于用准确、贴切、生动的语言表达自己的思想、意愿的一种能力。

（二）社交口才的作用

当今社会，口才能力已成为现代人必备的重要能力。口才作用渗透到当代生活的各个领域。美国著名学者卡耐基说："一个人的成功有 15%是由于他的专业技术，85%则要靠人际关系和他的做人处世能力。"而良好的人际关系和处世能力最重要的就反映在口才上，它是社交场合上立足制胜的最有力的法宝。我国古代很早时便有"一言可以兴邦，一言可以误国"、

"一人之辩，重于九鼎之宝；三寸之舌，强于百万之师"的说法，可见舌头的威力。现代社会中，有的人在交往时凭借好口才赢得信赖；有的人却越说越让人反感。就实际而言，一个人社交能力的高低，其主要表现就是说话艺术的高低。有人说：是人才未必有口才，而有口才者必定是人才。此言极是。当今，社交口才能力已成为现代人必备的重要能力，口才的作用已渗透到当代生活的各个领域。练就一副好的社交口才，必将使你在社会交往中如虎添翼、大显身手，由此创造出更精彩的人生。

（三）社交口才的语言特征

1. 主动

社交口才要求与人交际要主动搭腔说话。不是等着别人来招呼你，而应该主动上前打招呼："您好，打扰一下，请问……"路上见到长辈、领导问一声："您早，这么早就来上班。"这样能使相识不相识的人走到一起、携手共进。同事之间要主动找话题交流："嗨，今天我们中国在奥运会上又夺了两块金牌。"对领导要主动请示汇报；在学校主动请教老师；在家里要主动向爸爸妈妈把工作的事情谈一谈；朋友之间、谈恋爱要主动找话题交谈；被人误解要主动去解释；误解别人也应主动去沟通。只有这样主动说话，敢于交际，才能提高社交口才能力，使自己的生活变得五彩缤纷，促进自己事业的成功。

2. 礼貌

要想与人交际，建立起良好的关系，语言一定要文明优雅、交谈有"礼"。

与人交际时语言文雅、礼貌，体现一个人的知识、教养、阅历、才智，同时也决定对方是否与你建立友好关系的因素之一。要求平时多说一些约定俗成的敬语，例如，"您好，初次见面，请多多关照"、"很高兴认识您"、"久仰大名，认识您是我的荣幸……"以显示彬彬有礼，给交往者留下美好的第一印象；另外，在聆听对方的讲话时，也应专心致志，时不时附和、点头微笑，当听到别人迸发出妙语警句时，不妨赞赏一番，使对方有"知音"般的感觉，并愿意和你建立关系，那你身边便多了一个朋友、一个知己。

3. 谦和

谦和包括谦虚、和蔼。谦虚是中国人的美德，这种美德无论是在生意场上还是国与国之间的交往都需要。谦虚有两种表现形式：一种是对对方的尊重；一种是自谦。我们经常可以听到"贵宾驾临寒舍"、"贵公司"、"对不起，让你久等了"、"请原谅，打扰了，真不好意思"。不管何时、何地都应用这种谦虚的言语来赢得对方的好感。如果那种"唯我独尊"、"自以为是"不恭敬的话满口都是，此时如你再说："我们交个朋友好不好？"恐怕对方就会有点望而生畏吧。和，指的是和蔼、和气待人、和颜悦色。社交口才不同于辩论口才，讲究气势，排山倒海、气吞山河，讲的是和气。俗话说："和气生财"，说话时面貌要和善、措辞要平和、态度要和蔼，那句俗话"良言一句三冬暖，恶语伤人六月寒"道明的意思就是如此。而今社会提倡"和谐为本"，作为社交语言首先要做到这一点。

二、社交口才的基本要求

社交口才是培养社交能力的重要一环，是最为神奇的公关密码。要想有好的社交关系和口才，首先要掌握几个方面的基本要求。

1. 适时

现实中有的人在社交上该说时不说：见面时不问候，分手时不告别，失礼时不及时道歉，别人取得成绩时不去鼓励，受到批评时不去安慰，错过了交际、公关的机会，身边的人一定是寥寥无几。换一种情况，如果不该说时言语不止，在别人悲伤、忧郁时嘻嘻哈哈，别人愤怒时"火上浇油"，唯恐天下不乱，这样的人即使有很好的口才，身边的人对他也绝对不会有好的印象，不愿长久与之交往。

2．适量

适量指说话的多少适度，也包括音量适宜。该说时多说，不该说时少说乃至不说。啰啰嗦嗦、反反复复，势必使人厌烦；反之，"十棍子打不出一个屁来"像"闷葫芦一个"同样使人厌烦。音量适宜，指的是与人交际时谈话的音量也要随之变化：在大厅、原野、空旷的地方音量宜放大点，而在与私人交谈时、公众场所与朋友交谈时音量适当放小，一则表现亲密无间；二则不影响他人，这是在社交场合下的口才表达应该注意的。

3．适度

适度即把握分寸。分寸把握得好，很普通的一句话，也能平添几分力量，换句话说，要言之有度。在人际交往中，谈话的分寸首先要考虑自己的身份，其次要适当考虑措辞，尽量客观、实事求是，不夸大其词，不断章取义，不刻薄挖苦，不刺激伤害他人，不添枝加叶、不揭露对方的短处和隐私，不涉及他人敏感的话题，开玩笑不要过度，这样人缘自然会很好。

三、社交口才的技巧

在社交活动中，有一些出色的外交家在社交场合和长期的实践中，积累了丰富的外交经验和技巧，成为交际高手的不胜枚举。

（一）见面之初的称呼技巧

称呼是交际口才的"先锋官"，在日常生活中，称呼应当亲切、准确、合乎规范。正确、恰当的称呼，不仅能体现对对方的尊敬和自身的文化素质，更能促使交际的成功。具体应掌握以下几种表示对对方尊重的称呼语。

1．尊称语

古时常用"尊、令、贵、大、老"等词构成尊称语，有的至今还在沿用。例如，尊师、令堂、令兄、令弟、令郎，贵体、贵姓、贵公司，大驾、大人、大姐、大名，老先生、老人家、老伯、老总、老板、钱老、赵老、吴老，这些称谓，对对方表示尊重，使对方心里产生一种自豪感和满足感，反过来也会乐于与你接触，主动和你沟通，这就使交往有了良好的开端。

2．谦称

使用谦称的目的也是对他人的尊重，是赢得交际的第一步，谦称自己有：家、舍、小、愚、孤、寡、敝（卑）。例如，家父、家母，舍弟、舍妹，小辈、小人，愚下、愚兄、愚方，孤人、寡人、敝人、不才等。

3．泛称

泛称，指对人的一般称呼，分正式场合和非正式场合。正式场合的称呼：姓+职称/职务/职业（张教授、陈书记、李医生等），职务+泛尊称（营业员同志、大使夫人等）。非正式场合常用称呼，老/小+姓（老张、小陈等），姓+辈分称呼（张阿姨、李叔叔、王伯伯、张姐、赵哥等）。

4．时下流行称谓

对总经理、工程师、局长、科长，时下流行称呼某总、某工、某局、某科（张总、王工、李局、杨科），这样称呼既时尚庄重，又亲切。当然，这样称呼只是在当面称呼中使用，在向他人介绍时还是称某总工程师、某局长为好。

（二）见面之后的寒暄技巧

寒暄也就是打招呼，是人与人建立语言交流的方法之一。在日常生活中，在路途或公共场所遇到熟人，顺便打个招呼，握手后需要寒暄几句："你好啊，上班去"、"看你越长越漂亮了"。当然，如果有急事摆摆手，不用下车，说声"你好"不用寒暄，笑一笑，也是招呼的一种。如果约好见了面，或客人来了后，正式的话题还未开始先寒暄几句："你来了，一路还顺利吧"、"最近身体还好吧"、"我来晚了，让你久等了吧"。路遇时、会晤前恰当地寒暄，能给不快的人以安慰，给久别重逢的人以关怀，给邻里、亲友以欢乐，并由此搭起人际关系沟通的桥梁。

1．关怀式寒暄

关怀式寒暄是常见的寒暄方式，真挚深切的问候，对加深人际间的感情很有必要。例如，"你好！好久没见，最近可好"，"工作还顺利吧！可要注意身体啊"。

2．激励式寒暄

激励式寒暄给对方鼓劲，激励对方，带去力量。例如，"你的工作不错，上次开会时，你们领导还表扬了你"，"我在报纸上看到了你的报道，向你学习"，这种寒暄既取悦于对方，又融洽了关系。

3．幽默式寒暄

寒暄中加点幽默成分，协调气氛，讨人喜爱。例如，"我说今天怎么眼前一亮，原来是美女、帅哥如云"。

4．交往之时的介绍技巧

自我介绍，是在一般情况下把自己介绍给陌生的交际对象，以达到让对方认识、增进了解、建立关系的一种手段。

（三）自我介绍的内容和语言技巧

（1）自我介绍的基本内容：姓名、职务、工作单位、住所、籍贯或出生地、毕业学校、特长与兴趣爱好，有时还须介绍经历、年龄。例如，"我叫×××，毕业于×××学院，现在××单位工作，请多多关照。"如果是非正式场合，自我介绍可以调皮一些，为的是给别人留下深刻的印象。例如，一位男士在和他见第一面的女朋友前这样介绍自己："我是狮子座，狮子座的优点是心胸宽阔、有爱心以及忠诚，我是个有原则的人，绝对不会妥协，因为我不抽烟，所以我也不会穿印有万宝路字样的 T 恤。"这种自我介绍诙谐而调皮，赢得女士的芳心。

交际场合的自我介绍不同于应聘、面试、求职场合的自我介绍，内容不必复杂，往往是介绍姓甚名谁、来自于哪里、是干什么的、表示希望以后与对方多联系的愿望即可。

（2）自我介绍的语言技巧：自谦，即在肯定自己的长处时，留有余地，以免给人留下"狂妄自大"的感觉。例如，在和女朋友见第一面时自我介绍时说："我这个人天不怕、地不怕，谁跟我过不去，我叫他也不得好活着，这就是我的性格。你放心，你跟着我不会吃亏。"此时的女朋友也许会想："跟着你我不会吃亏，如果不跟着你，就会让我不得好活着。与其将来麻烦不如现在与此'狂徒'拜拜。"

119

（四）介绍他人的内容和语言技巧

介绍他人，是介绍者站在第三者的立场，使被介绍双方相互认识并建立关系的一种交际活动。居中介绍像一条纽带，除了促进双方关系的建立，自己也在其中。

（1）介绍礼仪。先把男士介绍给女士，先把职位低的人介绍给职位高的人，先把未婚者介绍给已婚者，先把年轻人介绍给年长者，遇到交叉现象，需要灵活掌握。

（2）介绍内容。选择双方都感兴趣的话题，从而使双方结识，如姓名、职业、爱好。例如，"这位是某公司的经理，和你一样，从事房地产开发，在咱们市小有名气。他也喜欢打牌，有机会你俩切磋切磋。"

（3）介绍技巧。介绍他人时，应三言两语简洁明了。例如，"这位是我的同学××，他也喜欢绘画，你们肯定谈得来。"征询引见，礼貌得体。即采用询问句式，征得同意后再引见的介绍方法。这种方法不仅能显示你对双方的尊重，而且你也赢得双方的尊重。例如，"先生，我可以给你介绍我们的老总吗？"再如，"经理，你想了解这种产品的市场情况吗？这是推销员小王，他可以回答你的问题。"

总之，无论是自我介绍，还是居中介绍，都应注意音量适中、口齿清晰、彬彬有礼，以适应社交场合的需要。

（五）拜访与接待的语言技巧

在现代人与人交际的过程中，人们讲究礼尚往来。拜访与接待是一项重要的社交活动，借助于这种活动，可以达到相互了解、沟通的目的。

1．拜访

拜访是为了礼仪或某种特定目的而进行访问、会晤。就日常拜访而言，包括进门语、寒暄语、会谈语和辞别语四个部分。

（1）进门语

到门口，应轻轻敲门。礼貌地问："请问，××在家吗"、"屋里有人吗"，要注意，敲门时，一般是两三下，不可太轻或太重，更不能不敲门就贸然闯入，得到"请进"的答复后方可进入。

进门之初，可以说明来历。一般这样表达："一直想来拜访您，就是抽不出空来"、"没打扰你吧，真是不好意思"、"路上等车，让你久等了"、"好久没来看您，怪想您的"、"我们又见面了，真是很高兴"。关系好的，可以用玩笑的口吻说："我又来了，不招你讨厌吧！"

礼仪性的拜访与祝贺、酬谢、吊唁等有关，进门要说有关的内容。例如，"听说你生病了，今天特地看看您"、"听说你升迁，特地为你贺喜来了"、"听说你儿子考上大学，特地赶来祝贺"、"听说王奶奶病故，今天一早赶过来看看"。

回访往往说："上次劳驾您跑了一趟，我今天登门拜谢"、"上次的事真是给你添了不少麻烦，今天特来向你表示感谢"等。

（2）寒暄语

寒暄语即问寒问暖的意思。在社交活动中，它带给人们的是关心、亲切的温暖之情。一般可询问身体状况、工作情况、小孩子学习或者是找些话题给以赞美。例如，"这几天天气很热，身体还吃得消吗"、"最近工作忙吧，要注意身体"、"××学习成绩还好吧，小孩要补充营养"、"你这套衣服很合身，同时也符合你的风姿"、"你这个发型真好，显得更年轻了"、

"这房间布置得很漂亮……"等。

（3）会谈语

一番寒暄后，要尽快进入主题，以免耽误主人过多时间，话题要集中，言简意赅。交谈时间掌握在半小时左右，音量尽量小些，不要影响左邻右舍。

（4）辞别语

同进门语相呼应。例如，礼仪性拜访，如果进门说："初次登门，劳驾你久等，真不好意思。"辞别语可以说："今天初次拜访，十分感谢您为我花了这么多时间。"表示感谢，请主人留步。例如，"十分感谢你的盛情款待，再见"、"就送到这儿吧，这件事拜托你，请留步"。

邀对方到自己家做客，例如，"老刘，告辞了，您什么时候也到我家坐坐。"

2．接待

（1）热情迎客

古人云："有朋自远方来，不亦乐乎"，迎接客人要热情。开门见面后，以惊喜的口吻说："欢迎，请进"、"哪阵风把你吹来了"、"您真准时"、"稀客，非常欢迎"、"欢迎，欢迎，请上座"。如果能记住姓名，直呼其名或直呼称谓，如果一时半会想不起来，可以婉转地说："上次没听清你的名字，对不起，你能告诉我吗"、"您今天这身打扮，我都快认不出来了"、"你和××太像了，你叫……"。询问姓名，要见机，实在不好询问，等客人走后再打听。

（2）诚心待客

中国人待客讲究"茶、上茶、上好茶，坐、请坐、请上座"。现如今有一定生活条件的也可用饮料、糖果、瓜子、点心之类待客。茶倒七分满，双手捧着以示敬意，可以说"请"、"不用客气，请品尝"。交谈时，态度真诚，语气平和，以聆听为主。对于有求于你的客人，应体谅对方的心情，即使无能为力也不要一口拒绝，可以对他说："你先别急，一旦有了门路我就打电话告诉你。"对于前来告诉你信息或者给你提供帮助的客人应说："非常感谢，你提供的信息太有价值了"、"你可真是帮了大忙，谢谢"、"真是辛苦了"等。自己如果有事必须出去时，应客气地对客人说："真不巧，我有点急事，您坐，我出去一会就回。"遇上有的客人健谈，忘了时间，可巧妙地向客人暗示，或者让家人安排就餐，说："要不，你在这儿看电视，我去做饭。"或安排就寝，说："天晚了，在这里住吧。"或者问："来的路上好不好走？"

（3）礼貌送客

客人如要离去，先要诚恳挽留，如客人执意要走，则不必强留。送客人要送至门外并说些告别语，例如，"你走好"、"慢走"、"欢迎再来"、"经常来玩"等，不能急于回转，客人请主人留步后，主人要目送客人走远，招手"再见"再回转，送完客人回屋时，关门声音要轻，以免引起客人误会。

（六）说服与拒绝的语言技巧

现实生活中，争执无所不在，在与他人争论某个问题时，分明自己的观点是正确的，但就是说服不了对方，有时甚至被对方所驳倒。这就说明，说服他人除了说服者要有充足的理由或道理，还须掌握说服对方的方法和技巧。

1．说服的方法

（1）晓之以理

就是用道理来说服对方。道理有大道理、小道理，领悟深的人可以给他讲大道理，领悟

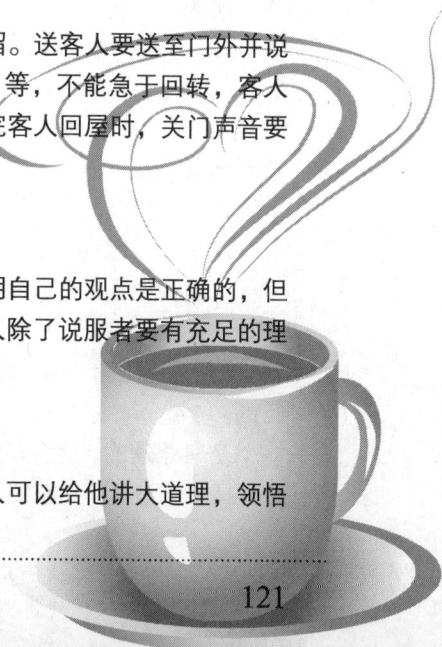

浅的人可以给他讲小道理，最好用委婉、征询的口气，循循善诱。例如：

小黄是一位小学语文教师，他不满某些社会现象，爱发牢骚，甚至在课堂教学中有时也甩开教学内容，大发其牢骚。很显然，他缺乏教师这个角色应有的心理意识。校长了解这种情况后，与他进行了一次诚恳的交谈。校长说："你对某些社会不良风气反感，对教师经济待遇低表示不满，这是可以理解的。心中有气，尽管对我发吧，但是请你千万不能在课堂上发牢骚。少年的心灵本是纯真幼稚的，他们对有些事缺乏完全的了解和认识，你与其发牢骚，何不把那份精力用来给学生讲讲如何奋发图强，如何振兴祖国？这才是一个称职的教师应该做的。"听了校长这一番语重心长的话，小黄认识到当教师确实不能随意把这种牢骚满腹的心理状态表现出来，不然，对学生会产生不良的影响。从此以后，再也没有听说他在课堂上发牢骚了。

（2）动之以情

当说服对方的时候，他最担心的是可能要受到伤害，因此，在思想上先砌上一道墙，在这种情况下，不管你怎样讲道理，他都听不进去。解决这种心态的最有效的办法就是：要用真诚的态度，满腔热情来对待他，在说服他的时候用情不自禁的感情来感化他，使他从内心受到感动，从而改变他的态度。例如：

有个"的姐"把一男青年送到指定地点时，对方掏出尖刀逼她把钱都交出来，她装作害怕样交给歹徒 300 元钱说："今天就挣这么点儿，要嫌少就把零钱也给你吧。"说完又拿 20 元找零的钱。见"的姐"如此爽快，歹徒有些发愣。"的姐"趁机说："你家在哪儿？我送你回家吧。这么晚了，家人该等着急了"。见"的姐"是个女子又不反抗，歹徒便把刀收了起来，让"的姐"把他送到火车站去。见气氛缓和，"的姐"不失时机地启发歹徒："我家里原来也非常困难，后来就跟人家学开车，虽然挣钱不算多，可日子过得也不错。何况自食其力，穷点儿谁还能笑话我呢！"火车站到了，见歹徒要下车，"的姐"又说："我的钱就算都助你的，用它干点正事，以后别再干这种见不得人的事了。"一直不说话的歹徒听罢突然哭了，把300多元钱往"的姐"手里一塞说："大姐，我以后饿死也不干这事了。"说完，低着头走了。在这个事例中，"的姐"就是运用了消除防范心理并用真情达到了说服的目的。

（3）衡之以利

趋利避害是人的本性，说服对方可设身处地指明对方的利害关系，有的放矢很容易见成效。例如：

《廉颇蔺相如列传》中的蔺相如，当赵王问："取吾璧，不予我城，奈何？"相如曰："秦以城求璧，而赵不许，曲在赵；赵予璧而秦不予赵城，曲在秦。均之二策，宁许以负秦曲。"蔺相如指明了"不予璧"的利害关系，有的放矢说服了赵王，赵王派蔺相如"奉璧西入秦"。

2. 说服技巧

（1）善用比喻，巧借名言

比喻在说服对方时很见成效，用生动、浅显、以彼物比此物说明道理，让对方领悟接受。例如，《邹忌讽齐王纳谏》一文中，邹忌就以周围人对自己形貌评价的不同作比喻，让齐王意识到自己存在的问题并非常乐意接受了他的观点：广开言路，从而达到很好地治理国家的目的。

富有哲理的名言警句在论文中作为理论依据可以证明自己的观点，在说服别人的过程中，把它作为言简意赅的说服人的理论依据，效果也会很明显。例如，"玉不琢不成器"、"不积跬步，无以至千里"、"不经历风雨，怎么见彩虹"等。

（2）调节气氛，以退为进

当说服处在僵持状态时，如果是盛气凌人、气氛紧张，这种说服往往要失败的，因为都在气头上谁也不让谁，就连小孩也是这样。因此，采取以退为进的方法很有效。例如：

有一位中学老师接管了一个差班班主任工作，正好赶上学校安排各班级学生参加平整操场的劳动。这个班的学生躲在阴凉处谁也不肯干活，老师怎么说都不起作用。后来这个老师想到一个以退为进的办法，他问学生们："我知道你们并不是怕干活，而是都很怕热吧？"学生们谁也不愿说自己懒惰，便七嘴八舌说，确实是因为天气太热了。老师说："既然是这样，我们就等太阳下山再干活，现在我们可以痛痛快快地玩一玩。"学生一听就高兴了。在说说笑笑的玩乐中，学生接受了老师的说服，不等太阳落山就开始愉快地劳动了。

（3）列举事实，活用数据

事实胜于雄辩，在活生生的数据面前，最能让人折服。当一种观念进入人的心底很长时间时，有时外人用话语的确难以改变它。此时，可用事实这种最有力的武器来说服他。

（4）抓住真理，以刚制刚

有真理就有说服力，但是遇见不讲理的人怎么办？只有以刚制刚了。例如：

在一次集体活动中，当大家风尘仆仆地赶到事先预订的旅馆时，却被告知当晚因工作失误，原来订好的套房（有单独浴室）中竟没有热水。为了此事，领队约见了旅馆经理。

旅馆经理说，锅炉工回家了，他无能为力。领队说："您有两个办法，一是把失职的锅炉工召回来；二是您可以给每个房间拎两桶热水。当然我会配合您劝大家耐心等待。"这次交涉的结果使得经理派人找回了锅炉工，40分钟后每间套房的浴室都有了热水。

威胁能够增强说服力，但是，在具体运用时要注意：态度要友善，后果要讲清，威胁程度不能过分。

3. 拒绝的技巧

在日常交往生活中，特别是身处职场中，你一定经常遇到这样的问题：一位同事突然开口，让你帮他做一项难度很高的工作，答应下来吧，可能有损于自己的形象；拒绝吧，面子上实在抹不开，毕竟是多年的同事。应该怎样找一个既不得罪他又能维护自己形象，顺利推辞掉的说法呢？

（1）真心拒绝

当同事或他人向你提出要求时，首先是真心的聆听他的理由和诉说，让对方有被尊重的感觉，在聆听时表现出对对方的苦衷、心情可以理解，但自己是处于能力限制"爱莫能助"，这样，会使对方觉得你是个诚恳的人，虽然没有帮他的忙，他也会体谅你的难处。

（2）拖延的方法拒绝

例如，"这件事我跟领导汇报后再说吧"、"明天再谈吧，到时候我给你打电话"。

（3）贬低自己拒绝

通过贬低自己而抬升对方，例如，拒绝媒人提亲可以说："她太优秀了，我根本无法与她相配。"不管是否真实，其效果都要强于直接拒绝。对方虽然遭拒绝，也会因为这些话得到心理安慰，不至于恨你。

（4）沉默拒绝

当不认识你的人邀请你参加他的婚宴送来请柬，你可以不予回复，当不怀好意发信息于你要求你做什么，你可以不理睬，沉默本身就是拒绝。

（5）模糊拒绝

外交官们遇到他们不想回答或不愿回答的问题时，总是用一句话来搪塞："无可奉告"。生活中，当我们暂时无法说"是"或"不是"时，也可用这句话。还有一些话可以用做搪塞，例如，"天知道"、"事实会告诉你的"、"这个嘛，难说"等。

（6）反诘拒绝

你和别人一起谈论国家大事，当对方问："你是否认为物价增长过快？"你可以回答："那么你认为增长太慢了吗？"你的恋人问："你讨厌我吗？"你可以回答："你认为我讨厌你吗？"

（7）用推诿的方法拒绝

例如，你是一个宾馆服务员，客人请求换一个房间，而规定中不允许，你可以说："对不起，这得值班经理决定。"妻子看到一件漂亮的衣裳很想买，你认为不必要，你可以拍拍衣袋："糟糕，我忘了带钱包。"有人想找你聊天，你不想聊，可以看看表，"对不起，我还要参加一个会，改天吧。"

（8）礼貌拒绝

当别人送礼品给你，而你不能接受，你可以客气地回绝，一是说客气话，二是礼貌地接待，请坐、倒茶，并说明能帮忙尽量帮忙。已经帮过忙也要说："这是应该做的，不必客气"等。

（9）暗示拒绝

通过身体姿态表现出不愿意来拒绝对方。例如，你想结束谈话时，可以转动脖子，用手指按按眼睛、太阳穴以及眉毛下部等漫不经心的小动作，这些动作意味着一种信号：我有些疲劳，身体不适，希望早点停止谈话；另外，也可以用语言暗示，例如，"找我有事吗？我正打算出去"、"还要给你添点茶吗"等，从而表达拒绝的愿望。

（七）赞扬与批评的技巧

赞扬他人是鼓励他人，是一种促进人际交往的很好的催化剂，能有效地缩短人与人之间的心理距离；批评是督促，有时是工作的需要，事后反而使关系更融洽。两者在人际交往过程中不可缺少。

赞扬要真实，发自内心的赞扬，不给人虚假和牵强的感觉，应建立在有事实、有根有据的基础上。虚情假意的赞扬会使对方觉得你油嘴滑舌、诡诈虚伪。另外，当面赞扬，背后却使坏心眼；或当面赞扬，但在升职、晋级、评先进时却坏话一大堆，这种赞扬比不赞扬还要影响人际关系，事后，别人会说你是"笑面虎"、"嘴甜心苦"。

赞扬要符合场景。赞扬的效果在于激励对方，当别人计划做一件有意义的事时，开头赞扬能使其下决心做出成绩，中间赞扬有益于对方再接再厉，结尾赞扬可以肯定成绩，指出进一步努力的方向。

赞扬要用词得当。赞扬用词要斟酌，不要"吃力不讨好"。一则小品中这样写道，儿媳妇为了讨好婆婆想赞扬婆婆几句，说："妈，您今天气色真好，满脸红光，像您这样，再活两三年没问题。"婆婆听后满脸愤怒。

1. 赞扬的技巧

（1）因人而异

赞扬要因人而异，不能总是：你好、久闻大名、如雷贯耳、你真漂亮、你真美、你真帅……套词俗语，而应千人千面。老年人总希望别人不忘记他当年的业绩和雄风；年轻人应赞美他的创造精神和开拓能力；小孩应赞扬他聪明伶俐；男士应赞美他仪表堂堂、事业有成；女士应赞美她青春漂亮，温柔贤惠；知识分子应赞美他知识渊博、宁静淡泊；经商的人应赞美他头脑灵活、生财有道……不能交叉和错位，不然会弄巧成拙。

（2）间接赞扬

间接赞扬是可借第三者的话来赞扬对方。比如你见到某甲，你对他说："前两天我和某乙谈起你，他对你崇拜极了。"无论事实是否真实，反正某甲绝对不会去调查是否属实，但他对你的感激是肯定的。

另一种方式是当事人不在场时予以赞扬，让传话的人传进本人耳朵里，就更能让被赞美者感到你对他的赞美是诚挚的，赞扬的效果就更明显一些。

（3）雪中送炭

俗话说："患难见真情"，最需要赞美的不是那些功成名就的显赫人物，而是那些因为被埋没，自卑自贱、身处逆境的人，他们平时很难听到一声赞美的话语，一旦被人当众真诚地赞美，便有可能振作精神、大展宏图、充满信心。这种赞美起到了"雪中送炭"的作用。

（4）从否定到肯定

赞美不能只是平平淡淡，有时采取从否定到肯定的迂回赞美方式，不但能够显示自己的口才，而且使对方很满意。例如，"你这个人别看你不温不火，但干起工作来从来一是一、二是二。"

赞扬的技巧不一而足，在日常生活中应注意学习和体会，目的是以融洽人际关系、沟通感情为前提。

2．批评的技巧

批评是一门艺术，最能体现一个人的说话水平，怎样做到把批评的话说得让对方乐于接受，既不得罪对方，又能让批评起到作用是很有学问的。在批评别人之前，首先要检查自己的行为，把自己和被批评的人捆在一起，说明你和对方分担责任。然后指出各自承担的责任，让对方认识到自己的不足，并改正自己的缺点，这样，批评的目的就达到了。批评讲究"分寸"，人人都有自尊心，得体适度，点到为止。不到万不得已，尽量避开公开批评，最好是在工作之余，找来促膝谈心，这种方式比公开批评效果要好得多。批评和表扬结合，想要批评，首先应创造一种和谐的气氛，找找对方的优点予以表扬，在这样的情况下再批评，对方很容易接受，容易达到指出问题的效果。

（1）打一巴掌赏个枣

如果是涉及原则问题不得不批评，或是有过错的人帮助教育无效时，必须对此加以严厉的批评以压住对方。有经验的老领导在这样的情况下，敢于发火震怒，狂风暴雨，事平之后或任务完成后再去作"善后处理"，或检讨自己的脾气不好。说明心是好的，说话方式不对但目的是为对方好。这样，"打一巴掌再赏一个枣"，让其感受关怀，到时还会对领导由衷感激。这种批评技巧，作为领导应该掌握。

（2）心平气和谈一谈

犯了错误，但在气头上，有相当一部分人碍于面子，不会主动承认错误。这就需要双方心平气和、待关系融洽、情绪稳定时谈一谈，帮助其指出错误、分析危害，达到改正错误的目的。

（3）点到为止不唠叨

人都有自尊心，有些错误要批评时只需点到为止，不用滔滔不绝地发表自己的看法，须知，即使已经知道谁对谁错，在双方还面红耳赤的情况下，谁都不愿让步，此时最好点到后马上转移话题，留给对方一个思考的空间，这是处理人际关系的无声"武器"。

（4）巧用幽默效果好

巧用幽默式的批评，往往以半开玩笑、半认真的方式提出。其语言轻松、温和、含蓄、有的还含有深刻的哲理，引人深思、发人深省。巧用幽默消除被批评者的恐惧和不安，让被批评者在笑声中心情舒畅地接受批评。例如，"你这玩笑开得有些过火了"，"我不相信你会干这种事，又不是疯子，是吧！"

四、社交场合应注意的语言禁忌

不同的场合，往往有不同的交际方式和特点。一般来说，在社交场合的口才交流应注意如下几个方面。

（1）避免不必要的争辩。你喜欢和人争辩，是否以为可以表现自己，并会得到很大的益处呢？实践会告诉你很难，即使对方表面服输了，心里也不会服输，你一点好处也得不到。争辩很容易伤害别人的自尊心，因此对方会对你产生反感。一般来说，在没有必要的情况下，争辩是不可取的。因为许多主张、计划等，并不一定是用争辩的方法来获得的。

（2）不要用质问式的语气。质问式的语气，往往或多或少地带有一定的火药味。有些人爱用质问的语气来纠正别人的错误，这足以破坏双方的感情。被质问的人往往会被弄得不知所措，自尊心受到极大的打击。尊重别人，是谈话艺术必需的条件。把对方为难一下，图一时之快，于人于己皆无好处。

（3）对方谈话中不妥当部分，固需加以指正，但妥当部分极需要加以赞扬，对方会因你的公平而易于心悦诚服。改变对方的主张时，最好能设法把自己的意思暗暗移植给他，让他觉得是自己的修正，而不是由于你的批评。对于那些无可挽救的过失，站在朋友的立场，你应当给予恳切的指正，而不是严厉的责问，让他知过而改。纠正对方时，最好用请教式的语气，用命令的口吻则效果不好。要注意维护或激励对方的自尊心。

（4）千万不要故意地与人为难。有的人专门喜欢表示自己与别人意见不同，这种处处故意表示自己与别人看法不同的人，和处处随声附和的人一样，都是不老实的。口才是帮助你待人处世的一种方法，没有人愿意做一个口才很好、却到处不受欢迎的人。不要为了表现你的口才，而到处逞能，惹人憎厌，口才一定要正确而灵活地表现出来。

（5）对于你不知道的事情，不要冒充内行。不懂装懂是一种不老实的自欺欺人的行为，你知道多少，就说多少，没有人要求你作一个百科全书。即使一个很有学问的人，也会有所不知。所以，坦白地承认你对于某些事情的无知，这绝不是一种耻辱。相反的，别人会认为你的谈话有值得考虑的价值，因为你没有虚伪，没有吹牛。

（6）别对陌生人夸耀你的个人生活，例如，你个人的成就、你的富有，或是你的儿子怎么了不起。不要在公共场合把朋友的缺点和失败当做谈话的资料，不要老是重复同样的话题，不要到处诉苦和发牢骚，诉苦和发牢骚并不是一种良好的争取同情的手段。

技 能 训 练

一、自我测试

（1）如果你被邀参加一项活动，并表演节目，你将如何自我介绍？

（2）假如你负责主持一项工程竣工仪式，到会的有省、市、县各方面领导，你将如何把他们介绍给与会者?

（3）收集拜访与接待中经常使用的寒暄语、告别语，并在实践中运用。

（4）每3~5人为一组，轮流扮演主人和客人练习拜访与接待的礼节及语言。

（5）你的同学或朋友犯了错误，受了处分，请分析比较下列几句话的优劣。

① 你的领导太过分了，小题大做。

② 无所谓，别放在心上，做人洒脱些。

③ 谁都会犯错，知错就改，改了就好。

④ 你老兄真傻。

二、小组活动体验

（1）每人讲一件印象最深的关于被拒绝的典型事例，然后互相点评。

（2）将来，你在事业上取得了一定成就，在老同学聚会上，你怎样谈自己的成功？别人赞扬你，你怎样表现谦虚的风度？

（3）你同学做了错事，你告诉了老师，这位同学从此怀恨在心，不再理你，请问你怎样和他交谈，恢复你们的友情？

（4）你怎样赞美你的老师、同学、隔壁的张阿姨、单位的王书记？将赞美的内容一一写出来。

三、小组讨论

表单1　　　　　　　　　　　　"态势语言"训练活动记录表

日期:

项　　目	记　　录
讨论会记录	
个人收获	

续表

项　　目	记　　录
存在问题	
学习评价	

学生签名		教师签名	

表单 2　　　　　　　　　　　　项目活动评价表

项目活动名称＿＿＿＿＿＿＿＿＿　　　　　　活动日期＿＿＿＿＿＿＿＿
班级＿＿＿＿＿＿　姓名＿＿＿＿＿　学号＿＿＿＿＿＿＿＿＿　教师＿＿＿＿＿

项目过程评价						项目展示评价					
100 分		配分	自评	互评	主持	100 分		配分	自评	互评	主持
个人	工作态度	10				个人	项目说明	10			
	协调能力	10					项目展示	10			
	工作质量	10					效果	10			
	复杂程度	10					工作主动	10			
	改革创新	10					交流沟通	10			
小组	计划合理	10				小组	规划周密	10			
	项目创意	10					分工合理	10			
	过程有序	10					特色	10			
	完成情况	10					接受批评	10			
	协作情况	10					提出建议	10			

任务二 面 试

小七，女，24 岁 专业：会计

那时小七接到了一家知名的高薪企业的面试通知。这让她既高兴又紧张，因为她从来没有面试的经验。她在图书馆里待了好几个晚上，看《面试轻松过关》、《面试宝典》之类的书，看得头昏脑胀。

真正面试的那一天终于来到了。她走进考场后才发觉，与她一同面试的其他五个人都是男生。考场是一个很小的会议室，中间是一张圆桌。考官坐在圆桌一边，她们几个人坐在另外一边。服务员拿来六杯水，其他几个男生直接拿起自己面前的水杯就开始喝。她一转念，不对啊，几个考官都还没有水喝呢，她们怎么可以抢先呢？于是很有礼貌地把杯子递给离她最近的一个考官。

"还是女孩子心细啊。"坐在中间的一位考官说，另几个正在喝水的男生立刻窘住了，面面相觑。她暗暗自得，不忘对考官们露出谦逊的微笑。

几位考官介绍了公司运营方面的具体情况，也聊了聊她们的专业和对公司的想法。由于刚才的"喝水事件"，另外几个男生都比较拘谨，反倒是她和考官们谈笑自如。这时，坐在正中央的主考官突然问了她一个意想不到的问题："你的简历上写着会跳舞，你会跳哪种舞呢？"她立刻懵了。小时候她的确学过一点舞蹈，后来就没再进行过舞蹈训练。要是说实话，多丢面子啊。于是她就扯个谎说会跳新疆舞，说完之后就觉得脸有些发热。谁知考官要求她随便摆个姿势看看。她窘极了，从头到脚都无所适从，只好站起来原地转了个圈。

好不容易面试结束，考官们走出会议室讨论了一下，把她叫了出去。

"根据你的性格特点，她们想把你安排在外事部门，不过户口方面可能还需要再争取。"

听到这句话，她愣住了："你们不是答应可以解决吗？"后半句被她吞进了肚子，她的感觉越来越不妙。要是户口解决不了，她也许根本就不会来应聘……她左思右想，轻轻咬着下唇说："要不，我跟爸爸妈妈商量一下。"

主考官也突然愣了一下，她马上意识到，自己似乎说错了什么。

"好吧。"他微笑着说，"不过要记得，以后你参加面试的时候，不要说'和爸爸妈妈商量'的话，因为这样会显得你没有主见，明白吗？"

她抬头看了看他的眼睛，他眼里满是真诚。她意识到，她错失这个机会了。

知识点导航

一、面试的准备

应聘绝招：重点突出你的优势！

60 秒抓住考官的心

（1）增加与公司的关联性。你如果半天也扯不到和应聘公司相关的内容，面试官一定会心存疑问：这个人到底是来干什么的？

（2）适当展示过去的成就。既不要说得太过——要永远记住"楼外有楼"，也不要表现得太保守——你自己都不愿展示，怎么叫别人发现你的优势呢。

（3）说话要有条理。把自己的信息编排一下次序，再告诉面试官，这样可以体现你有很强的目的性和逻辑性。

（4）态度坦诚，心态自然。要和面试官做平等交流，不要给人感觉自己很"被动"。也不必满脑子地想"表现一定要好"，否则心态就会有所扭曲。

（5）把握非语言因素。声线可略微低沉，语速要适当放慢。可以有适当手势，但不要过多，不然会分散面试官的注意力。

（6）注重细节。全靠点滴积累。如果需要你幻灯演示，你却挡在幻灯机前滔滔不绝，岂不好笑？

① 去之前——好简历都有共同的优点

"国展招聘会参加的人数众多和招聘企业众多是众所周知的。要想在这么多应聘者中取胜，要想让你中意的企业也中意你，事先做好准备功夫是非常重要的一个环节。"资深人力资源专家杨女士这样说道。"说起这准备工夫，首先要从正确给自己定位做起。那么不妨给自己提两个问题：我的兴趣是什么？我爱干什么？找出此二问的答案，给自己的职业生涯一个规划，有目的性地跨入招聘会的大门，准备工夫做足了一半。"杨女士接着介绍道。

准备工作的第二步是做出好简历。杨女士说："好简历都有着几个共同的优点。"在她看来，简洁，不花哨，不哗众取宠是成为一份好简历的基本条件。其次，格式上错落有致，不要满篇文字，要分条理写，一是一，二是二，重点突出，优点突出是很重要的技巧之一。有学历优势的，把学历写在最显眼处；有经验优势的，把经验写在最显眼处。有的企业对简历有着自己的特殊偏好，比如微软，简单明了的简历容易通过；NEC，中英文对照的简历容易通过。若事先对企业的这些偏好做适当的了解，写起简历来会事半功倍。最后，杨女士特别强调，国展招聘会所收简历多，不宜写得过长，否则企业招聘人员没有耐心读完。

② 去之时——选好时段用最短的时间表现自己

"在合适的时间段向合适自己的企业投放简历是参加招聘会很重要的技巧之一，特别是针对国展招聘会这样的大型招聘。"另一位人力资源专家颜先生介绍说。他认为，在招聘会举行的两到三天时间中，靠前和靠后的时间段是比较黄金的。靠前时段，看到的头几份满意的简历往往会成为企业招聘人员的心理标杆，容易将以后收到的简历同它们比较，但是企业招聘人员会有"先入为主"的心理，有了满意的了，对后收到的简历的关注度会相应下降；靠后，有的企业在前段时间一直没有找到合适人选，但眼看这招聘会要结束了，想找到合适人选的心理就越急切，所以会特别留意新近收到的简历，这时即使稍有瑕疵，他们也会认为瑕不掩瑜。

其次，要想在招聘会上给企业留下良好印象就要学会在最短的时间里表现自己。比如在投放简历时，趁机向工作人员询问该企业的相关情况，用最简洁的语言和有气质的谈吐阐述自己的能力和优势也是十分关键的一种技巧。

③ 去之后——没找到工作不等于失去了事业

参加完招聘会，回家等电话或者邮件的那几天想必是应聘者心里最七上八下的时间了。收到面试通知的，当然满心欢喜，再接再厉。没有收到面试通知的应聘者又应该如何调整自己的心态呢？杨女士说，找工作就像找老婆，没有娶你不是因为你不漂亮，而是你的性格和我不合。同样，企业没有选你，不是说你能力有问题，也许是你不适合这份工作。她进一步举例说，有人曾经质疑，我的徒弟都能被某企业选中，为什么我就不行？这说明能力并不是企业选人的首要条件，企业挑选员工，不是要最好的，而是要最适合的。

颜先生补充道:"再好的工作不过是个工作而已。你不过是暂时没有找到一份工作,并不代表你失去了事业。如果眼光只看到眼前的工作,那只是为了有口饭吃,长远不了,可成就事业是长远的计议,当下的处境不过是其中的一个环节。"

最后,提醒广大应聘者:天生我才必有用,切忌眼高手低。

二、面试中的自我介绍

(一)求职自我介绍口才技巧的特点

1. 简短性

就是短小精悍、简明扼要。求职者的自我介绍一般都要在 3~5 分钟内完成(有的甚至只有 1 分钟);超过了这一时限,招聘者既不会给求职者那么多的时间,也不见得能有兴趣继续听求职者说下去。

2. 概括性

就是既能给招聘者一个整体上的轮廓感觉,又不拖泥带水、重复累赘。

3. 重点性

就是详略得当,不平均用力。哪怕只说两点,也得分出个轻重缓急,而且让招聘方明显地感觉出来。

4. 条理性

就是叙述的层次要清晰,先后次序要合乎逻辑。不能眉毛胡子一把抓,想到哪儿就说到哪儿;或者前言不对后语;或者说说停停,等一会儿又不时地补充一两句。

5. 新颖性

就是要能对招聘者产生吸引力。在招聘者心目中留下较深刻的印象,或者产生较强烈的好感。

(二)求职自我介绍口才技巧的种类

1. 直白式

直白式就是有什么说什么,原原本本、直截了当地表露出来。

"我叫×××,是××人,××学院毕业,学的是护理专业,3 年制专科……"

多数人在多数场合都是用这一方式。本方式的优点是轻松洒脱,不需要动多少脑筋,也不会构成什么心理负担;不足之处是与招聘方的问话目的往往存在一定的差距,难以完好契合。因为招聘者的问话一般都是带有明确目的的,如果你的答话不能与招聘者的问话目的契合,往往也就很难留下较为深刻的第一印象了。

2. 文雅式

文雅式就是把话说得很规范而且有文采,显示出丰厚的涵养水平来。

"鄙人×××,祖籍河南省,就学于××学院,主修专业为××,学制时间 3 年……"

话说得颇有文采,显示出较深的文学功底;但也显得较为拘谨,颇有点不合时宜或者阳春白雪的味道。因为绝大多数招聘者只是请你去干活的,对基础性的学问研究之类并没有多大兴趣,所以很容易在第一时间就被刷了下来。

3. 成果式

成果式就是着重展示自己的成果,用成果去抓住并打动招聘方的心。

"我叫××，××人，××大学××专业，取得了1个硕士、2个学士，获得过省部级以上设计奖3个，先后有4家报刊做过报道……"

这"1234"概括得别出心裁，既突出了重点，又表述得新颖，在抓住并打动招聘方上具有较明显的吸引优势；问题是自己的实力必须强劲——实力强劲就不难提炼概括；否则很容易陷入"巧妇难为无米之炊"的困窘之中，即使勉强说出，也难免苍白，对招聘者形不成足够的吸引力。

4．幽默式

幽默式就是说得生动、说得风趣，从平淡中说出了新意，在给人耳目一新的感觉的同时，也产生出给对方较强烈的第一印象。

"我叫王红，知名度小；生于××省，一个乡巴佬；硕士毕业，普通院校；成绩优良，技能还少……"

本办法的优点是能在短期内迅速引起招聘方的注意，拉近求职者与招聘者的心理距离；缺点是幽默的分寸不容易把握——编得牵强，达不到幽默的效果；说过了头，又很容易失之油滑，反而不如平铺直叙了。

5．职务式

职务式就是借助于职务的列举来显示出自己的学识水平与技术或组织能力来。

"我叫×××，××市人，××××大学××专业毕业，我崇尚并特别注重实践，先后兼任过2家化工公司的总经理助理，主持过3个学生科技攻关小组，做过4次大型企业活动的总策划，担任过学生会主席等5个职务……"

因为现实生活中人们往往把职务等同于水平，所以这种说法很容易一下子抓住招聘方的注意力，成为用人单位的首选目标；问题也是必须具有真实强劲的实力作为基础；否则最终还是免不了弄巧成拙。

（三）求职自我介绍口才技巧的基本要求

（1）符合不同场合，比如在集体应聘的场合，就应特别强调有特色；符合不同岗位，比如应聘白领管理岗位，就需要注意条理分明、重点突出；必须简短，不管求职者的经历多么复杂，经验多么丰富，都必须在1~5分钟之内说完；必须有条理，而且条理间还得合乎逻辑；必须有明确的重点，或突出什么，或说明什么……

（2）语速要适中，不能太快，太快让人听不清；也不能太慢，太慢让人不耐烦；口齿要清楚，别让人产生歧义；尽量用普通话，以免出现交流障碍。

（3）禁忌：吞吞吐吐（说明求职者自信心不足）；前言不搭后语（说明所说内容不可信）；话语太长（说明求职者心不在焉）；满口套话（说明没有实战经验）；过分自谦（说明底气不足或城府太深）。

三、面试中的问与答

在面试前先了解、练习对几个很难的问题进行回答会帮助你对其他问题的回答做准备。有的问题问得比较多，有的较少但却是回答其他问题的基础。

1．为什么不谈谈你自己

分析：这是个开放性问题。从哪里谈起都行，但是滔滔不绝地讲上一两个小时可不是雇主所希望的。这样的问题是测验你是否能选择重点并且把它清楚、流畅地表达出来。显然，提问者想让你把你的背景和想要得到的位置联系起来。

回答对策：有几个基本的方法。一个是直接简要回答所问的问题，另一个是在回答前要求把问题问得更明确。在上述两种情况下，你都要很快地把你的答案转到你的技能、经验和你为得到目前这份工作接受的培训上来。

回答样板："我来自一个小家庭，有一个弟弟，父母都还在工作。中学毕业后，我攻读市场营销学士。期间在一家商业机构担任行销执行员，学了不少管理方面的知识。例如，我全权负责的一个批发销售公司的业务，销售总额一年为 200 万美元。在那里我学习到怎么管理人事，在压力下解决问题。我希望能更好地运用我的技能。我相信我的经验和学历将让我迎向未来更大的挑战。"

评语：只简单的介绍了个人历史，很快地将重点话题转到与工作有关的技能和经验上来。你也可请面谈者把他确实想了解的东西集中到一点，如你可问："你是不是想知道我受过的教育，或者与工作有关的技术和经验？"等，大多数雇主都会乐意告诉你他们感兴趣的是什么？

2. 我为什么要雇用你

分析：这是个直接、正面的问题，尽管这个问题不会问得这样明确，但是会在其他问题之后被提出来，这个问题没有隐含的意思。

回答对策：直接的问题需要直截了当回答，为什么他们要雇用你呢？最巧妙的回答对他们而不是对你有利。这个问题会使你向他们提供证据以证实你可以帮助他们改进工作效率，降低成本、增加销售、解决问题（如准时上班，改进对顾客的服务、组织一个或多个管理工作等）。

回答样板："我是个经验丰富的经理，在员工队伍建设方面，从组织项目的实施到鼓励员工合作，我得心应手。多年来，我已经掌握了一套雇人和留人的技巧。此外，我还擅长帮助公司顺利实现技术改造和员工培训。我经常对主要客户进行示范讲解，我们的销售额在过去两年平均增加了 87%。"

评语：在回答中，以实例提供有力的证据，直接而自信地推销自己。

3. 你有哪些主要的优点

分析：像前面问题一样，这个问题问得相当直接，但是有一点隐含。

回答对策：你的回答应当首先强调你适应的或已具有的技能。雇用你的决定在很大程度上取决于这些技能，你可以在后面详细介绍你与工作有关的技能。回答时，一定要简单扼要。

回答样板："我具有朝着目标努力工作的能力。一旦我下定决心做某事，我就要把它做好，例如，我的志愿是成为一个出色的公关经理，我喜欢接触不同的人，服务人群。为了实现这个目标，我目前正在修读有关课程。"

评语：如"我的学习能力、适应能力很强。""人际关系很好"等都是可提出的优点，但尽可能要提供与工作相关的证据，这会使你与众不同。

4. 你有哪些主要的缺点

分析：这是个棘手的问题。若照实的回答，你会毁了工作，雇主试图使你处于不利的境地，观察你在类似的工作困境中将作出什么反应。

回答对策：回答这样的问题应诚实。完满地回答应该是用简洁正面的介绍抵消反面的问题。

回答样板 1："工人们指责我对工作太投入。我经常提前一点上班安排好我的工作，晚上晚一点下班，使要干的事得以完成。"

回答样板 2："我需要学会更耐心一点。我的性子比较急，我总要我的工作赶在第一时间

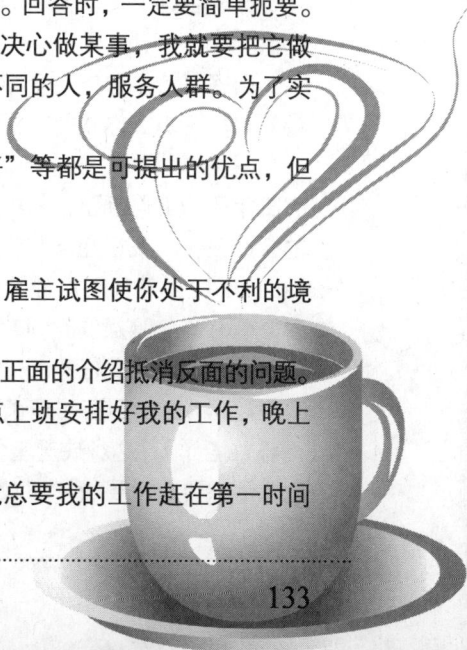

完成。我不能容忍工作怠慢。"

评语：回答的虽是自身的缺点，但却表现了正面的效果，对工作的积极抵消了反面。

5. 你想得到的薪水是多少

分析：如果你对薪酬的要求太低，那显然贬低自己的能力；如果你对薪酬的要求太高，那又会显得你分量过重，公司受用不起。一些雇主通常都事先对求聘的职位定下开支预算，因而他们第一次提出的价钱往往是他们所能给予的最高价钱。他们问你只不过想证实一下这笔钱是否足以引起你对该工作的兴趣。

回答对策：在商谈薪酬之前，你已经调查了解了自己所从事工作的合理的市场价值。在与对方商谈时，不妨尽可能插入"合理的和市场价值"语汇。记住，商谈时降低原来的开价轻而易举，但一旦开出低价后想再提上去就难乎其难。

回答样板1：如果你尚未彻底表现自我价值，面试者就提此问题考你，你不妨参考以下答案：

"钱不是我唯一关心的事。我想先谈谈我对贵公司所能做的贡献——如果您允许的话。"

"我对工资没有硬性要求。我相信贵公司在处理我的问题上会友善合理。我注重的是找对工作机会，所以只要条件公平，我就不会计较太多。"

回答样板2：如果你已经阐明该职位的重要性，可是对方仍旧告诉你给你的报酬已是最好的。您不妨指出它的工作性质实际上值得你获得更高的报酬；阐明你将如何通过努力缩减公司的开支；说明在工作中你得自我承担哪些费用等，以证明你对公司的价值，和表明你要求更高报酬是以你的工作表现为前提的。

但是如果对方不愿妥协，在你未得到肯定的工作答复之前，不要使雇主排除对你的考虑。你可以问："你们决定雇用我了吗？"如果答案是肯定的，报酬却使你不愿接受，你可以这样拒绝："谢谢你给我提供工作机会。这个职位我很想得到，但是，工资比我想要的低，这是我无法接受这份工作的原因之一。也许你会重新考虑，或者以后能有使我对你们更有价值的工作时再考虑我。"

评语：即使拒绝对方，也要为协商留有余地。如果雇主需要你，他会乐于满足你的要求。一旦你对他们提出的标准说"不"，交易就做不成了。

6. 你以前的经验和我们现在的工作有哪些联系

分析：这个提问要求你在与其他求职者进行比较时，你要克服你背景中显示出来的任何弱点。

回答对策：首先要介绍你的优势。假如其他求职者明显地比你受的教育多，工作经验多或知识多，那么你就要介绍你的优势。

回答样板1："如你所知，我刚刚结束计算机编程方面的加强培训。另外，我在企业方面有三年多的工作经验，其中包括在老板不在时管理小型企业。我在那学会了处理财务及基本的会计工作。我还盘算和管理过价值30万美元的产品。这些经历帮我认识企业使用电脑编程的作用。虽然我刚接触编程工作，我对电脑语言是熟悉的。我受的教育是全面的，我有300多个小时的电脑操作时间，这是我课程的一部分。因为我是新手，我决心比别人更努力地工作，以便及时完成任务。"

评语：这种回答强调了可转换性的技能（会计工作知识）和适应性技能（按时完成任务，更努力工作）。这对缺乏工作经验的程序员来说是必要的。在这种情况下，在学校学的知识也非常重要，也要像"正式"工作那样予以强调。

回答样板 2："在以前的工作中，我使用过很多与做好这项工作所需要的相同的技术。尽管是不同的企业，但管理企业都需要有我具有的组织和监督能力。在过去的七年里，我使我的部门成为我们公司最赢利的部门之一。在我工作期间，每年销售额平均上升 30%，利润也提高 30%。由于这是个老公司，这样的业绩是很不一般的，七年中我得到两次晋升，并很快地荣升到管理层。我想在你们这样小的、发展型公司接受挑战，我感到我的经验为我走向这一步做好了准备。"

评语：回答者明白以前的工作领域与现在考虑的不同，但是，他强调了成绩和以前的成功。为完成这项工作，各种管理技术都会用到。回答中还谈到继续接受小公司工作挑战的动力。

7. 你对以后有什么打算

分析：这个问题是在考察你的工作动机。它是在探究是否可以信赖你把工作长久地干下去，而且干得努力。

回答对策：你最好的对策就是诚实。这是一贯强调的。我并非是要你把负面的信息也摆出来，你应该准备坦率地、正面地回答雇主关心的问题。而哪些是雇主关心的问题取决于你介绍个人背景的具体情况。

例如：

你对工作满意吗？（如果不满意你会离开公司吗？）

你想成家吗？（如果成家，你会停职去照料小孩吗？）

你是否有过短期工作后离开的历史？（如果有，你会不会也放弃这份工作呢？）

你是否刚搬到此地，是临时的或暂住人口？（如果是，你也不会在此地久居，对吗？）

你是否有比本工作要求更好的条件？（如果是，是什么使你不去高就呢？）

你有什么优势和承诺在工作中发展吗？（如果不是，谁需要一个没有优势和动力的人呢？）

有什么原因使你感到不满吗？（如果有，雇主自然会设法搞清楚。）

回答样板 1：对于一个刚刚参加工作的人，他可以这样回答：

"我认识到要在这一领域造就自己，我很愿意从此开始。我想过我要做什么，而且肯定我的技能正是做好这项工作所需要的。例如，我善于与人打交道。在我过去的一项工作中，我每周向 1000 多名不同的人提供服务。在我 18 个月的工作中，我曾为 72 000 多名顾客提供服务，从未得到一次正式的投诉。事实上，他们常因我的周到服务表扬我。我认识到我喜欢与公众接触，想到我能得到这份工作感到非常愉快。我想在工作中更好地学习，并与之共同进步。由于我对公司的贡献和价值不断提高，我希望能考虑使我得到更有责任的职务。"

评语：雇主想了解你会长期工作下去并努力工作。这样的回答使对此表示关注的雇主感到安慰。（注意，这样的回答可以在快餐店工作获得的经验为背景。）

回答样板 2：对没有工作经验和只有各种短期工作经验的人，他们可以这样回答：

"我做过几种工作（一种或失业），我认识到应该珍视体面的、稳定的工作。我的各种经验是一种财富，我学到很多东西，我可以把它们用于这项工作中去。我正在寻找一份可以安定下来，努力工作并持久下去的工作。"

评语：这是一种可以接受的回答，只是回答太短，也没有提供证据。介绍自己的实例最好放在最后一句话之前。有些职务，如销售方面的工作，要求你有勃勃雄心，或者说咄咄勇气。其他工作有对工作领域或专门机构的要求。你不会总能预料到雇主想要什么。如果你能正确地做，你就会具有任何工作要求的条件，而这一切只需要你用嘴讲出来，就是这么简单。

8. 你以前的雇主（教师、介绍人、管理员等）对你的评价如何

分析：这个问题与雇主的第二种期望有关。雇主想知道你的适应性技能——你是否容易相处、你是否是个好工人，等等。你以前的雇主可能会谈到你存在的问题，当然，也可能不谈。你知道，许多雇主会在雇用你之前查阅你的证明信，如果你在面谈时谈的与你以前的雇主说的不一样，你就要倒霉了。

回答对策：一定要与你以前的雇主讨论你的求职计划，也要征求你介绍人的意见。要明确地告诉他们你想找的工作种类以及你准备做好新工作的理由。假如以前的雇主会说一些不利于你的话，你要和他开诚布公地谈谈，看他会写些什么。

如果你是被解雇或被迫辞职的，你可以向未来的雇主进行辩解。有很多成功的人与前雇主发生过冲突，如果能把这些冲突尽可能地讲出来，许多面谈者是会理解的。对与你关系不好的旧雇主，明智的办法是请他写一份文字证明材料，在这种情况下，他们不会给你极为不利的信。大的公司一般不接受电话提供证明材料，这可以使你大大地松一口气，只要给公司打个电话就清楚了。

如果可能的话，使用那些说你好话的证明信。要是你的前任老板不愿这么做，找个愿意帮忙的人便行了。如果你被解雇了，最好的对策是实话实说。但是对你的前任老板不要太苛刻，这样会让人觉得你是个好抱怨而无责任感的人。再者，你也不是一点错也没有。要先承认有这么回事，接着要趁机谈谈你从中得到的教训。

回答样板："我的三个前雇主都会说我工作努力，可靠、忠实，我离开那里是因为个人冲突。为此我深深地感到烦恼，只有放弃那里的工作。你可以给他们打电话，他们对我的评价是肯定。我认为还是向你们谈谈为好，我仍然尊敬他。我在那得到了几次晋升的机会，但是，随着我权力的增加，冲突也越来越多起来。我们主要是不同类型的人。我不知道问题会有那么严重，因为我一心只想工作。这是我的错，我认识到我应该更加注意人际关系的处理。"

评语：回答中介绍了一些正面的技能，并用具体事例加以说明，因而是有力的。

9. 你为什么要找这样的职位？为什么是在这里

分析：雇主想了解你是否是那种无论什么公司有活就行的人。果真如此，他或她就不会对你感兴趣。雇主想找那种想解决工作中问题的人。他们有理由认为这样的人工作起来更努力，更有效率，而那些想去特别的公司工作的人也是如此。

回答对策：事先了解哪些工作适合你的技能和兴趣非常重要。要回答这个问题，就要谈到你选择工作目标的动机，那项工作要求的而你又具备的技能，各种专门培训，或与职务有关的教育证书。

这个问题实际上有两方面的含意。一是为什么选择这个职位，二是为什么选择这个公司。如果你有选择这个公司的理由，或选择这个公司是你最大愿望，你就要准备回答为什么。如果可能的话，在面谈前，你要事先尽可能地对它进行了解。与别人联系得到详细的情报，或到图书馆查阅，看公司的年度报告，或任何能使你了解情况的方法都是必要的。

回答样板："我花费了很多时间考虑各种职业的可能性，我认为这方面的工作最适合我，原因是这项工作要求的许多技能都是我擅长的。举例来说，分析问题和解决问题是我的强项，在以前的工作中我能比别人更早发现和解决问题。有一次，我提出一项计划使得租借设备的退货率减少了15%，这听起来不算高，但是取得了年增长25 000美元的好效益。而成本仅为100美元。目前你们公司似乎是能让我施展解决问题能力的地方。这个公司工作运行良好，发展迅速，善于接受新思想。你们的销售去年上涨了30%，而且你们准备引进几项大型新产品。如果我在这里努力工作，证实我自身的价值，我感到我有机会与公司共同发展。

评语：这种回答巧妙地运用了"提供证据"技巧，这样的话符合一个出色的经理或优秀的秘书的身份。

10．为什么不讲一讲你个人的情况

分析：一个好的面谈者很少这样直接地提出这个问题，通过随意的、友好的谈话也可以得到想了解的情况。在大多数情况下，面谈者会竭力地打探证明你不稳定或不可靠的信息。

回答对策：还有其他一些可能使某个雇主关注的问题，以上问题只是对某些性格的人的推测。这都是些不相关的问题，但是，如果雇主想以此来了解你可否可靠，你就得全力以赴地去应付了。要记住即使是随意地闲谈也要避免提及隐晦的问题。在回答个人情况时，要态度友好而且自信。

回答样板：

有小孩子的家："我有两个小孩，都在上学。他们和我的一个好朋友在一起，照料孩子不成问题。"

一人主家："我没有结婚，但是我有两个孩子。对我来说有一份稳定的收入很重要，照料孩子不成为问题。"

年轻、单身："我没有结婚，即使结婚，我也不会改变做专职工作的打算，我可以把全部精力用在工作上。"

新搬来的："我决定在 Depression Culch 长期居住下来，我租了一套公寓，搬家公司的六辆车正在卸家具。"

抚养人："我有个愉快的童年，我父母住的地方离我只需一小时飞机的路程，我一年去看他们几次。"

闲暇时间："在我不去上班时，我主要待在家里。我爱参加社区组织的活动，我每周都要在教堂参加活动。"

评语：上述回答都可以扩展开，可以作为你回答问题时的参考。这里要告诉面谈者的是你个人的情况不影响你的工作能力，而且，确实还能对你有帮助。如果你的个人生活会扰乱你的工作，想必雇主也会很快对你失去耐心的。这不是他们的问题，也不应该成为他们的问题。

四、求职引发共鸣的口才技巧

（一）求职引发共鸣口才技巧的特点

（1）契合性。即求职者所阐述的内容必须和招聘者所希望听到的内容相一致。一致的程度越高，招聘者所产生的兴趣就会越大，求职者的希望也就越大。这不仅要求求职者具有良好的驾驭语言的能力，同时还得具备敏锐的观察与判断能力。

（2）典型性。既指求职者表述的内容及形式在招聘者心目中引起的共鸣面最广，也指求职者表述的内容或形式在招聘者心目中引起的共鸣程度最深，或共鸣的时间最久，还指某一求职者表述的内容或形式被招聘者认为是众多求职者中最突出或者杰出的。一般来说，共鸣度越高，共鸣面越广者，应聘成功的几率相应也就越大。

（3）感染性。指求职者表述的内容或形式既能引起招聘者的共鸣，又能产生认可和叹服、欣赏。也就是说，求职者所表述的内容或形式直接感染着招聘者。感染程度越深，应聘成功的几率自然也就越高。

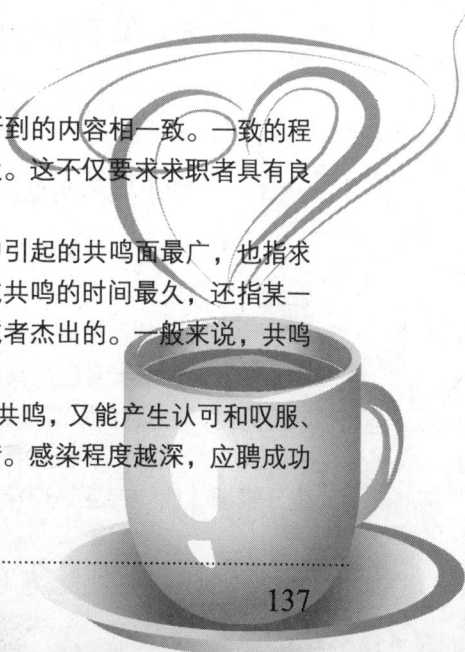

（二）求职引发共鸣口才技巧的种类

（1）悲剧式。就是讲出自己不同于常人的悲惨境遇。例如，家境、身体、经历等。因为人们普遍都有对于弱者的同情心，对于可怜者的怜悯心。

（2）喜剧式。就是用幽默、风趣、讥讽或自嘲等方法来激发招聘者的笑神经。在他心目中建树起良好的初始印象。

（3）实用式。就是求职者要学会用语言去提醒或引发（激发）招聘者，使招聘者感觉到求职者的知识与技能确实对自己有用，而且十分迫切。

（三）求职引发共鸣口才技巧的基本要求

（1）共鸣要合情合理，既合乎求职者自身的情况，又符合招聘方现实的需要。要准备好共鸣的后续事项，比如进一步的深入论辩，或是具体的实务操作等。注意共鸣的效益性，无论是经济效益还是社会效益，求职者所发出的共鸣都只能是正效益。注意共鸣的场合性，有些场合或场合中的敏感时刻都是不宜挑起共鸣的。

（2）注意从现场的各种因素中发现共鸣点。如校友之间、同乡之间、同行业岗职之间等，都是很好的共鸣点；注意从招聘方的话语中间捕捉共鸣点。如对方几次提到高水平的管理人才，差不多也就意味着该团队缺乏的正是这种人才；学会从当前的时尚或者社会热点中去提炼共鸣点。例如，从 2008 年的北京奥运会就能发起许多公共话题来。

求职引发共鸣还要注意避免判断失误，引不起共鸣，求职者自己"剃头的挑子一头热"；共鸣点太肤浅或准备不足，无法继续深入，给招聘者留下不成功的投机印象；共鸣点与所求聘的团队及岗位关联不紧，甚至毫无关联，引不起招聘者的兴趣；共鸣的题材太过敏感，他人避之唯恐不及；共鸣时的表现太过激烈，暴露了求职者的性格弱点。例如：

孙先生面试一路绿灯，过关斩将，最后人力资源主管问他："你为什么想来我们公司工作？"孙先生回答："贵公司的培训机会很多，我想将来好好学习。"没料到最后居然落选了。

"你既然是想来学习的，那我们干吗要花钱雇你？"说不定人力资源主管心中就是这么想的。不如回答："我看中的是贵公司的产业发展前景……"因为企业首先考虑的是你能不能现在干活，别把恭维用错了地方！

五、求职展示亮点的口才技巧

亮点就是自己的优势。每个人几乎都有自己的优势，只不过不同的优势适用的领域和用途各不相同而已。

（一）求职展示亮点口才技巧的特点

（1）适用性。求职中的亮点首先就是要对对方（即招聘者）有用，最好还是对方迫切急需的实际效用。

（2）突出性。优势有大小的差别，何为大、何为小却不好具体界定，但一定要是最突出的，或者是求职者身上最突出的，或者是这批应聘者中间最突出的（他人所没有的就是突出的），或者是招聘者眼前最需要的等，符合的项数越多越好。

（3）潜在性。有些优势暂时没有表现出来（比如研究能力），但只要求职者具备充分的良好素质（比如专业钻研精神和习惯等），即某方面的潜在能力，从培养发展的角度看，有见地的招聘者常常也会慧眼独具，视其为优势的。

（4）转化性。相关的优势之间常常可以相互转化。对于某些急需行业或技术而言，在一时找不到更理想的应聘者的前提下，聪明的招聘者往往也会将这些可能转化的相关优势直接作为急需优势来加以吸纳、利用。

（二）求职展示亮点口才技巧的种类

（1）工作式。在实际工作中发现自己的优势，并用生动、精当的语言来陈述、表露出来。

（2）技术式。在应用技术中发现自己的优势，并用生动、精确的语言周密陈述、表露出来。

（3）生活式。在日常生活中展露某一项独特的本领，形成自己的优势，让旁人用生动、精当的语言陈述、表露出来，并不断地传扬开去。

（4）特殊式。求职者只要具备了某一项较为独特的本领，都可以而且应该寻找到急需的相关行业展露出来。

（5）发展式。也就是要发展好自己的优势。这里包含两层意思：第一，任何优势都是从小到大发展而成的，假如求职者已经具备了某一稀缺的优势萌芽，那就应该加紧培植，让其迅速成长壮大；第二，任何优势都是在不断发展和前进的，即使求职者已经具备了某一明显的独家优势，仍然应该不断发展、完善，万不可停滞、封闭，那样最终仍可能会被他人所取代。

李女士面试将要结束，人力资源主管问她："你认为自己最适合干什么？"李女士回答："只要公司需要，我什么都能干。"最终未被录用。

你什么都能干，那肯定什么都不一定干得精、干得好。既然如此，人家要你干什么？你必须展示出自己的亮点，让人觉得你既有抱负，又脚踏实地才行。

赵先生是某高校的硕士研究生，凭着响当当的学历和一表人才，在人才市场被一家外资企业一眼看中，面试时，人力资源主管问他有什么特长，赵先生回答："我的文学功底好，写作能力很强。"主管又问他："能用毛笔写大幅标语吗？"赵先生回答："我可以边干边学。"主管只好放弃了他。

赵先生两句话都答错了。"写作能力强"在企业并不能算是优势，因为企业是从事生产经营的，企业所用的写作只局限于商业策划以及常规事务性的办公应酬，即企业并不需要太高深的写作知识；"边干边学"也不行，企业只需要熟手，原则上不养闲人，所以一般不会有给你学习的机会。再者说，你要万一学不好呢，那损失算谁的？企业最看重的是职业优势。

（三）求职展示亮点口才技巧的基本要求

（1）亮点越多越好，亮点越突出越好；亮点与所求聘的岗位关系越紧越好，亮点表述得越生动风趣越好。

（2）展示亮点要从招聘单位或岗位职责中最薄弱的环节上去寻找并展示亮点，重点展示职业亮点，而不是性格亮点。要与自我介绍形成一致，要有鲜明的现实效益性和可操作性。

（3）展示亮点不能无中生有或者随意夸大，经不起招聘方的检验；亮点与自我介绍不能前后矛盾，让人怀疑其真实性；不能把职业亮点与性格亮点混为一体，使亮点的分量太过微薄，引不起招聘方的兴趣。

六、求职解释弱项的口才技巧

人人几乎都有弱项，弱项有很多种，有的使人同情，有的使人厌恶。所以，有时恰当地表明自己的弱项，反而能赢来招聘者的好感。

（一）求职解释弱项口才技巧的特点

（1）同情性。求职者所展示的弱项必须是能使人产生同情的弱项。

（2）可塑性。人们之所以能接纳、同情求职者的弱项，目的并不是欣赏，而是希望能亲手给予改变——这种改变往往可以激发他人的功业感和自豪感。所以求职者所表现出来的弱项一定要是可以改变的弱项，而不能是僵死有害的痼癖。

（3）无害性。求职者所显露出来的弱项还必须是安全的，即对他人或团队不会产生任何妨碍（包括物质与精神或其他方面的妨碍等）；否则，招聘者即使想同情也不敢去同情了。

（4）缘由性。求职者所显露出来的弱项还应该是有缘由的，这个缘由可以是生活经历、成长环境或家庭经济状态等，总之，必须符合现实中的因果关系，必须让人理解并看到可以改变的前景。

（二）求职解释弱项口才技巧的种类

（1）性格式。就是暴露某一方面的性格弱点。首先，要全面分析自己的性格类型；其次，得评判好自己的性格弱项与公众的相容性。

（2）技术式。就是显示个人专业技术上的弱项，并估测这个弱项的改进可能及对将要应聘的工作岗位的影响。

（3）知识式。就是展示自己某一方面的知识缺陷，同样也应正视这个缺陷的弥补可能，以及是否对将应聘的工作岗位产生影响。

（4）身体式。就是展示自己在身体方面的某些不足，同样也得正视这个不足是否有其他的代偿功能，是否会影响将应聘的工作岗位。

（5）心理式。就是暴露自己在气质、心理方面的弱点。也需要先全面分析自己的气质类型、心理定势等及其产生或形成的原因，然后再评判自己的这些气质、心理弱项在生活中的危害程度及改进可能，充分考虑到公众的相容程度等。

（三）求职解释弱项口才技巧的基本要求

（1）说话要注重客观性，一分为二或者一分为三。掌握好弱项与岗位、职业的关系，无关的弱项一般不必说出。要在综合分析的基础上来展示弱项，让招聘方觉得可信却不可怕。

（2）一般是亮点为主，弱项居次；所展示的弱项一定不能构成对岗位或职业的危害；所展示的弱项应该具有可补性。

（3）禁忌：完全不展示弱项，招聘者会觉得求职者言过其实；夸大弱项或者弱项太多，让招聘者感到害怕；弱项明显对工作或团队有害，而且无法克服、更改，为安全起见，招聘者只好忍痛割爱。

技 能 训 练

一、自我测试

下面 15 道题目，请你来试着做做，如果你的回答和人事主管的想法十分贴近，那你离被录用就又近了一步。

1. 谈谈你个人最大的特色。

    A. 我人缘极佳，连续三年担任班级和学生会干部

    B. 我的坚持度很高，事情没有做到一个令人满意的结果，绝不罢手

    C. 我非常守时，学习、工作以来从来没有迟到过

    D. 我的个性很随和，是大家公认的好好先生（小姐）

2. 你为什么想来我们公司工作？

    A. 主要是这份工作的内容很吸引我

    B. 贵公司在行业内颇为出名，听说管理也很人性化

    C. 我的大学同学在贵公司会计部工作，是他建议我来应征的

    D. 贵公司在业界的声誉及这项工作的性质都很吸引我

3. 你对我们单位了解吗？

    A. 贵公司去年在长达八个月的时间里都高居股王的宝座

    B. 贵公司连续三年被ABC杂志评选为"求职者最想进入的企业"第一名

    C. 不是很清楚，能否请您作些介绍？

    D. 我最欣赏贵公司有意改变策略，加强与国外大厂的OEM合作，自有品牌的部

        分通过海外经销商扩大了销售

4. 你找工作时最主要的考虑因素是什么？

    A. 公司的远景及产品的竞争力

    B. 公司对员工职业生涯规划的重视及人性化的管理

    C. 工作的性质是否能让我发挥所长并不断成长

    D. 合理的待遇及主管的管理风格

5. 你的期望待遇是多少？

    A. 是否可以先让我了解一下贵公司的薪资及福利制度？

    B. 我希望至少要高过我目前的薪水，依我的职务级别每年可分配多少股票呢？

    C. 我目前是3000元，但下个月要调薪，所以我希望至少4000元

6. 你什么时候可以开始上班？

    A. 再等一个半月，拿到上年度的分红之后

    B. 原则上我可以尽量配合，但我必须与我目前的老板讨论交接的日期

    C. 是否可以给我两个星期的时间考虑一下，并与家人通个气

    D. 我的好朋友下个月在美国结婚，我必须参加，是否可以等我从美国回来

7. 你为什么想离开目前的职务？

    A. 别的同事认为我是老板的红人，所以处处排挤我

    B. 调薪的结果令我十分失望，完全与我的付出不成正比

    C. 老板不愿授权，工作处处受限

    D. 公司营运状况不佳，大家人心惶惶

8. 谈谈你在前一份工作中的最大贡献。

    A. 因事前准备得宜，使得产品……在去年的交易展会上大出风头

    B. 据理力争，为同事争来了年度免费健康检查的福利

    C. 重新设计生产线，使得生产周期缩短了30%，每季出货量增加了35%

D．以一份长达 20 页的评估报告建议公司必须尽快投入电子商务

9．如果我们雇佣你，你准备为我们工作多长时间？

    A．这个问题可能要等我工作一段时间后，才能比较具体的回答

    B．一份工作至少要做个三年五年才能学习到其精华的部分

    C．这问题蛮难回答的，可能要看当时的情形

    D．至少两年，两年后我计划再出国深造

10．除了我们公司，你还应征了其他哪些公司？

    A．我还应征了 ABC 饮料公司、DEF 软件设计公司及 XYZ 化工公司

    B．因为是通过人才网站，所以很多公司与我联络，不胜枚举

    C．我只对计算机类的公司感兴趣，除贵公司外，我还应征了 IBC 及 COMP 公司

    D．我不是很积极地想换工作，这半年多来陆陆续续寄了一些履历，公司名字不太记得

11．你希望五年后达到什么成就？

    A．"做一天和尚敲一天钟"，尽人事，听天命，顺其自然

    B．凭我的机灵及才干，晋升至部门经理是我的中期目标

    C．自己独当一面开公司

    D．"全力以赴"是我的座右铭，希望能随着经验的增加被赋予更多的职责与挑战

12．你认为你在哪方面最需要改进？

    A．时间管理

    B．人际关系

    C．我有点迷糊

    D．不应该以高标准去要求部属和同事

13．如果你离开现在的职务，你认为你的老板会有什么反应？

    A．很震惊，因为老板对我很器重也很信赖，我就如同他的左右手一样

    B．还好吧，他大概心里也有数，反正公司现在也不忙

    C．反正他手下的人来来去去早已习惯

    D．我想他一定会生气地破口大骂，他是一个相当情绪化的人

14．知道我们为什么录用你吗？

    A．因为我比别人优秀

    B．因为我有很强的事业心，想要与贵公司共同成长

    C．您可以由我过去的工作表现所呈现的客观数据，明显地看出我全力以赴的工作态度

    D．我在这个产业已耕耘了八年，丰厚的人脉是我最大的资产

15．你有什么问题要问吗？

    A．通常在这个职务上工作多久才能有升迁的机会

    B．目前工作上常用的设计软件包括哪些

    C．我想不出有什么好的

    D．以我的职务级别而言，去年平均可以分到多少股票

二、小组活动体验

请根据以下招聘启事，以小组为单位分别作为招聘方、应聘方进行模拟求职面试。

招聘启事

我公司因业务发展需要，特招总经理助理一名，具体应聘要求如下：

1. 相貌端正，年龄在 23～30 岁，身高 1.60 米，形象气质好，男女不限。

2. 具有本科以上学历，有秘书资格等级证书，能够熟练操作办公软件系统。

3. 具有较强的业务能力和组织应变能力，有两年以上的工作经验者优先考虑。

符合上述条件的有意者请携带相关证件前来应聘。

面试时间：2008 年 3 月 20 日

面试地点：办公楼 201 室

联系电话：***-*******

联系人：王秘书

地址：**市**路**号

****公司

2008 年 3 月 15 日

三、小组讨论

表单 1　　　　　　　　　"态势语言"训练活动记录表

日期：

项　目	记　录
讨论会记录	
个人收获	

项　　目	记　　录
存在问题	
学习评价	
学生签名	教师签名

表单2　　　　　　　　　　　　项目活动评价表

项目活动名称＿＿＿＿＿＿＿＿＿　　　　　　　活动日期＿＿＿＿＿＿＿＿

班级＿＿＿＿＿＿＿＿姓名＿＿＿＿＿＿＿学号＿＿＿＿＿＿＿＿＿＿教师＿＿＿＿＿＿＿

项目过程评价						项目展示评价					
100分		配分	自评	互评	主持	100分		配分	自评	互评	主持
个人	工作态度	10				个人	项目说明	10			
	协调能力	10					项目展示	10			
	工作质量	10					效果	10			
	复杂程度	10					工作主动	10			
	改革创新	10					交流沟通	10			
小组	计划合理	10				小组	规划周密	10			
	项目创意	10					分工合理	10			
	过程有序	10					特色	10			
	完成情况	10					接受批评	10			
	协作情况	10					提出建议	10			

任务三 谈 判

有一对夫妻，一天晚上在浏览杂志时，两人看到一幅广告中当作背景的老式时钟，把气氛衬托得十分优雅。妻子说："这座钟是不是你见过最漂亮的一个？把它放在我们的过道或客厅当中，看起来一定不错吧？"丈夫回答："的确不错！我也正想找个类似的钟挂在家里，不知道多少钱？广告上没有标明价格。"研究之后，他们决定要在古董店中找寻那座钟，并且商定假若找到那座钟只能出500元以内的价格。

他们经过二个月的搜寻后，终于在一家古董展示会场的橱窗里看到那座钟，妻子兴奋地叫起来："就是这座钟！没错，就是这座钟。"丈夫说："记住，我们绝不能超出500元的预算。"他们走近那个展示摊位。"哦哦！"妻子说道："时钟上的标价是750元，我们还是回家算了，我们说过只有500元的预算，记得吗？""我记得，"丈夫说："不过还是试一试吧，我们已经找了那么久，不差这一下子。"

夫妻私下商谈，由丈夫作为谈判者，争取以500元买下。随后，丈夫鼓起勇气，对那座钟的售货员说："我注意到你们有座钟要卖，定价就贴在钟座上，而且蒙了不少灰尘，显得的确很古老。"之后，又说："告诉你我的打算吧，我给你出个价，只出一次价买那座钟，就这么说定。我想你可能会吓一跳，你准备好了吗？"他停了一下以增加效果。"你听着——250元。"那座钟的售货员连眼也不眨一下，说道："卖了，那座钟是你的了。"

那个丈夫的第一反应是什么？得意洋洋？"我真是棒透了，不但获得了优惠，而且，得到了我要的东西。"不！绝不！我们都曾经碰到过类似的情况。他的最初反应必然是："我真蠢！我该对那家伙出价150元才对！"你也知道他的第二个反应："这座钟应该很重才对，怎么那么轻呢？我敢说里面一定有些零件不见了。"然而，他仍然把那座钟放在家里的客厅中，看起来非常美丽，而且也似乎没什么毛病，但是他和太太却始终感到不安。那晚他们安歇之后，半夜曾三度起来，为什么？因为他们没有听到时钟的声响。这种情形持续了无数个不眠的夜晚，甚至他们的健康开始恶化，感到紧张过度并且都有着高血压的毛病。为什么？只因为那个售货员不经交涉就以250块钱把钟卖给了他们。

知识点导航

一、何为谈判

著名的《谈判的艺术》作者尼尔伦伯格认为，谈判是人们为了改变相互关系而交换意见，为了取得一致而相互磋商的一种行为，是直接影响各种人际关系，对参与各方产生持久利益的一种过程。他还认为："谈判的定义最为简单，而涉及的范围却最为广泛。每一个要求满足的愿望，每一项寻求满足的需要，至少都是诱发人们展开谈判过程的潜因。只要人们是为了改变相互关系而交换观点，只要人们是为了取得一致而磋商协议，他们就是在进行谈判。"

尼尔伦伯格的"谈判"含义十分广泛，不仅包括一切正式场合的谈判，而且引申到各种"协商"和"交涉"。他还在书中举例说："前不久，我那两个儿子为一些吃剩的苹果馅饼而争了起来，两人都坚持要切一块大的，谁也不同意平均分配。于是，我向他们建议，一个先

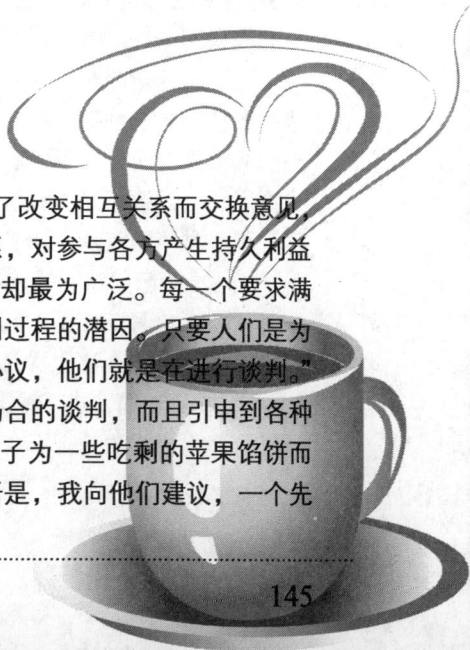

来切馅饼，他愿意怎么切就怎么切，另一个孩子则可以先挑自己想要的那一块。这个建议大家听了都觉得挺公正，他们接受了，两人都觉得自己得到了公平的待遇——这就是一个圆满的谈判之例。"

相对于上文中的谈判定义，日常生活中我们所讲的谈判是狭义的，主要指销售和贸易谈判。而对于领导者来说，在社会再生产活动中，企业的生存、发展，材料和机器设备的购买，产品的销售等都需要有效地运用谈判这样一种行为工具。

与交谈和演讲相比，谈判首先是始于双方需要，即双方都被各自的需要所策动，从满足某一种或几种需要出发而进行的，这些需要决定着谈判的发生、进展和结局，所以，满足需要是一切谈判的共同目标；其次，谈判的目的是都要取得利益，即谈判的双方都必须感到自己有所得，如果能在一个合作的基础上谈判，那就有可能使他们深明大义，为实现利益均沾的目标而努力。

当然，这并不是说每一项目标对双方都具有同等的价值，但它确实意味着，参加谈判的每一方，即使其中一方不得不做出重大让步，也都有某些需要得到了满足；要是不存在尚未满足的需要，人们就不会进行谈判；要是彼此对另一方的要求充耳不闻，也就不会有什么讨价还价了。因此，无论什么样的谈判，参与方都是平等的，所达成的协议必须是符合双方利益的。

二、谈判策略

谈判策略是指谈判人员为取得预期的谈判目标而采取的措施和手段的总和。它对谈判成败有直接影响，关系到双方当事人的利益和企业的经济效益。恰当地运用谈判策略是商务谈判成功的重要前提。

（一）谈判策略的意义

（1）谈判策略是在谈判中扬长避短和争取主动的有力手段。商务谈判的双方都渴望通过谈判实现自己的既定目标，这就需要认真分析和研究谈判双方各自所具有的优势和弱点，即对比双方的谈判"筹码"。在掌握双方的基本情况之后，若要最大限度地发挥自身优势，争取最佳结局，就要靠机动灵活地运用谈判策略。例如，工业品的制造商在与买方的谈判中，既要考虑买方的情况，又要关注买卖双方竞争对手的情况。要善于利用矛盾，寻找对自己最有利的谈判条件。若不讲究谈判策略，就很难达到这一目的。

（2）谈判策略是企业维护自身利益的有效工具。谈判双方关系的特征是，虽非敌对，但也存在着明显的利害冲突。因此，双方都面临如何维护自身利益的问题，恰当地运用谈判策略则能够解决这一问题。在商务谈判中，如果不讲究策略或运用策略不当，就可能轻易暴露己方意图，以致无法实现预定的谈判目标，高水平的谈判者应该能够按照实际情况的需要灵活运用各种谈判策略，达到保护自身利益、实现既定目标的目的。

（3）灵活运用谈判策略有利于谈判者通过谈判过程的各个阶段。有的谈判过程包括准备、始谈、摸底、僵持、让步和促成等6个阶段。谈判过程的复杂性决定谈判者在任何一个阶段对问题处理不当，都会导致谈判的破裂和失败，尤其是始谈阶段更为重要，其理由如下。

① 在始谈阶段，双方所持的态度直接影响以后谈判中的行为，从谈判开始双方便相互信任是谈判成功的基础。

② 在始谈阶段，双方所采用的谈判模式为以后谈判确定了框架，具有定调的作用。

③ 在始谈阶段，双方信心最强，都怀有使谈判成功的愿望，都处于精力和注意力的最佳状态。

谈判者要想营造一个良好的开端，使谈判能顺利发展，达到预期的谈判目标，就必须重视和讲究谈判的策略和技巧。只有这样，才能克服谈判中出现的问题和困难，将谈判逐步推向成功。

（4）合理运用谈判策略有助于促使谈判对手尽早达成协议。谈判的当事双方既有利害冲突的一面，又有渴望达成协议的一面。因此，在谈判中合理运用谈判策略，及时让对方明白谈判的成败取决于双方的行为和共同的努力，就能使双方求同存异，在坚持各自基本目标的前提下互谅互让，互利双赢，达成协议。

（二）谈判策略制定的原则

商务谈判内容的广泛性和环境的复杂性决定了谈判策略的多样性，在具体谈判过程中如何选择和采用不同的谈判策略，就要依靠正确的指导思想，即制定和选择谈判策略的原则。作为一个高明的谈判人员，首先应该具有战略思想和整体观念，能够从企业发展的长远利益出发思考问题。在商务谈判中，既重视眼前的利益又注重长久的利益，做到立足当前，着眼未来。商务谈判者在选择谈判策略过程中一般要遵循以下四个原则。

1. 客观标准原则

运用谈判策略的目的是使双方都感到自己有所收获，并愿意达成协议，而不是要将对手置于死地。这就要求谈判者坚持客观标准，并在参照以往谈判惯例的基础上做出决策。所谓客观标准应具有以下几个特征。

（1）公平性。即给双方以平等的机会，就像两个人分东西，一方提出分配方案，而由另一方先行挑选。

（2）注重情理。谈判双方往往都认为自己的标准是合法的和公平的，而认为对方的标准不正确，这就要求谈判者从理性的角度出发，注意倾听对方的理由，并从中吸取合理的部分。

（3）排除主观意志的干扰。所谓主观意志，是指在不改变自身立场或观点的条件下，要求对方改变立场或观点，这种做法必然导致双方竭力维护各自的立场，甚至将谈判引向破裂，在这种情况下，即使达成协议，也要花费大量的时间和精力，恶化双方之间的人际关系，影响双方的长期合作和伙伴关系。

（4）顶住压力。有时谈判对手采取各种手段来压对方，如拒绝让步，进行威胁或贿赂等，对此，谈判的另一方要以理相劝，服从于理而不屈从于压力。

2. 共同利益原则

制定策略的目的是使谈判者能从谈判中获得利益，即满足需求和欲望，而不是去维护谈判者的某些立场。一般来讲，谈判者坚持某一立场旨在实现预期利益。例如，图书馆有两位读者，一位要将窗户打开以便呼吸新鲜空气，另一位则不同意打开窗户，因其感冒初愈害怕受风着凉。聪明的图书管理员则通过打开一侧阅览室的窗户解决这一争吵。他侧重于调解双方的利益，使一方能够呼吸到新鲜空气，而另一方又不会因风吹受凉而再次感冒。如果他仅就双方开或关窗户的立场进行协调，计较窗户开的幅度，就很难解决这一矛盾。注重共同利益，要求谈判者首先要弄清楚对方的利益所在。但是，利益往往是隐藏在立场后面的深层次的东西，这就要求谈判者要透过现象看本质。一般来讲，谈判者可以从以下几个角度研究对手的利益。

（1）设身处地站在对方立场上探求构成对方立场的理由，即了解对方的需求和欲望。

（2）研究对方利益的多重性，如在卖方与中间商的谈判中，卖方的利益就包含争取最佳价格、维护销售渠道的畅通、获得中间商提供的各种服务等。

（3）要注意谈判对方的其他利益，物质利益是谈判双方关注的焦点，但不是双方关注的全部内容，其他方面，如对尊严、安全感、自主、平等的渴望都是谈判双方的基本要求，忽视这些要求常常使谈判以失败而告终。

3．人事分开原则

所谓人事分开原则，是指将谈判本身的问题与谈判者之间的人际关系区别对待和分别处理，即用不同的策略处理两类不同性质的问题。但是，要做到这一点是很不容易的，因为谈判双方的代表是由人组成的，他们对事物往往有着不同的感觉和看法，他们的文化背景和价值观也不尽相同。人的因素对谈判的影响具有两面性：一方面，在谈判顺利的情况下，双方通过接触能够建立起一种相互理解、尊重、信任和支持的工作关系，从而为以后的谈判奠定一个良好的基础，形成良性循环；另一方面，谈判的挫折又会导致感情上的不愉快、沮丧、发怒或产生对立和敌意。随着误解和偏见的加深，原本可以达成的协议也会以失败告终。

谈判者在处理谈判本身问题与谈判双方人际关系时，可以坚持以下的做法。

（1）不宜在谈判中做出以让步来换取双方关系的改善，因为这会弱化己方的谈判地位，使对方认为软弱可欺。

（2）不就观点和立场进行争论，以避免将谈判内容与双方关系相混淆，造成一种难分难解的混乱局面。

（3）努力改善双方的人际关系，及时解决和处理人员之间存在的矛盾。如果双方在感觉的认识上存在偏差，就要了解和研究对方的想法及其产生的原因，并找出纠正偏差的方法。在对方情绪过于激动时，要善于控制谈判的气氛，让对方有机会发泄不满和怨气，获得心理上的平衡，尽早恢复理智。另外，要创造条件，寻找更多的机会与对方交换意见，进行双向沟通。

（4）努力在谈判正式开始之前，先与对方建立起一种相互信任的工作关系，以缓和双方在谈判中的对立状态。

4．战略一致原则

经营战略是引导企业实现战略目标的指导思想，而企业的商务谈判活动则是为实现企业经营战略目标服务的，这就要求谈判的战略和策略要与企业整体战略目标保持一致。因此，在制定谈判策略过程中要注意以下几点。

（1）要树立全局观念。这就要求在分析和解决各个方面、各个环节上存在的问题时，要考虑到企业整体利益的要求。

（2）要建立以市场为中心的观念。这就要求认真分析企业的外部环境，特别是竞争对手的优势和劣势，做到知己知彼，为制定正确的谈判策略奠定基础。

（3）要树立经济效益观念。企业的生存和发展要求谈判人员应以企业长期效益最大化为谈判的最终目的。

（4）要树立竞争观念。竞争是市场经济的主要特征之一，企业间在产品、价格、技术、人才、分销、促销、成本、效率、管理等方面进行着日趋激烈的竞争，而商务谈判则是企业间竞争的一种集中反映，是企业间综合实力的对抗与较量。

（三）谈判策略的采用

1. 按对手的态度制定策略

（1）合作型谈判对手的策略

在商务谈判中，对手的态度对谈判是否能顺利进行有着直接影响，而合作型谈判对手则具有强烈的合作意识，注意谈判双方的共同利益，渴求达成双方满意的结果。对于这类谈判对手的策略，是因势利导，在互利互惠的基础上尽快达成协议。

① 满意感策略：针对合作型谈判对手实施满意感策略，旨在使对方感到温暖，促使对方为双方共同利益尽早达成协议。

② 时间期限策略：商务谈判种类繁多，规模不一，但从时间发展进程上分析，却都具有某些共同之处。例如，不管谈判怎样曲折和困难，所有的谈判都会有个结局。又如，谈判双方常常是在谈判临近结束之前，才做出实质性让步。时间期限策略就是要抓住谈判双方在时间上的共性和特点，适时地明确谈判的结束时间，以促使双方在互利互让的前提下，及时和圆满地结束谈判。

（2）不合作型谈判对手的策略

不合作型谈判对手的主要特征如下。

① 不厌其烦地阐述自己的观点和立场，而不注重谈论实质问题；

② 不断地抨击对方的建议，而不关心如何使双方的利益都得到维护；

③ 将谈判本身的问题与谈判对手个人联系在一起，将抨击的矛头指向谈判对手本人，进行人身攻击。

对待这类对手，只有采取恰当的对策，才能引导其从观点争论转向为双方共同获利而努力。

① 迂回策略。实施迂回策略要求避免与谈判对手直接进行正面冲突，而要引导对方为双方的共同利益去设想多种选择方案，努力将谈判引向成功。

② 调停策略。在采取迂回策略不能奏效的情况下，可运用第三方调停，即请局外人来帮助解决双方的矛盾。

2. 按对手的实力制定策略

（1）对实力强于己方的谈判对手的策略

所谓实力强于己方的谈判对手，是指谈判双方进行综合力量对比时，对方的力量相对而言比己方的力量强一些，在某些方面占有主动权。面对实力较强的对手，己方一方面要加强自我保护，不在对方的压力下达成不利于己方的协议；另一方面，要充分发挥自身的优势，以己之长击"敌"之短，争取最佳的谈判结果。

① 底线策略：面对比自己实力强大的对手，为了避免使自己陷入被动局面而签订对己不利的协议，可采用底线策略，即事先订出一个可接受的最低标准。从卖方讲，就是订出可接受的最低价；从买方讲，则是订出可接受的最高价。

②"狡兔三窟"策略：所谓"狡兔三窟"策略，是指谈判者在预先确定谈判底线的基础上，还要认真考虑谈判破裂后的退路。例如，企业在售房时，要预先考虑到在底线价格上若不能顺利成交时，下一步应该怎样办？是出租？或将楼房拆掉改建其他设施？或长期等待理想的买主？

（2）对实力弱于己方的谈判对手的策略

当对手实力较弱时，对己方而言，既有有利的一面，即能够给我方较大的回旋余地和主动权；也可能使我方疏忽大意，犯不应有的错误，痛失机遇，不能够实现预定的谈判目标。因此，在有利条件下，谈判人员仍应精于谋略，抓住时机，争取最佳结局。

① 先声夺人策略。实施先声夺人策略要求谈判人员事先深入分析和研究对手的各方面情况，包括对手的财务状况、市场地位、对谈判的渴求程度、过去经常使用的谈判策略和手法等。在谈判进入正式阶段之后，我方可以口气婉转地指出对方的某些不足之处或不现实的想法。

② 出其不意策略。在谈判中占优势的一方采用出其不意策略旨在给对方施加压力，促使其以对己方最有利的条件达成协议。

3．按对手的谈判作风制定策略

从谈判作风上看，可以将对手划分为两大类：一类是法制观念较强、靠正当手段取胜、作风较好的谈判者；另一类是靠搞阴谋、玩诡计取胜的作风不正当的谈判者。对于前者，可根据其特点分别采用上述各种策略；对于后者，则要倍加小心，及时识破其阴谋，并采取恰当的对策。

（1）对付以假乱真的策略。有的为了诱骗谈判对手上当，使用各种各样的卑鄙手段和做法。例如，向买方提供打字或油印的虚假成本报告或价目表一类的内部资料，而有些天真的买方却轻信这些文件的真实性和权威性，结果吃了大亏。

（2）对付车轮战的策略。在商务谈判中，有些人惯于先让下属出面与对手谈判，提出苛刻的条件，使谈判出现僵局，待双方都精疲力竭时，主要负责人再出面与对手进行实质性会谈。这时对方在心理上和气势上都处于弱势，很可能做出过多的让步，达成对其不利的协议。

（3）对付假出价的策略。所谓假出价，是指买方先用出高价的手段挤掉其他的竞争对手，成为卖方的唯一客户，然后，再与卖方重新开始讨价还价，迫使卖方在买方市场条件下以低价出售产品或服务。例如，在房产交易中，买方看到某一卖方以 2 万元的价格出售一间房屋的广告，该买主先以 1.9 万元的出价和 100 元的订金将其他几位出价在 1.8 万元左右的买主挤掉，然后采取拖延手段迟迟不付款成交。在卖方一再催促下，他又以此类房屋的市场价格是 1.7 万元为借口，压卖方让步。而卖方可能由于急需资金或再次登广告费用太大等原因，被迫以 1.7 万元成交，损失 1000 元。

（4）对付心理战的策略。有的为了使自己获得更多的好处，有意给对手制造心理压力。例如，给对方提供较差的谈判环境，使对方人员之间有私下磋商的空间条件，或在谈判时面对阳光而坐等。又如，在谈判中突然退席与他人交谈，或故意不听对方讲话，然后又要求对方重述。再如，在谈判之余，有的有意评价你的性格、衣着和风度，讲一些使你不愉快的话等。

（四）谈判策略经典五大战术

将人们常讲的"软磨硬泡"运用到商业谈判中，以耐心、耐性和韧性拖垮对手的谈判意志，从而达到己方预期谈判目标的方法。其常用的基本策略有：疲劳战、泥菩萨、挡箭牌、磨时间、车轮战等。

1．疲劳战

疲劳战指通过谈判中各种有意义的超负荷，超长时间的谈判或故意单调的陈述，使对手从肉体上到精神上感到疲劳，从而使其因疲劳造成漏洞，甚至动摇立场。

2．泥菩萨

泥菩萨即在谈判中，一旦对自己不同意的立场、方案表示否定的态度后，即守着不动的做法。像泥塑的菩萨一样，表面上无动于衷，实际上不解决任何问题，只有等对方无望，改变态度和建议方案，才重新考虑自己的态度。

3．挡箭牌

挡箭牌即为了阻止对方的压力，反对己方不同意的立场和方案，坚持己方的条件，而寻找各种借口和遁词的做法。具体做法有：其一，隐蔽自己手中的权力。其二，矛盾上交，即将问题的解决推到上级或老板身上。其三，金蝉脱壳，即将实质上均由自己操纵的事，改造成自己与对手不交手，交手的义务是第三者，第四者的方法。

4．磨时间

磨时间即以重复、慢节奏、善待来损耗谈判时间，造成谈判的低时效，以压那些与时间关系重大的对手尽早做出让步的做法。

5．车轮战

车轮战即以多个对手针对某个论题或几个论题，轮番上台与对手辩论，在会场造成一种紧张、论理强硬的气氛，给对手精神上形成沉重的压力，迫其在疲于应付中主动退却的做法。

三、谈判的语言艺术

随着我国市场经济的发展和对外开放的进一步扩大，特别是加入 WTO 后，中国在国际事务中的商业活动更加频繁，在相互交往与工作中，商务谈判的作用越来越突出。商务谈判是经济贸易合作的双方为达成某种交易或解决某种争端而进行的协商洽谈活动。在这样的协商活动中，双方的交换条件，包括产品质量、经营信誉、技术优势等实质性的因素起着主导作用，但就其外部流程和形态而言，商务谈判又是双方谈判人员运用语言传达观点、交流意见的过程。因此，在商务谈判中语言运用的成功与否，对谈判的进程与结果起着举足轻重的作用。本文主要从商务谈判的提问和回答这两个环节，阐述商务谈判中如何巧妙运用语言艺术达到"事半功倍"效果。

（一）提问

提问在商务谈判中扮演着十分重要的角色。提问有助于信息的搜集，引导谈判走势，诱导对方思考，同时对方的回答也可相对形成有效的刺激。

1．使用间接的提问方式

间接提问使表达更客气，更礼貌。在商务谈判中，提问几乎贯穿谈判的全过程，大多数的提问都是说话人力求获得信息，有益于说话人的。这样，根据礼貌等级，提问越间接，表达越礼貌。

2．使用选择性的提问方式

某商场休息室里经营咖啡和茶，刚开始服务员总是问顾客："先生，喝咖啡吗？"或者是："先生，喝茶吗？"其销售额平平。后来，老板要求服务员换一种问法，"先生，喝咖啡还是茶？"结果其销售额大增。原因在于，第一种问法容易得到否定回答，而后一种是选择式，大多数情况下，顾客会选一种。

3．把握好提问的难易度

刚开始发问时，最好选择对方容易回答的问题，比如："这次假日玩得愉快吗？"这类与主题无关的问话，能够松弛对方紧张谨慎的情绪。如果一开始就单刀直入提出令人左右为难的问题，很可能使场面僵化，争端白热化，得不偿失，因此可以采用先易后难

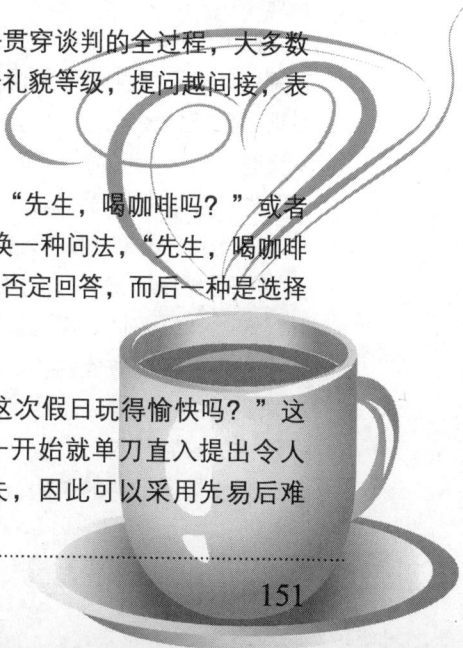

的提问方式。

4. 使用恭维的表达方式

在商务谈判的初期很难把握对方的真实意图，很难提出有效的问题，谈判很难有实质性的进展，当务之急就是了解对方的真实意图等相关信息。从语言策略讲，通过赞美有可能探测对方谈判意图，获得相关信息；从心理策略讲，赞美可以缩短谈判双方的心理距离，融洽谈判气氛，有利于达成协议。但是运用赞美恭维的谈判战略时，需要注意以下几点：第一，从态度上要真诚，尺度上要做到恰如其分，如果过分吹捧，就会变成一种嘲讽；第二，从方式上要尊重谈判对方人员的个性，考虑对方个人的自我意识；第三，从效果上要重视被赞美者的反应。如果对方有良好反应，可再次赞美，锦上添花；如果对方显得淡漠或不耐烦，我方则应适可而止。

（二）回答

对于谈判过程中对方提出的问题，我们有时不便向对方传输自己的信息，对一些问题不愿回答又无法回避。所以巧妙的应答技巧，不仅有利于谈判的顺利进行，还能活跃谈判气氛。

1. 使用模糊的语言

模糊语言一般分为两种表达形式：一种是用于减少真实值的程度或改变相关的范围，例如，有一点、几乎、基本上等；另一种是用于说话者主观判断所说的话或根据一些客观事实间接所说的话，例如，恐怕、可能、对我来说、我们猜想、据我所知等。在商务谈判中对一些不便向对方传输的信息或不愿回答的问题，可以运用这些模糊用语闪烁其词、避重就轻、以模糊应对的方式解决。

2. 使用委婉的语言

商务谈判中有些话语虽然正确，但对方却觉得难以接受。如果把言语的"棱角"磨去，也许对方就能从情感上愉快地接受。例如，少用"无疑、肯定、必然"等绝对性词语，改用"我认为、也许、我估计"等，若拒绝别人的观点，则少用"不、不行"等直接否定，用"这件事，我没有意见，可我得请示一下领导。"等托词，达到特殊的语用效果。

3. 使用幽默含蓄的语言

商务谈判的过程也是一种智力竞赛、语言技能竞争的过程，而幽默含蓄的表达方式不仅可以传递感情，还可以避开对方的锋芒，是紧张情境中的缓冲剂，可以为谈判者树立良好的形象。例如，在谈判中若对方的问题或议论太琐碎无聊，这时，可以肯定对方是在搞拖延战术。如果我们对那些琐碎无聊的问题或议论——答复，就中了对方的圈套，而不答复，就会使自己陷入"不义"，从而导致双方关系的紧张。我们可以运用幽默含蓄的文学语言这样回应对方："感谢您对本商品这么有兴趣，我绝对想立即回答您的所有问题。但根据我的安排，您提的这些细节问题在我介绍商品的过程中都能得到解答。我知道您很忙，只要您等上几分钟，等我介绍完之后，您再把我没涉及的问题提出来，我肯定能为您节省不少时间。"或者说"您说得太快了。请告诉我，在这么多的问题当中，您想首先讨论哪一个？"来营造良好的谈判气氛。

总之，采取什么样的谈判手段、谈判方法和谈判原则来达到双赢，这是商务谈判的实质追求。但是在商务谈判中，双方的接触、沟通与合作都是通过反复的提问、回答等语言的表达来实现的，巧妙应用语言艺术提出创造性的解决方案，不仅满足双方利益的需要，也能缓解沉闷的谈判气氛，使谈判双方都有轻松感，有利于谈判的顺利进行。因此巧妙的语言艺术为谈判增添了成功的砝码，起到事半功倍的效果。

技能训练

一、自我测试

1. 你是如何认识谈判的?
2. 你认为谈判的实质是什么?
3. 你同意"谈判可以解决任何问题"的观点吗?
4. 你认为谈判必须有议题吗?
5. 经济谈判是指什么?
6. 买方谈判或卖方谈判依据是什么?
7. 你是否同意"坚持强硬立场,就会迫使对方让步,是己方获取最大的利益"的观点?

二、小组活动体验

1. 你在报纸上看到一则出售房屋的广告,广告中要求有意购买者亲自去面谈。但是当你亲自出面时,却发现对方并非出售者本人,而是他指定的代理人。这种情况下,你怎么办?

(1)坚持与卖主本人谈判。

(2)问该代理人是否为全权代理,是否不必征求卖主的意见。

(3)以边谈边看的方式与代理人进行谈判。

解析:以此为例,本任务以下各案例均按此法进行解析。

(1)谈判高手都有这样一个共同的信念:不要与没有决定权的人进行谈判。因为不具实权的谈判代表的重要任务都在于争取你的让步。因此,坚持要求与卖者本人谈判是最明智之举,至少是谈判开始之前最明智的姿态。

(2)如果采取第一种办法没有结果,则可随之采取第二种办法。如果该代理人言明可全权代理,则可与之谈判,如果无法确信他可作为全权代理,则拒绝与之谈判。

(3)采取这样的办法就当该代理人可以边谈边请示,这样不但拖延了谈判的进程,而且一旦遇到他不愿让步的主题,他就会以向出售者请示为借口而回绝你。最不利的是:当谈判进行到几乎要达成协议的时候,他的委托人会出面要求你再做若干让步,此时,你为了不使谈判功亏一篑,常常会在极不情愿的状况下再做让步。

2. 应该同谁谈

你正在一家家具店选购沙发,结果看中了其中一个标价 425 元的双人沙发。你要求售货员打折扣,但得到的回答是:"这是刚刚降价之后确定的价格,根据部里的政策,价格是没有多少研究余地的。"在这种情况下,你应该怎么办?

(1)要求见经理。

(2)接受售货员的话。

(3)再向售货员施加压力以求降价。

3. 某外商提供的货品中有一部分含有瑕疵,你曾数次要求他提出解决办法,但他却置之不理,此时你应该怎么办?

(1)对整批货的货款止付。

(2)对含瑕疵的那一部分货品的货款止付。

（3）对外商提出妥协条件。

（4）向外商提出索赔。

4. 你是某零件的供应商，某日你接到某买主电话，要你立即赶赴机场去跟他商谈有关大量采购的事宜，你在他登机前 15 分钟赶到。他向你表示，假若你能以最低价格供应，他愿意同你签订一年的供需合同。这种情况下你将如何处理?

（1）提供最低的价格。

（2）提供稍高于最低价格的价格。

（3）提供比最低价格高许多倍的价格。

（4）祝他旅途愉快，告诉他你将同他下属联系并先商谈价格问题，希望他回来后能和你联系。

三、小组讨论

表单 1   "态势语言"训练活动记录表

日期：

项　　目	记　　录
讨论会记录	
个人收获	
存在问题	

续表

项 目	记 录
学习评价	
学生签名		教师签名	

表单 2　　　　　　　　　　　　项目活动评价表

项目活动名称＿＿＿＿＿＿＿＿　　　　　　　活动日期＿＿＿＿＿＿＿＿

班级＿＿＿＿＿　姓名＿＿＿＿＿　学号＿＿＿＿＿　　　教师＿＿＿＿＿

项目过程评价						项目展示评价				
100 分		配分	自评	互评	主持	100 分		配分	自评	互评	主持
个人	工作态度	10				个人	项目说明	10			
	协调能力	10					项目展示	10			
	工作质量	10					效果	10			
	复杂程度	10					工作主动	10			
	改革创新	10					交流沟通	10			
小组	计划合理	10				小组	规划周密	10			
	项目创意	10					分工合理	10			
	过程有序	10					特色	10			
	完成情况	10					接受批评	10			
	协作情况	10					提出建议	10			

任务四　推　销

麦克："比尔，你穿多大的西装？"麦克打量着比尔的身材。

麦克："比尔，想必你一定知道，以你的身材想挑一件合身的衣服，恐怕不容易，起码衣服的腰围就要做一些修改。请问你所穿的西装都是在哪儿买的？"

麦克强调市面上的成衣很少有买来不修改就适合比尔穿的。他还向比尔询问所穿的西装是在哪一家买的，至此，麦克了解到了他的竞争对手是谁。

比尔："近几年来，我所穿西服都是向梅尔兄弟公司买的。"

麦克："梅尔兄弟公司的信誉不错。"

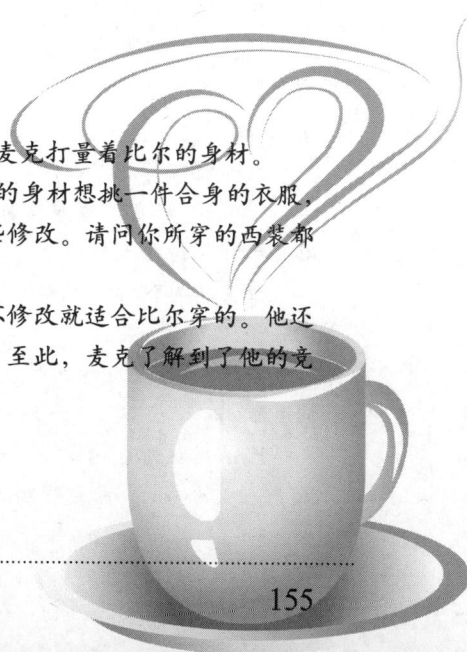

麦克从不在客户面前批评竞争对手，他总是说竞争对手的好话，或是保持沉默。

比尔："我很喜欢这家公司。但是，麦克，正像你说的，我实在很难抽出时间挑选适合我穿的衣服。"

麦克："其实，许多人都有这种烦恼。要挑选一个自己喜欢，适合自己身材的衣服比较难。再说，到处逛商店去挑选衣服也是件累人的事。本公司有 4000 多种布料和式样供你选择。我会根据你的喜好，挑出几种料子供你选择。"

麦克强调，买成衣不如定做的好。

麦克："你穿的衣服都是以什么价钱买的？"

麦克觉得现在该是提价钱的时候了。

比尔："一般都是 400 元左右。你卖的西服多少钱？"

麦克："从 375 到 800 元都有。这其中有你所希望的价位。"

麦克说出产品的价位，但只点到为止，没有做进一步说明。

麦克："我能给顾客带来许多方便。他们不出门就能买到所需的衣服。我一年访问顾客两次，了解他们有什么需要或困难。顾客也可以随时找到我。"

麦克强调他能为顾客解决烦恼，带来方便。麦克的客户多是企业的高级主管，他们主要关心方便。

麦克："比尔，你很清楚，现在一般人如果受到良好的服务，会令他受宠若惊，他会认为服务的背后是否隐藏着什么其他条件。这真是一个可叹的事。我服务顾客很彻底，彻底到使顾客不好意思找其他的厂商，而这也是我殷勤服务顾客的目的。比尔，你同意我的看法吗？"

麦克强调"服务"，因为，他相信几乎每一位企业的高级主管都很强调"服务"。所以，麦克在谈话末了以"你同意我的看法吗"这句话来引导比尔的回答，麦克有把握让比尔做出肯定的回答。

比尔："当然，我同意你的看法。我最喜欢具有良好服务的厂商。但现在这种有良好服务的厂商越来越少了。"

麦克觉得比尔的想法逐渐和自己的想法一致。

麦克："提到服务，本公司有一套很好的服务计划。假如你的衣服有了破损、烧坏的情形，你只要打电话，我立即上门服务。"

由于比尔重视服务，所以麦克向比尔提起公司有一套很好的服务计划，能解决比尔的烦恼。

比尔："是啊，我有一件海蓝色西装，是几年前买的，我很喜欢，但现在搁在家里一直没有穿。因为近几年我的体重逐年减轻，这套西装穿起来就有点肥。我想把这套西装修改得小一点。"

麦克记住了比尔的话：比尔有一套海蓝色的西装需要修改。

麦克："比尔，我希望你给我业务上的支持。我将提供你需要的一切服务。我希望在生意上跟你保持长久的往来，永远替你服务。"

麦克不再犹豫，直截了当地向比尔表示，希望比尔"买他的东西"，并强调能提供良好的服务。

比尔："麦克，什么时候让我看看样品？"（比尔看了看手腕上的表，向麦克暗示他的时间有限。）

比尔想看麦克的样品，麦克虽然准备了很多样品放在包里，但他还不打算拿出来。他想做进一步的询问，希望了解比尔的真正需要。在了解比尔的真正需求以后，才是拿出样品的最佳时机。

麦克:"你对衣服是否还有其他的偏爱?"

麦克想知道比尔对衣服的质量和价格的看法。

比尔:"我有许多西装都是梅尔兄弟公司出品的,我也喜欢剑桥出品的西服。"

麦克:"剑桥的衣服不错。比尔,以你目前的商业地位来说,海蓝色西装很适合你穿。你有几套海蓝色的西装?"

由于比尔没有主动说出他所拥有的西装,麦克只好逐一询问比尔的每一套西装。麦克想了解比尔的真正需求。

比尔:"只有一套,就是先前向你提过的那一套。"

麦克:"比尔,谈谈你的灰色西装吧。你有几套灰色西装?"

比尔:"我有一套,很少穿。"

麦克:"你还有其他西装吗?"

比尔:"没有了。"

麦克:"我现在拿出一些样品给你看。如果你想到还有没提到的西装,请立即告诉我。"麦克边说边打开公文包,拿出一些样品放在桌上。

到目前为止,麦克一直以发问的方式寻求比尔真正的需要,同时也在发问中表现出了一切为客户着想的热忱,使比尔在不知不觉中做了很好的配合,创造了良好的谈话气氛。

评析:

麦克向客户提出了许多问题,以寻求顾客真正的需求,然后才展示商品,进行商品的推销。五位推销专家一致认为,在从事商品推销以前,先"发觉客户的需要"是极为重要的事。谢飞洛和哈德曼认为,了解客户需求以后,可以根据需求的类别和大小判定眼前的客户是不是自己的潜在客户?值不值得推销?如果不是自己的潜在客户,就应该考虑:还要再跟客户谈下去。玛丽·凯说:"不了解客户的需求,好比在黑暗中走路,白费力气又看不到结果。"坎多尔弗说:"我问客户许多问题,以便发觉客户的真正需求。我倾听客户的回答,让客户尽量表示意见。有些推销员一见到顾客就滔滔不绝地说个不停,让客户完全失去了表达意见的机会,使客户感到厌烦。一旦客户厌烦,不用说,推销员的推销注定要失败不可。"

为了发觉客户的需求,需要耗用多少时间向客户问问题呢?五位推销专家认为,这要看推销的是什么商品。通常商品的价值越大,所需要的时间越长;商品的价值越小,所需的时间越短。

在本案中,麦克每问完一个问题,总是以专注的态度倾听客户的回答。谢飞洛说:"倾听客户的回答,可以使客户有一种被尊重的感觉。我喜欢麦克重视客户意见的态度。"玛丽·凯说:"许多推销员常常忘记,倾听是相互有效沟通的重要因素,他们在客户面前滔滔不绝,完全不在意客户的反应,结果平白失去了发觉顾客需求的机会。上帝给我们两只耳朵,一个嘴巴,就是要我们多听少讲。"玛丽·凯把"发觉客户的需求"比作"医生替病人看病"。她说:"好的医生在医疗之前一定会问病人许多问题。譬如,医生会问:你什么时候开始感到背部痛?那时你正在做什么?有没有吃了什么东西?摸你这个地方会痛吗?躺下来会痛吗?爬楼梯的时候会痛吗……

这些问话使病人觉得受到了医生的关心和重视,也使病人跟医生密切配合,让医生迅速找到病源而对症下药。能够扮演好医生,使客户愿意密切配合,进而迅速发觉客户真正的需要而适时地给予满足的,才是一位卓越的推销员。"

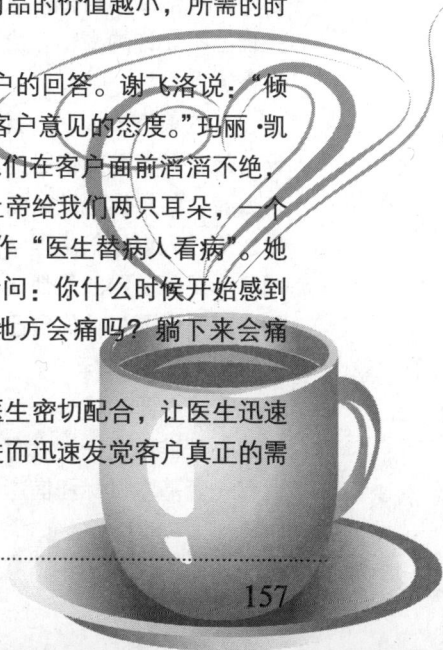

知识点导航

一、推销的准备

推销的准备是至关重要的，推销准备的好坏直接关系到推销活动的成败。一般来说，推销的准备主要包括三个方面：第一是推销员自我准备；第二是推销员充分认识自己推销的产品；第三是对顾客做好应有的准备。每一位推销员都应该在推销前做好这三方面的准备工作，以便做到心中有数、稳操胜券。

（一）塑造自我

从某种意义上讲，大多数的人都是天生的推销员。从我们很小的时候起，我们就不断地把自己推销给周围的人，让他们喜欢自己，接纳自己；我们说服别人借给自己某种东西；和别人达成某个交换物品的协议……到了要走出来面对社会时，我们已学会如何以最有利的形势来得到我们所想得到的，我们要推销自己的才能，推销自己是每个人都具有的才能，而当我们进入现实的商业世界，需要我们有意识地去运用我们的这种推销才能时，许多人就感到无所适从了。是的，有意识地推销商品与无意识地推销自我是有差距的，我们怎样才能使自己的推销才能充分发挥出来呢？

1．相信自己

相信自己会成功。这一点至关重要。并不是每个人都明确地认识到自己的推销能力。但它确实存在，所以要信任自己。

几千年来，人们坚信不疑地认为要让一个人在 4 分钟内跑完 1 英里的路程是不可能的。自古希腊开始，人们就一直在试图达到这个目标。传说中，古希腊人让狮子在奔跑者后面追逐，人们尝试着喝真正的老虎奶，但这些办法都没有成功。人们坚信在 4 分钟内跑完 1 英里是生理上办不到的，人身的骨骼结构不符合要求，肺活量不能达到所需程度。而当罗杰·班尼斯特打破了 4 分钟 1 英里这一极限后，奇迹便出现了，一年之内竟然有 300 位运动员达到这一极限。我们怎么解释这一现象呢？可以看到，训练技术并没有多大突破，而人体的骨骼也不会在短期内有很大改善以利于奔跑，所改变的只是人们的态度。人们不再认为那是一件生理上不允许的事情，恰恰相反，那是可以达到的。相信自己的力量，这是多么不可思议的力量的源泉！

人的最大敌人之一就是自己，超越自我，则是成功的必要因素。推销人员尤其要正视自己，鼓起勇气面对自己的顾客。即使有人说你不是干这行的材料也没有关系，关键是你自己怎么看，如果你也这么看，那么一切就都失去意义了，而这才是关键的关键。在班尼斯特出现以前，人们相信生理学专家，那么只能与那一极限记录无缘。而班尼斯特相信自己，他成功了。更为重要的是他让更多的人有勇气去超越自我，结果更多的人取得了成功。因此，在任何时候都要相信你自己，不要打退堂鼓，永远不要。

2．树立目标

有了必要的信心一切都可以轻松地开始了。树立一个适当的目标，是推销员在准备期必要的心理准备之一。没有目标，是永远不可能达到胜利的彼岸。每个人，每一项事业都需要有一套基本目标和信念，而许多人往往是做一天和尚撞一天钟，目标模糊，那么如何达到目标是心中无数了。

在药物中有一类试验非常著名。将 100 名感冒者分为两组，分别给予特效药与非特效药的乳糖，并告知他们服用的都是同一类特效药，结查两组的好转率均达到 60% 以上。对头痛患者也做过同样的测试，结果相同。这就充分显示了暗示效果能对人们心理产生巨大的作用，从而影响生理。作为一位推销员，他的既定目标就是自我暗示。当你暗示自己下个月一定要卖 50 万元以上，你往往会如愿以偿。当然这只是一个最简单的目标罢了。

一名优秀的推销员，不仅常常使用自我暗示法，他们更多的是制定出详细的目标，并进一步定出一个实现目标的计划，在目标与计划的基础上，计算好时间，以充裕的时间确保计划实现。我们认为一个好的目标应该是有层次的，长期、中期、即期，各期目标不同。简单说来，即期目标是第二天或下个月销售出多少产品，而中期也许是一个季度或半年。目标还应该是多方面的，销售额只是其中一个方面，使潜在顾客成为现实顾客、挖掘更多的顾客、在推销过程中树立企业形象等都应该成为目标的构成方面。这一问题涉及推销人员在销售过程中到底推销的是什么，这方面问题会在后面详细论述。另外，目标不必太过详尽，重要的是切实可行，无法实现的高目标会让人们饱尝失败的苦头，也许你做得并不太坏，但相比那高高在上的目标，一切都相差太远了，长此以往，勇气和力量都会消失殆尽的。

一位成功的推销员介绍经验时说：我的秘诀是把目标数表贴在床头，每天起床就寝时都把今天的完成量和明天的目标额记录下来，提醒自己朝目标奋斗。可见有志者事竞成。定下你的目标，向着目标奋斗、前进。

3．把握原则

现代推销技术与传统的推销技术已有了很大差别，推销员已不再是简单的兜售商品，一名优秀的推销员在树立了信心，明确目标之后，走出门面对顾客之前还应该把握住作为一名推销员应遵循的原则。

（1）满足需要的原则

现代的推销观念是推销员要协助顾客使他们的需要得到满足。推销员在推销过程应做好准备去发现顾客的需要，而应极力避免强迫推销，让顾客感觉到你在强迫他接受什么时你就失败了。最好的办法是利用你的推销使顾客发现自己的需要，而你的产品正好能够满足这种需要。

（2）诱导原则

推销就是使根本不了解或根本不想买这种商品的顾客产生兴趣和欲望，使有了这种兴趣和欲望的顾客采取实际行动，使已经使用了该商品的顾客再次购买，当然能够让顾客开口代我们宣传则会更为成功。这每一阶段的实现都需要推销员把握诱导原则，使顾客一步步跟上推销员的思路。

（3）照顾顾客利益原则

现代推销术与传统推销的一个根本区别就在于，传统推销带有很强的欺骗性，而现代推销则是以诚为中心，推销员从顾客利益出发考虑问题。企业只能战胜同行，但永远不能战胜顾客。顾客在以市场为中心的今天已成为各企业争夺的对象，只有让顾客感到企业是真正从消费者的角度来考虑问题，自己的利益在整个购买过程中得到了满足和保护，这样企业才可能从顾客那里获利。

（4）创造魅力

一位推销员在推销商品之前，实际上是在自我推销。一个蓬头垢面的推销员不论他所带的商品多么诱人，顾客也会说：对不起，我现在没有购买这些东西的计划。推销员的外形不一定要美丽迷人或英俊潇洒，但却一定要让人感觉舒服。那么在准备阶段你能做到的是预备一套干净得体的服装，把任何破坏形象、惹人厌恶的污秽排除，充分休息，准备以充沛的体力、最佳的精神面貌出现在顾客面前。

语言是一个推销员的得力武器，推销员应该仔细审视一下自己平日的语言习惯。是否有一些令人不快的口头禅？是否容易言语过激？有没有打断别人讲话的习惯等。多多反省自己，就不难发现自己的缺点。

推销员还应该视自己的顾客群体来选择着装，一般来说，你的顾客是西装革履的白领阶层，那么你也应着西装；而当你的顾客是机械零件的买主，那么你最好穿上工作服。日本著名推销专家二见道未曾让推销员穿上蓝色工作服，效果很好。他的建议是基于作出购买决策的决策者在工作现场是穿蓝色工作服而非往常的西服。由此可见，避免不协调应该是着装的一个原则。

（二）研究产品

推销员在做好了充分的心理准备之后，应该对自己推销的产品进行了解、研究。如果你不了解自己的产品，那么人们就会对你所进行的游说产生愤怒。在出发前对产品做好各项准备是必不可少的。当然这是你走向成功的秘密；同时，这一准备过程也是大有学问的。

1. 了解你的产品

我们说，没有比推销员对自己产品不熟悉更容易使本来想购买的顾客逃之夭夭的了。我们不能要求顾客是商品专家，但推销员一定要成为你所推销的商品的专家。了解你的产品应做到如下几点。

（1）了解你推销的产品的特点与功能

事实证明，一个仅仅推销具体产品的推销员与推销产品功能的推销员的销售差别是非常大的。人们购买的最根本的目的是为满足其某种需求，而商品的功能正是使需要得以满足的可能。根据心理学家马斯洛的需求理论我们可以知道顾客的需求层次分为生理的需要、安全的需要、爱与归属的需要、获得尊重的需要。因此，一位优秀的推销员应该能够正确地认识自己的产品，了解它最能满足哪一个层次的需求。如有可能应该开发出它的多层次性特征，以便根据将来面对的各种不同需求可以应对自如。例如，一辆小汽车是否能给人们以安全感自然至关重要。那么你所推销的汽车究竟是以满足何种需求为中心的呢？是小型轻便的家庭用车还是豪华轿车？

（2）要对所推销的产品方方面面了如指掌

对于产品的专业数据不仅要心中有数，而且要能对答如流。这一点对于面向生产企业工作的推销员来说尤为重要，你一定要让你的客户感觉到他面前的人不仅是一名推销员，更是一位这一类产品的专家。这样一来你所讲的一切都意义非凡了。如果你推销的产品是高档耐用品，那么掌握各种专业数据也是必不可少的；同时对于产品的一些并不具体、并非显而易见的特点的了解也是至关重要的。一些感觉的模糊可能导致顾客认识上的错误，进而导致对产品的误解。作为一名推销员一定要有能力解决顾客的任何一个疑虑。

（3）判断你的商品是理性商品还是感性商品

一般来说，汽车、房屋、钢琴、空调等高档耐用品以及生产资料均为理性产品，对于这一类产品人们购买时多持谨慎态度，购买所花时间也较长，购买时要充分考虑商品的特性、效用、价格、付款方式以及售后服务。理性商品的价格一般来说比较高，人们购买的次数也较少。而大多数日常用品如食品则为感性商品，这些商品价格比较低，人们购买的频率高，对于商品的合理性、效用性、付款方式不会过多考虑，购买所用时间较少，有时会在冲动心理下购买，当然还有一类产品是介于其间的，我们称之为中性商品，如皮箱、手提包等价格中档，购买次数不太多的商品。

对于不同类型的商品，推销员所采用的推销技巧也应是不同的。具体来说，对于理性商品，推销员不能光凭三寸不烂之舌，这时推销员还应该是技术员和咨询员，你所掌握的专业数据会显示出它的威力。而对于感性商品，推销员最好是用感情来推销，这时推销员个人的魅力就显得尤为重要了。对于中性商品也许你会感到手足无措，不妨采用一个最简单的办法，中性商品中价格较高的，可以采用偏向于理性产品的推销方法；价格较低的，不妨试试感性产品的推销法。当然，具体的推销方法我们会在后面详细说明，在此只是点到为止。

（4）了解产品

要知道这种产品所构成的形象。我们知道，产品是多层次的概念，包括核心产品、有形产品和延伸产品。核心产品是满足购买者真正的购买意图，例如，购买口红的妇女绝不只是买到涂嘴唇的颜色，而更多的购买一种希望；钻头使用者其实是在购买相应的尺寸的孔。这些核心利益与服务通过有形产品的五个特征：质量水平、特色、式样、品牌、包装反映出来。延伸产品则是产品设计者提供的附加服务和附加利益。推销员应善于将这样一个多层次的产品综合把握，深入体会，力图理解产品所形成的形象。举例来说，家用电脑就是在解决了形象问题之后销量大增的。这种产品虽然能节省时间并且简化日常工作，但它似乎复杂而且难以使用，当家用电脑树立起好伙伴的形象时，它不再被拒绝了，人们接受它则意味着销量大增。

2. 相信你的产品

在前面我们谈到推销员要对自己的推销才能树立信心。在这里，我们要强调指出的是推销员要对自己的产品树立起信心。

同样，有一组科学实验可以证明你对产品的态度绝对可以影响顾客的选择。该实验是由两位水平相当的教师分别给随机抽取的两组学生教授完全相同的课程。所不同的是，其中一位老师被告知他所教的学生天资聪慧、思维敏捷，如果你对他们倾注所有的关注和爱并帮助他们树立信心，他们能解决任何棘手的问题。而另一位老师则被告知他的学生资质一般，所以我们只是期待一般的结果。一年后，聪明组的学生比一般组学生在学习成绩上整体领先。我们可以看到造成这样结果的原因只是教师对学生的认知不同，从而期望不同。那么，你不妨对自己的产品充满信心，这样，你的行动一定会无形中影响到你的顾客，我相信，你的顾客一定会像聪明组的学生一样表现非凡。

当然，详细地了解产品是你增强信心的基础；同时，将你手头的资料加以准备也是增强信心的有效途径之一。准备资料的秘密则在于让公司的死的资料经过你的加工整理，赋予生命，成为活生生的资料，只有活泼、新鲜、充满热情的资料才能感动顾客。往往推销员随便分发给顾客的宣传材料，顾客可能看都不看就扔进纸篓，在当今这个信息爆炸的年代，人们会毫不珍惜地同时也是无可奈何地丢弃许多信息。而如果你花心思，利用自己的智慧，手工制作出宣传品，你会对它珍惜备至，而这种情绪自然会感染顾客；同时，顾客也会感动于你付出的心血，从而愿意挤出时间来让你展示资料，倾听你的意见。

在出发之前做好充分的准备无疑会为你的成功添上可靠的砝码，好好地研究你的产品，仔细加工你的材料，一定会助你成功。别忘了一句古话：磨刀不误砍柴工。

（三）把握顾客

在自我心理准备成熟，充分研究产品之后，下一步就是对顾客做好出发前的准备工作。

1．把握顾客类型

对我们即将面对的顾客我们一无所知，我们所能做的是一步步分析、了解，最终做到心中有数。

心理学家帮助我们将顾客从心理上划分为 9 种类型，熟悉了解每一类顾客的性格与心理特征，可以使我们在推销过程中对症下药，因人施计。

（1）内向型

这类顾客生活比较封闭，对外界事物表现冷淡，和陌生人保持相当距离，对自己的小天地之中的变化异常敏感，在对待推销上他们的反应是不强烈。说服此类顾客对推销员来说难度是相当大的。这类顾客对产品挑剔，对推销员的态度、言行、举止异常敏感，他们大多讨厌推销员过分热情，因为这与他们的性格格格不入。对于这一类顾客，推销员给予他们的第一印象将直接影响着他们的购买决策。另外，对这一类顾客要注意投其所好，则容易谈得投机，否则会难以接近。

（2）随和型

这一类顾客总体来看性格开朗，容易相处，内心防线较弱，对陌生人的戒备心理不如第一类顾客强。他们在面对推销员时容易被说服，不令推销员难堪。这一类顾客表面上是不喜欢当面拒绝别人的，所以要耐心地与他们周旋，而这也并不会引起他们太多的反感。对于性格随和的顾客，推销员的幽默、风趣自会起到意想不到的作用。如果他们赏识你，他们会主动帮助你推销。但这一类顾客却有容易忘记自己诺言的缺点。

（3）刚强型

这一类顾客性格坚毅，个性严肃、正直，尤其对待工作认真、严肃，决策谨慎，思维缜密。这一类顾客也是推销员的难点所在，但你一旦征服了他们，他们会对你的销售额大有益处。总体来说，刚强型的顾客不喜欢推销员随意行动，因此在他们面前应守纪律，显示出严谨的工作作风，时间观念尤其要强。这一类顾客初次见面时往往难以接近，如果在出访前获知某人是这一类型顾客最好经第三者介绍，这样会有利得多。

（4）神经质型

这一类顾客对外界事物、人物反应异常敏感，且耿耿于怀；他们对自己所作的决策容易反悔；情绪不稳定，易激动。对待这一类顾客一定要有耐心，不能急躁，同时要记住言语谨慎，一定要避免推销员之间或是推销员与其他顾客进行私下议论，这样极易引起神经质型顾客的反感。如果你能在推销过程中把握住对方的情绪变动，顺其自然，并且能在合适的时间提出自己的观点，那么成功就会属于你。

（5）虚荣型

这一类顾客在与人交往时喜欢表现自己，突出自己，不喜欢听别人劝说，任性且嫉妒心较重。对待这类顾客要熟悉他感兴趣的话题，为他提供发表高见的机会，不要轻易反驳或打断其谈话。在整个推销过程中推销员不能表现太突出，不要给对方造成对他极力劝说的印象。如果在推销过程中你能使第三者开口附和你的顾客，那么你会在心情愉快的情况下做出令你满意的决策。记住不要轻易托出你的底盘。

（6）好斗型

这一类顾客好胜、顽固，同时对事物的判断比较专横，又喜欢将自己的想法强加于别人，征服欲强。他们有事必躬亲的习惯，尤其喜欢在细节上与人争个明白。对待这种顾客一定要做好心理准备，准备好被他步步紧逼，必要时丢点面子也许会使事情好办得多。但是你要记住争论的胜利者往往是谈判的失败者，万不可意气用事，贪图一时痛快。准备足够的数据资料、证明材料将会助你取得成功。再有就是要防止对方提出额外要求，不要给对方突破口。

（7）顽固型

这类顾客多为老年顾客，是在消费上具有特别偏好的顾客。他们对新产品往往不乐意接受，不愿意轻易改变原有的消费模式与结构。对推销员的态度多半不友好。推销员不要试图在短时间内改变这类顾客，否则容易引起对方强烈的抵触情绪和逆反心理，还是让你手中的资料、数据来说服对方比较有把握一些。对这类顾客应该先发制人，不要给他表示拒绝的机会，因为对方一旦明确表态再让他改变则有些难度了。

（8）怀疑型

这类顾客对产品和推销员的人格都会提出质疑。面对怀疑型的顾客，推销员的自信心显得更为重要，你一定不要受顾客的影响，一定要对产品充满信心。但不要企图以你的口才取胜，因为顾客对你所言同样持怀疑态度，这时也许某些专业数据、专家评论会对你有帮助。切记不要轻易在价格上让步，因为你的让步也许会使对方对你的产品产生疑虑，从而使交易破裂，建立起顾客对你的信任至关重要，端庄严肃的外表与谨慎的态度会有助于成功。

（9）沉默型

他们在整个推销过程中表现消极，对推销冷淡。我们说顾客陷入沉默的原因是多方面的。推销员不擅辞令会使整个局面僵持，这时推销员可以提出一些简单的问题刺激顾客的谈话欲。顾客对面前的产品缺乏专业知识并且兴趣不高，推销员此时一定要避免提技术性问题出来讨论，而应该就其功能进行解说，打破沉默；顾客由于考虑问题过多而陷入沉默，这时不妨给对方一定的时间去思考，然后提一些诱导性的问题试着让对方将疑虑讲出来大家协商；顾客由于讨厌推销员而沉默，推销员这时最好反省一下自己，找出问题的根源，如能当时解决则迅速调整，如果问题不易解决则先退出，以备再试成功。

以上是对顾客的总体分析，以及对待每一类顾客的一些简单的原则和态度，在推销过程中还需要灵活对待。切记不可教条化，一位顾客也许是几类的综合，也许是介于两类之间，这时推销员的判断力与机智要受到考验了。

2. 顾客在哪里

要在芸芸众生中确定你要走访的顾客确实是一件困难的工作，而这件工作却非做不可，否则的话岂不成了没头苍蝇，结果自不必说了。对于大多数商品来说，80：20定律都是成立的。也就是说商品80%的销售额是来自这种商品所拥有的顾客中20%。那么如果你能顺利地找到那20%的顾客，有可以事半功倍了。

（1）先从大处着眼，圈定推销对象所在范围。

对于个人消费品来说，推销员应根据我们前面谈到的对产品的各层次的把握来分析这种产品主要满足哪些层次的需求，其顾客群分布在社会哪个层面上，进而根据这些顾客总体的特点也就可以粗放地拟定出推销场所和时间了。如某种化妆品，按其档次及特点判断出适用于职业女性，故而应在晚间上门推销；如果是工业品，则要确定产品是满足哪一类型工厂的需要。

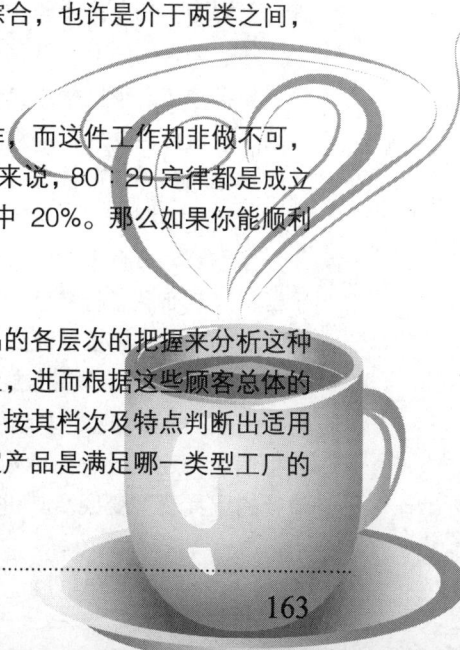

（2）列出潜在顾客的名单，方法也是多种多样的。

客户利用法即利用以曾有往来的顾客来寻找、确定新的顾客。对过去往来的顾客应设法保留。社会关系法即通过同学、朋友、亲戚等社会关系来寻找可能的客户。通过这种方法联系到的客户一般来说初访成功率应较高。人名录法即细心研究你能找到的同学录；行业、团体、工会名录；电话簿、户籍名册等，从中找到潜在顾客。家谱式介绍法即如果顾客对你的产品满意并与推销员之间保持良好的人际关系，那么你不妨请他将产品介绍给他的亲朋好友或是与其有联系的顾客。

（3）对潜在顾客进行分类，挑选出最有希望的顾客，使你的出访尽可能命中20%的顾客。

一般来说顾客可分为明显的购买意图并且有购买能力、一定程度的购买可能、对是否会购买尚有疑问这样三类。挑选出重点推销对象，会使你的销售活动效果明显增强。总的来说，重点应放前两类上。

二、推销的语言艺术

推销是推销主体（推销人员）以最终实现推销客体（推销事物），被推销对象（接受者）所接受为目的的一种社会活动。推销作为商业经济活动中商品销售必不可少的一个重要环节，中间需要经过推销者对顾客或客户的调研、接近、面谈、异议处理以及最终促销成交这样一个比较复杂的活动过程。这个过程，既是供求双方在互惠互利的基础上，不断磨合、渐趋默契的一个过程，更是一个说服的过程。它不仅要求推销人员具备从事本职工作所必须具备的职业道德素养，而且更要求推销人员具有胜任本职工作所必须具备的灵活机智的应变能力与技巧，尤其是具备娴熟、灵活的驾驭推销语言的能力与技巧，以便在具体的推销过程中，恰当自如、积极有效地把握推销活动的主动权。

通常所谓的推销语言技巧，主要体现在推销过程中推销主体与顾客的接近、面谈以及异议的处理、促销成交这几个阶段上。

（一）接近顾客的语言技巧

接近顾客，是推销人员面对顾客展开商品推销工作的重要开端，同时也是下一步进行推销面谈的必要的过渡阶段。接近的目的，就是为了创造条件，使推销工作尽可能适时、顺利地转入实质性的面谈阶段。

接近顾客开始时，推销者往往首先会遇到这样或者那样的障碍、不重视，甚至是白眼、阻挠，推销者必须要根据具体情况，相机采用相应的推销策略与推销技巧，创造机遇，争取主动，以便打破僵局，消除障壁，进一步引起顾客的注意。

接近顾客的语言技巧，主要可以参用下列方法。

1. 直接接近法

由推销人员直接上门，将自己及其要推销的商品介绍给顾客。这种方法不绕弯子，直截了当，只要商品富有特色，货真价实，往往很容易吸引顾客，达到推销目的。某单位推销员到某商场推销该单位新近生产的一种新型、多功能智力玩具，他带着样品直接走进这家商场经理的办公室，将样品摆放到桌上，径直对经理说："我是××单位的，这是我们单位刚刚生产出来的一种新型、多功能儿童智力玩具。倘若您要是了解到了它的新颖独到的功能特点，我相信您一定会对它刮目相看，并且会很感兴趣的。"经理疑惑地注意了推销员一阵娴熟、流畅的玩具造型变换及其讲解后，不由得为之一动："好！确实新颖、独到，与众不同！坐下来，咱们谈谈吧！"双方当即一拍即合，签订了合同。

使用直接接近法进行推销活动时，有时为了减少某些不必要的误解与麻烦，推销人员宜根据具体情况，适当地向被推销对象出示相应的有关证件、证明，以便配合进行一些必要的介绍与说明，尽快消除对方的某些疑问。

2．馈赠接近法

指推销人员利用馈赠物品的方法以吸引顾客，引起顾客的注意。例如，一家儿童食品厂新上市一种小食品，推销人员先采用新产品馈赠顾客的方法，以吸引顾客，扩大产品的影响，引起顾客的注意。并且在馈赠时，不忘加上一句："吃好了请再来光顾"，从而给顾客留下了十分温馨的深刻印象。使用这种方法进行推销时，推销人员需要注意的是，事先必须要对馈赠行动进行某些必要的预测与准备，馈赠的物品要实际、得当、适宜，以免引起某种不必要的忧虑与不安。

3．展示接近法

指推销人员通过对商品的展览、演示，以引起顾客的注意与兴趣。例如，推销人员可以将要推销的商品或用模特、或用陈列的方式展现于顾客的面前。在顾客被吸引并注意观看的时候，适当地加上几句能够引起顾客的美好联想的妙言隽语。如"从您的身材与体形、气质上看，这种色调的衣服款式，就像是专门为你设计的一样！"

4．利益接近法

指推销人员利用购买商品可以得到的益处或实惠去打动顾客，以引起顾客的注意与兴趣。例如，"这种折叠床既可以放开做床用，又可以折起来做待客用的沙发，不但经济实惠，方便实用，而且特别适用于目前居住条件还不很宽裕的一般家庭。更重要的是，它比目前市场上的同类产品便宜三成，三成啊！"以实际利益去接近并打动顾客，往往是颇为奏效的重要推销手段。

5．奇疑接近法

指推销人员利用顾客的好奇心理，用一些异乎寻常的疑问，来引起顾客的兴趣与注意。例如，一位推销自动售货机的推销人员，见到顾客后，便打开随身携带的一张厚纸，问道："如果我告诉您怎么样能在这么大的一块地方每天收入至少在２００元以上，您会感兴趣吗？"这令人好奇的问题，一下子就引起了顾客的兴趣，促使其寻根问底，洗耳恭听。

6．搭讪接近法

指推销员利用各种借口跟顾客接语搭腔，以接近顾客。例如，"大娘，您老多大年纪了？……听口音，您不是本地人吧？""同志，可以借个火儿用一下吗？"无论对方是否愿意，都可以随着问话接着交谈了。

（二）与顾客面谈的语言技巧

与顾客面谈是推销员运用各种方法去努力劝说顾客购买的过程。这个阶段的关键，是推销人员必须设法让顾客能比较迅速地认识商品，诱发并刺激顾客的购买欲望。

推销面谈的方式，主要有提示面谈法和演示面谈法两种。

1．提示面谈法

提示面谈法指推销人员运用提示的方法与顾客进行面谈。根据提示方式的不同，提示面谈法又可以具体地分为以下几种。

（1）正面提示法

正面提示法指推销人员从正面用积极的语言劝说顾客购买商品。如"这种无氟电冰箱，

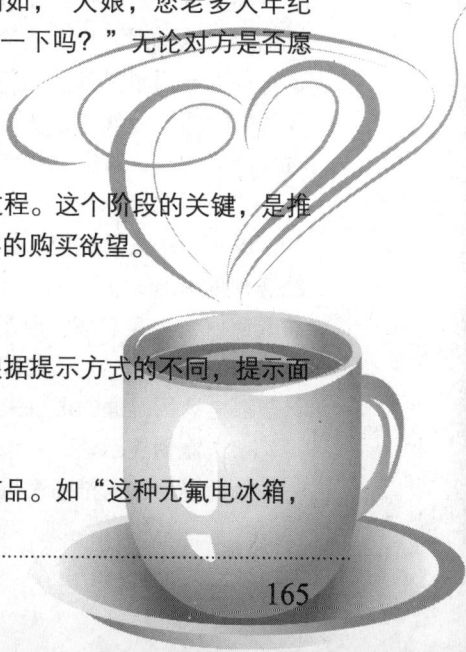

演讲与口才实训教材

不仅无公害，无污染，而且采用目前最优质的压缩机，质量安全可靠，且保修三年，售后服务周到，您就放心购买吧！"又如，"出门旅行，安全第一。乘坐我们的游览车观光，不仅安全，舒适，而且价格也十分便宜！"这种提示，不仅正恰当地迎合了顾客的求安心理，而且也使顾客的求承诺心理得到了满足。

运用正面提示法进行推销活动时，一定要注意说话留有余地，切忌过于夸张，吹嘘过头，以免使顾客产生逆反心理。

（2）反面提示法

反面提示法指推销人员从反面用消极的言语来刺激顾客，说服顾客购买商品。例如，一位发动机厂的推销员在向一位顾客推销发动机时说："在这一类发动机中，数这种发动机功率大、效果好，质量也属上乘，但可能因价格稍贵了一点儿，有的人便看不中。您好像对此有些犹豫，那您再看看另外几种便宜的吧！"由于这位推销员事先通过与这位顾客的交谈，摸清了顾客的心理，知道这位顾客很想买一台功率大、质量好的发动机，而并不十分在意发动机价格的高低。因此，经推销员这么一激，这位顾客即刻便做了一番不被人看低的解释，并断下决心，买下了这种质量最好、价格也最贵的发动机。又如，一位家具推销员对一位想买床的顾客说："我的床的价格好像是贵了一点儿，但先生您别忘了，一张好床对人来说实在是太重要了。床不好不仅影响您休息，影响您工作效率，而且还会诱发颈椎病、腰椎痛等多种疾病。人的一生有三分之一左右的时间都是在床上度过的，您总不至于因这点价钱，而让人生三分之一左右的时间都笼罩在病魔的阴影之中吧？您说呢？"

这种反面提示法的运用，往往会收到异乎寻常的推销效果。

运用反面提示法进行推销活动时，一定要注意语境，注意对象、场合。话语刺激要适切、得当，不能过分。否则，往往适得其反。

（3）直接提示法

直接提示法指推销人员直接劝说顾客购买某商品。如"还是这种款式好，就来这件吧！""您的皮肤属于油脂型的，适宜于用这种化妆品，"这种面谈方法，都是针对顾客的具体购买意向，直接提示推销的商品的具体类型，不仅会使顾客产生亲切感，而且一语中的，既节时省力，又提高了工作效率。

（4）间接提示法

间接提示法指推销人员通过婉转的方式，间接地劝说顾客购买商品。例如，一位推销彩电的人员这样对一位品头论足、患得患失的顾客说："我这种牌子的彩电效果怎么样，您说的那种彩电质量又到底如何，您只要跟附近的一些电视机维修部打听一下就清楚了。"这种谈话方式的妙处就在于既没有任何美化自己的言词，又没有任何贬低他人的话语，但听话人谁都能明白孰优孰劣，不言而喻。

（5）逻辑提示法

逻辑提示法指推销人员运用逻辑推理来劝说顾客购买推销品。如"谁不想买物美价廉、经济、实用的物品？这种装饰材料不仅外观美丽，色调高雅，而且保证质量，价格比同类产品低20%，大家当然都愿意要这一种了。您也肯定不愿买价高质次的物品，所以您也肯定愿意买这一种。"又如，"如果请朋友吃饭，材料当然要新鲜的好，所以我推荐容声冰箱……"这些都是运用推理的形式来劝说顾客购买商品。

（6）激情提示法

激情提示法指推销人员用一些激励性的言词来激发顾客的情绪，以便于推销物品。如"汤圆啦，又圆又大的汤圆呀！吃了汤圆好团圆哪！"推销者有意将"汤圆"和"团圆"联系到一块儿，以引起顾客的美好情思，激起顾客购买的欲望。

2. 演示面谈法

演示面谈法指推销人员运用演示的方法与顾客进行面谈。根据演示方式的不同，演示面谈法又可具体地分为以下几种。

（1）商品演示法

商品演示法推销人员通过演示商品的特性并附之某些必要的解说，以劝说顾客购买商品。如："这种饭碗最大的特点是抗摔、抗碰，比如这只碗，我把它摔到地上，您瞧，一点儿都没坏！"又如，"这种门锁的特点是功能齐全，安全可靠。您看，这是外面锁孔，这是内部锁孔。如果您偶尔忘记了带门钥匙或丢了钥匙，还可以用密码打开门，特别方便。"

商品演示法可供选择的方式、手段很多，如可以借助影视方式、模特表演以及展览等途径来达到推销目的。

（2）文字演示法

文字演示法指推销员通过推销品的有关文字资料来劝说顾客购买商品。如"这是有关产品特性的说明书，这是有关部门的检测鉴定，这是使用我的这种产品的用户给我们的来信。相信您看了这些材料以后，会对我们的产品的性能有一个比较全面的认识与了解的。"文字演示的优点在于，它既可以准确、集中地反映出某些商品信息，又可以让顾客在选择时，有反复斟酌、玩味的余地。

（三）处理异议的语言技巧

协调中的双方对任何事物的认同，从来都不是一厢情愿的，自愿成交是商品经济的自然规律。当推销人员煞费苦心、努力施展各种推销手段来极力地推销自己的商品的时候，部分顾客却极有可能在不屑一顾的神情中，迎头泼上一盆冷水，对其所推销的商品提出这样或那样的不同意见来。这是正常的现象，俗话说，"买卖从顾客说不时开始。"顾客的异议既是成交的障碍，也是成交的信号，推销人员必须对此认真对待，分析原因，巧妙应对，切不可轻易地冒犯顾客，应对失策。

处理顾客异议的语言技巧，主要可以参用以下几种方法。

（1）否定处理法

否定处理法指推销人员依据一定的事实和道理直接或间接地否定顾客的异议。如一位顾客对推销鞋的推销人员说："这鞋和××市场上卖的鞋是一样的东西，可您这儿却比那儿卖得贵多了！"已经调查过市场情况的推销人员胸有成竹，认为顾客的异议不能成立，于是便据实反驳道："不会吧？同一厂家、同一型号的产品均有统一的售价标准。您瞧，我这是有厂家防伪标志的正宗产品，您说的那种与我这儿同一型号的鞋售价便宜，我早已经见过了，那是非正宗生产销售的伪劣假冒商品。您不妨再进一步比较、了解一下，看我说的是不是属实。"这是运用直接否定的方式来处理顾客的异议。又如，一位顾客对推销勇士保健用品的一位推销员说："请别打我的主意，我不需要这种东西！"但推销员却不生气："是啊，不少人都认为这东西没有什么用处，但您不妨先试用一次。只要您用过一次，了解了这种产品的功能与效果之后，也许会改变您的想法的。"这是用迂回曲折的间接否定法来处理顾客的异议。

（2）纵擒处理法

纵擒处理法指推销人员为达到自己的推销目的，有意识地先采用顺从顾客异议的方法，来处理异议。如顾客中常有"东西倒是挺好，就是贵了点儿"之类的异议，对此推销人员可以巧妙地采用纵擒法来处理："您说得不错，是显得贵了点儿。可是，一分价钱一分货，这质量也确实是好哇！您买东西，买的不就是个质量吗？"

（3）反问处理法

反问处理法指推销人员利用顾客的异议来反问顾客，使顾客在推销人员的反问中，自行消解心中的疑虑。如一顾客对推销人员这样说道："这东西要 2000 元？"推销人员反问说："那依您看，这东西值多少钱呢？"又如，顾客这样对推销人员说："东西是不错，就是现在还不太想买！"推销人员跟上去追问道："这样的东西您不想买，您还想买什么样的呢？"反问的特点在于问而不答，但反问者的倾向意见却尽含于反问之中。运用这种方法来处理顾客的异议，既给顾客留有余地，又有效地促使顾客对问题再进行进一步思索，并认真权衡、品味推销者的意见，容易取得含而不露、一唱三叹的积极效果。

（4）不睬处理法

不睬处理法指推销人员有意回避、不理睬顾客的某些异议。在实际销售过程中，顾客的异议往往是千奇百怪、多种多样的。但并不是所有的异议都需要推销人员认真地对待，并予以解答的。如果顾客提出的问题属于不便于纠缠或不值得为此多费口舌的问题，推销人员完全可以依据实际情况灵活处理，回避或不理睬这些异议。据国外某些推销专家的看法，在实际推销过程中，大约有百分之八十的顾客异议都是可以不予认真回答的。

（四）促销成交的语言技巧

推销成交是推销活动的最终目的，也是一次推销活动的结尾收口。俗话说，"编筐窝篓，全在收口"。产品推销，也全在成交。在促销成交阶段，影响推销最终成交的因素复杂多样，千变万化，这就要求推销人员此时此刻必须抓住时机，争取主动，积极地调动起各种有益于促销成交的技巧策略与艺术手段，尽力促成商品的最终成交，以免前功尽弃，功亏一篑。

在实际进行的、具体的推销工作中，出于各种自我保护的心理，顾客通常不愿意主动地提出成交。有时，一些顾客即使心里很希望成交，但为了保证自己的利益，使自己有更多的受益，往往也不愿首先提出成交。这就需要作为推销主体的推销人员，必须敏锐地捕捉住顾客自觉或不自觉地表露出来的某些成交的意向（诸如顾客的疑问、异议一个接一个，对推销人员的态度好转，主动介绍其他有关人员前来观看商品及观看商品时的某些体态语，都可能显露出某种成交的意向或信息），不失时机地运用适当的推销策略与相应的语言技巧，促成销售，实现成交目的。

促销成交的语言技巧，主要可以参用以下几种方法。

1．请求成交法

请求成交法指推销人员直接请示顾客购买成交。如"货您也看了大半天了，怎么样，买多少？""既然您处需要这种产品，请您抓紧时间填好订货单！"这些都是推销人员看准了时机，主动请求成交。

2．预设成交法

预设成交法指推销人员预先假设顾客已经接受推销，从而要求顾客实现成交、以促成交易成功的一种方法。如一位推销服装的推销员对前来光顾的顾客说道："降价处理了，降价处理了！十元钱一件！您要几件？"不管顾客同没同意，似乎推销员推销的服装顾客肯定要，您就说要的数量就行了。

3. 保证成交法

保证成交法指推销人员向顾客作出某些成交的保证条件来促成交易。如"这种牌号的音响您不必担心质量问题，保修期三年，维修网点遍布各地，随时可以上门服务。保修期过后，五年之内，如有需要维修的地方，维修部只收更换元件的成本费。您尽管用，只要把信誉卡保管好就行了!"

4. 机遇成交法

机遇成交法指推销人员通过向顾客提示机遇难得来促使交易成交。如"这是我们为庆贺佳节所举行的商品酬宾大展销的最后一天了! 机会难得，价格比平时降低了２５％呢! 赶快趁机买点儿吧!"

5. 从众成交法

从众成交法指推销人员利用顾客的从众心理来促使顾客购买成交。如"这是今年的流行款式，我们进了几百件，几天就被抢购一空。这不，就剩这点儿了!"这是利用顾客的从众心理来渲染推销气氛，促进推销成交。

在促销成交阶段，推销人员必须特别注意自己说话的分寸，既要果断利落，又不要画蛇添足。顾客一旦表示愿意成交，推销人员应适时理智地把握自己的语言，保持相对沉默或适时将话题他转为佳，以免言多语失，造成顾客又意外地出现重新品评已做出的决定等麻烦情况。

三、推销实务

清华博士当街下厨推销康乐氏橄榄油策划实录。

（一）策划背景

1. 寻找产品持久营销的动力

2005 年初，西班牙康乐氏橄榄油正式进入中国市场，通过选用北京大学女博士遇辉作为产品代言人等活动在社会上引起了强烈的反响，《人民日报》《北京青年报》、中央电视台、凤凰卫视等媒体竞相报道，可谓是"社会意义和商业效益兼备"，从而使康乐氏采用最低的广告成本，将品牌最大限度地传播出去。

品牌虽然一炮而红，但若想在橄榄油市场获得长期而持久地发展，并领跑国内橄榄油市场，则需要找到有效而持久的动力来推动产品的营销。刘杰克营销顾问机构总结康乐氏选用形象代言人成功的经验，帮助康乐氏走营销个性化的道路，以推动产品占有更多市场份额。

2. 社区营销成功经验的积累

西班牙康乐氏橄榄油打入中国市场之初，采取了产品与概念聚集等手段，颇有成效，令康乐氏取得了满意的市场份额。不到一年的时间，康乐氏的经销网络已经覆盖了大半个中国。这一系列成果的取得不仅源于康乐氏橄榄油的健康实用，同时也得益于康乐氏采取的社区营销。

生活在同一社区中的人在文化程度、职业背景、收入水平、生活理念、消费习惯等方面大都比较相似，因此，社区成为商家营销对象最好的"过滤器"，将消费者排好队，分好类，企业即可根据自身产品适合的消费群体来选择重点营销社区即可直中靶心。因此，以社区为基础的市场营销策略也将变得越来越重要。它虽然没有广告活动规模的浩大，却让企业从细分的市场中找到合适的营销对象。一般而言，社区营销最容易与保健品、食品、医药产品等与老百姓日常生活息息相关的消费品直接联系，因此更容易切入宣传与销售，所产生的效果更直接，可信度更强。因此，根据社区营销的成功经验来进行产品营销，风险小，成功率高。

（二）策划方案

1．活动时间

在橄榄油销售淡季的7、8月中，父亲节是较为适合厂家促销活动的节日。选择父亲节促销最直观的效益就是康乐氏橄榄油作为礼品的营销量会增加。同时，父亲节与家庭紧紧相连，如果抓住父亲节这一主题，就可以充分营造出家庭的氛围，与推广橄榄油进入厨房成为家庭的食用油这一主题紧密相关。因此，为推动产品的食用油用途，刘杰克营销顾问机构与西班牙康乐氏橄榄油中国市场部组成的项目组将促销活动的时机定于六月份的父亲节。

2．活动地点

之所以将活动的地点选择在广州，总部也经过仔细地考察与慎重地策划。康乐氏橄榄油通过中小城市进行试点，为各地加盟商提供经营市场的经验与成功之道，等市场运作方法与体系成熟之后，然后再向全国推广。尽管当时康乐氏经销商网络建设非常迅速，但是这些经销商网络主要分布地域还仅限于北方市场。伴随着康乐氏实力的进一步扩大与发展，扩展市场地域势在必行，将促销城市选在广州，一方面是为了利用淡季推广产品的食用用途，另一方面打响进军南方市场的第一枪，达到在南方城市扩大影响和推广品牌的作用。其次，广州是中国南方城市中发达而又繁荣的代表，居民的收入水平与消费水平相对全国范围内都比较高，因此具备食用橄榄油的经济水平与实力；广州是中国经济开放较早的城市，不仅经济氛围相对开放，而且市民接受新观念的速度很快，能够很快地接受橄榄油；可以让康乐氏的广告成本降至最低而效果最好。

3．形象大使

此行去广州促销，康乐氏选择了清华大学男博士郝晓健担任康乐氏橄榄油的厨房大使、"康乐氏好男人"。

一提到博士，带着厚厚的眼镜、只会钻故纸堆搞学术研究、不通人情世故、不懂生活情调的形象便浮现在人们的脑海里。此次男博士下厨房，一方面由于博士身份的新异性与吸引性，颠覆了男博士在人们心目中的形象，吸引众多消费者前来观看，形成良好的促销效果；另一方面，借父亲节氛围塑造好男人、好父亲的形象，与节日完美匹配，从而形成了良好的促销氛围。同时，博士本身所代表的学识、修养会与消费者心中对于知识的敬仰产生共鸣，大大增强产品的吸引力和可信度。

4．活动现场

康乐氏将营销现场的整体色调定为红色，代表着节日的欢乐祥和，同时也传递给消费者其乐融融的家庭氛围。推广柜台被布置成家庭厨房的样子，橄榄油摆在"厨房"中，与厨房浑然一体，相映成趣。康乐氏橄榄油的厨房大使、"康乐氏好男人"——清华大学博士生郝晓健就在现场烹饪，为消费者烹饪各式橄榄油菜谱。不仅如此，烹饪出的菜肴还交由现场消费者品尝，消费者可以通过亲口品尝来感受橄榄油是否符合自己的口味。加上知识渊博博士的"知识普及"，现在消费者对橄榄油的保健与美容等功效有了更深刻地了解与认识，让橄榄油产品用途的推广迈进了一大步。

这一促销活动源于社区营销，但又高于社区营销。它继承了社区营销"亲近消费群体"、

"与消费群体沟通"的优点，同时又添加了体验营销的元素。消费者在这场营销活动中拥有更多的自主性和主动权，不仅可以观摩橄榄油的做菜过程、品尝橄榄油烹制成的菜肴的味道，甚至可以自己亲自"挑战"博士的厨艺，自己"露一手"。这次营销达到了消费者与厂商良性互动的效果，消费者对厂商的感情不断升华，甚至活动临近结束时，出现了一位妙龄女郎突然跑上前去，将一束娇艳的玫瑰献给了郝晓健博士，全场欢呼四起。

5. 活动总结

男博士在现场用康乐氏橄榄油做了几个拿手好菜，他的形象和康乐氏橄榄油一起引起了观众的关注，在现场引起了强烈反响。不仅吸引了大批女性顾客，还引发了现场中老年人的众说纷纭，无论是品牌传播还是轰动效应方面，都可谓是收效俱佳，一轮活动下来，康乐氏橄榄油的销售额迅速激增。广州日报、新浪、搜狐等媒体对"博士秀"的大篇幅报道，让西班牙康乐氏橄榄油品牌迅速地在南国产生了巨大影响，成功的达到了策划的目标。伴随着康乐氏强大的品牌影响力和营销系统的支持，也引得各地的经销商不断要求加盟康乐氏，共享橄榄油市场的"头啖汤"，使总部和加盟商最终达成双赢。

技 能 训 练

一、自我测试

（一）选择题

1. 人们对什么是推销发表了一些见解，你认为下列看法中比较好的是（　　）。
   A. 推销就是耍嘴皮子、吹牛
   B. 推销就是高明的交际艺术
   C. 推销就是跑腿拉关系
   D. 推销就是说服和满足需要

2. 以下关于推销的论述正确的是：（　　）
   A. 推销就是营销　　　　　　　　　　B. 推销就是促销
   C. 推销是科学，更是艺术　　　　　　D. 推销是艺术

3. 下列哪个不属于推销活动的 3 大基本要素（　　）。
   A. 推销对象　　　B. 推销过程　　　C. 推销产品　　　D. 推销人员

4. 推销活动的主体是（　　）
   A. 推销员　　　B. 推销商品　　　C. 推销对象　　　D. 产品制造商

5. 在顾客方格理论中，既关心推销人员又关心购买的顾客属于（　　）
   A. 漠不关心型　　B. 寻求答案型　　C. 防卫型　　　D. 软心肠型

6. 以下哪种商品不适用人员推销方式（　　）
   A. 专业性强　　　　　　　　　　　　B. 价格昂贵
   C. 价格低廉　　　　　　　　　　　　D. 刚上市的新产品

7. 推销活动的中心是（　　）
   A. 生产　　　　　　　　　　　　　　B. 销售
   C. 服务　　　　　　　　　　　　　　D. 满足消费者需要

（二）简答题

1. 什么是推销？推销有哪几个要素，其相互间有哪些关系？
2. 推销活动中3要素是什么？如何认识顾客在推销活动中的重要性？
3. 简析5种常见推销心态的具体表现？
4. 比较4种推销模式，分析它们之间的内在联系及区别。
5. 在推销活动的礼仪中应注意哪些规范？
6. 详述作为一个成功的推销员，应该具备哪些素质？

二、小组讨论体验

1. 自我介绍训练：在全班进行自我介绍，要求简明扼要，但要突出自己的个性和特点。
2. 以"爱达"模式来设计推销小品。进行推销模拟表演。
3. 邀请几个同学做"介绍""握手""使用名片""告别"等推销礼仪的模拟试验。
4. 案例分析

威廉姆斯与他的"金诱饵"

威廉姆斯创作出版了一本名为《化妆舞会》的儿童读物，要小读者根据书中的字和图书猜出一件"宝物"的埋藏地点。"宝物"是一只制作极为精巧，价格高昂的金质野兔。该书出版后，仿佛一阵旋风，不但数以万计的青少年儿童，而且各阶层的成年人也怀着浓厚的兴趣，按自己从书中得到的启示，在英国各地寻宝。这次寻宝历时两年多，在英国的土地上留下了无数被挖掘的洞穴。最后，一位48岁的工程师在伦敦西北的浅德福希尔村发现了这枚金兔，一场群众性探宝的运动才告结束。这时，《化妆舞会》已销售了200多万册。

过了几年，经过精心策划和构思，威廉姆斯再出新招，写了一本仅30页的小册子，描写的是一个养蜂者和一年四个季节的变化，并附有16幅精制的彩色插图。书中的文字和幻想式的图画包含着一个深奥的谜语，那就是该书的名字。此书同时在7个国家发行。这是一本独特的，没有书名的书。

作者要求不同国籍的读者猜出该书的名字，猜中者可以得到一个镶着各色宝石的金质蜂王饰物，乃无价之宝。

猜书名的办法与众不同，不是用文字写出来，而是要将自己的意思，通过绘画、雕塑、歌曲、编织物和烘烤烙饼的形状，甚至编入电脑程序的方式暗示书名，威廉姆斯则从读者寄来的各种实物中悟出所要传递的信息，再将其转译成文字。虽然，谜底并不偏涩，细心读过该小册子，十之八九可以猜到，但只有最富于想象力的猜谜者才能获奖。开奖日期定为该书发行一周年之日。届时，他将从一个密封的匣子里取出那本写有书名的书，书中就藏着那只价值连城的金质饰物。

不到一年，该书已发行数百万册，获奖者是谁还无从知晓，但威廉姆斯本人却早已成为知名人物了。威廉姆斯成功的关键在于他巧妙地设置了价值连城的"金诱饵"，既勾起了人们的好奇心，又刺激了人们的发财梦，人为地制造了一场"寻宝热"。

问题：1. 威廉姆斯的成功给了你哪些启示？
　　　2. 你还能想到哪些运用"金诱饵"作为推销手段的推销案例？

三、小组讨论

表单1　　　　　　　　　　"态势语言"训练活动记录表

日期：

项　　目	记　　录
讨论会记录	
个人收获	
存在问题	
学习评价	
学生签名	教师签名

表单 2　　　　　　　　　　　　项目活动评价表

项目活动名称＿＿＿＿＿＿＿＿　　　　　　活动日期＿＿＿＿＿＿＿

班级＿＿＿＿＿　姓名＿＿＿＿＿　学号＿＿＿＿＿＿　　教师＿＿＿＿＿＿

项目过程评价					项目展示评价				
100 分		配分	自评	互评	主持	100 分		配分	自评	互评	主持
个人	工作态度	10				个人	项目说明	10			
	协调能力	10					项目展示	10			
	工作质量	10					效果	10			
	复杂程度	10					工作主动	10			
	改革创新	10					交流沟通	10			
小组	计划合理	10				小组	规划周密	10			
	项目创意	10					分工合理	10			
	过程有序	10					特色	10			
	完成情况	10					接受批评	10			
	协作情况	10					提出建议	10			

参 考 文 献

[1]《演讲理论与欣赏》，陈建军，武汉大学出版社，2005.
[2]《实用演讲学》，邵守义，中国青年出版社，1985.
[3]《演讲美学》，李燕杰，上海人民出版社，1985.
[4]《口才学》，陈启川，福建科学技术出版社，1987.
[5]《演讲心理学》，沙德全，吉林人民出版社，1988.

高等职业教育课改系列规划教材目录

书　名	书　号	定　价
高等职业教育课改系列规划教材（公共课类）		
大学生心理健康案例教程	978-7-115-20721-0	25.00 元
应用写作创意教程	978-7-115-23445-2	31.00 元
演讲与口才实训教材	978-7-115-24873-2	30.00 元
高等职业教育课改系列规划教材（经管类）		
电子商务基础与应用	978-7-115-20898-9	35.00 元
电子商务基础（第 3 版）	978-7-115-23224-3	36.00 元
网页设计与制作	978-7-115-21122-4	26.00 元
物流管理案例引导教程	978-7-115-20039-6	32.00 元
基础会计	978-7-115-20035-8	23.00 元
基础会计技能实训	978-7-115-20036-5	20.00 元
会计实务	978-7-115-21721-9	33.00 元
人力资源管理案例引导教程	978-7-115-20040-2	28.00 元
市场营销实践教程	978-7-115-20033-4	29.00 元
市场营销与策划	978-7-115-22174-9	31.00 元
商务谈判技巧	978-7-115-22333-3	23.00 元
现代推销实务	978-7-115-22406-4	23.00 元
公共关系实务	978-7-115-22312-8	20.00 元
市场调研	978-7-115-23471-1	20.00 元
物流设备使用与管理	978-7-115-23842-9	25.00 元
电子商务实践教程	978-7-115-23917-4	24.00 元
高等职业教育课改系列规划教材（计算机类）		
网络应用工程师实训教程	978-7-115-20034-1	32.00 元
计算机应用基础	978-7-115-20037-2	26.00 元
计算机应用基础上机指导与习题集	978-7-115-20038-9	16.00 元
C 语言程序设计项目教程	978-7-115-22386-9	29.00 元
C 语言程序设计上机指导与习题集	978-7-115-22385-2	19.00 元
高等职业教育课改系列规划教材（电子信息类）		
电路分析基础	978-7-115-22994-6	27.00 元
电子电路分析与调试	978-7-115-22412-5	32.00 元
电子电路分析与调试实践指导	978-7-115-22524-5	19.00 元

书 名	书 号	定 价
电子技术基本技能	978-7-115-20031-0	28.00 元
电子线路板设计与制作	978-7-115-21763-9	22.00 元
单片机应用系统设计与制作	978-7-115-21614-4	19.00 元
PLC 控制系统设计与调试	978-7-115-21730-1	29.00 元
微控制器及其应用	978-7-115-22505-4	31.00 元
电子电路分析与实践	978-7-115-22570-2	22.00 元
电子电路分析与实践指导	978-7-115-22662-4	16.00 元
电工电子专业英语（第 2 版）	978-7-115-22357-9	27.00 元
实用科技英语教程（第 2 版）	978-7-115-23754-5	25.00 元
电子元器件的识别和检测	978-7-115-23827-6	27.00 元
电子产品生产工艺与生产管理	978-7-115-23826-9	31.00 元
电子 CAD 综合实训	978-7-115-23910-5	21.00 元
电工技术实训	978-7-115-24081-1	27.00 元
高等职业教育课改系列规划教材（动漫数字艺术类）		
游戏动画设计与制作	978-7-115-20778-4	38.00 元
游戏角色设计与制作	978-7-115-21982-4	46.00 元
游戏场景设计与制作	978-7-115-21887-2	39.00 元
影视动画后期特效制作	978-7-115-22198-8	37.00 元
高等职业教育课改系列规划教材（通信类）		
交换机（华为）安装、调试与维护	978-7-115-22223-7	38.00 元
交换机（华为）安装、调试与维护实践指导	978-7-115-22161-2	14.00 元
交换机（中兴）安装、调试与维护	978-7-115-22131-5	44.00 元
交换机（中兴）安装、调试与维护实践指导	978-7-115-22172-8	14.00 元
综合布线实训教程	978-7-115-22440-8	33.00 元
TD-SCDMA 系统组建、维护及管理	978-7-115-23760-8	33.00 元
光传输系统（中兴）组建、维护与管理实践指导	978-7-115-23976-1	18.00 元
网络系统集成实训	978-7-115-23926-6	29.00 元
高等职业教育课改系列规划教材（汽车类）		
汽车空调原理与检修	978-7-115-24457-4	18.00 元
汽车传动系统原理与检修	978-7-115-24607-3	28.00 元
汽车电气设备原理与检修	978-7-115-24606-6	27.00 元
汽车动力系统原理与检修（上册）	978-7-115-24613-4	21.00 元
汽车动力系统原理与检修（下册）	978-7-115-24620-2	20.00 元
高等职业教育课改系列规划教材（机电类）		
钳工技能实训（第 2 版）	978-7-115-22700-3	18.00 元

如果您对"世纪英才"系列教材有什么好的意见和建议，可以在"世纪英才图书网"（http://www.ycbook.com.cn）上"资源下载"栏目中下载"读者信息反馈表"，发邮件至 wuhan@ptpress.com.cn。谢谢您对"世纪英才"品牌职业教育教材的关注与支持！